INVENTAIRE

DES

ARCHIVES DAUPHINOISES

DE

M. Henry MORIN-PONS

Rédigé et Publié par

Ulysse CHEVALIER et André LACROIX

DOSSIERS GÉNÉALOGIQUES

A - C

LYON

IMPRIMERIE ALF. LOUIS PERRIN & MARINET

Rue d'Amboise, 6

M DCCC LXXVIII

INVENTAIRE

DES

ARCHIVES DAUPHINOISES

DE M. H. MORIN-PONS

Tiré à 300 exemplaires:

75 sur papier Hollande.
225 sur papier Vélin teinté.

N°

INVENTAIRE

DES

ARCHIVES DAUPHINOISES

DE

M. HENRY MORIN-PONS

Rédigé et Publié par

ULYSSE CHEVALIER ET ANDRÉ LACROIX

DOSSIERS GÉNÉALOGIQUES

A-C

LYON

IMPRIMERIE ALF. LOUIS PERRIN & MARINET

Rue d'Amboise, 6

M DCCC LXXVIII

AVANT-PROPOS

Les Archives historiques recueillies par M. Henry *Morin-Pons, de* Lyon, *sont presque entièrement relatives à l'ancien Dauphiné. Elles n'occupent pas moins de soixante cartons, où elles se trouvent classées en diverses séries, dont la plus importante est celle qui concerne les familles de cette province.*

Vers le milieu de 1872, M. Morin-Pons me proposa la rédaction d'un Inventaire *de ses Archives dauphinoises. J'acceptai cette tâche aussi honorable qu'intéressante, à laquelle mes publications antérieures semblaient une préparation suffisante. Absorbé dès lors par la composition du* Répertoire des sources historiques du moyen-âge, *dont la Société bibliographique réclamait instamment la mise sous presse, j'aurais renoncé à ce nouveau travail si je n'avais trouvé dans la personne de M. A. Lacroix un précieux collaborateur.*

Le premier volume que nous offrons au public, renferme les dossiers généalogiques compris dans les lettres A, B & C, soit environ le quart de l'ensemble. Il suffira, comme préambule, de dire un mot de leur provenance & des principes qui ont présidé à la rédaction de cet inventaire.

La plus grande partie du cabinet de M. Morin-Pons provient de M. Letellier-d'Irville, qui avait acquis du vicomte de La

Tour-du-Pin-Chambly de très-nombreux documents amaſſés par le feudiſte Moulinet (1), & tenait en outre une certaine quantité de papiers du dernier des d'Hozier de Sérigny. Malheureuſement, quand M. Morin-Pons traita, en 1854, de la partie dauphinoiſe de ces divers manuſcrits, ce qui en reſtait alors était loin de repréſenter la totalité de la collection primitive. Les pièces provenant de Moulinet ſont reconnaiſſables à un numérotage à l'encre rouge, correſpondant à un inventaire relié en vert, dont la trace eſt perdue depuis 1848 (2). Le reſte des archives de M. Morin-Pons provient d'acquiſitions réaliſées à diverſes époques ; de ce nombre eſt celle du fonds ſi important des Adhémar, faite à Paris en 1867.

Les doſſiers ont été d'abord claſſés alphabétiquement, en choiſiſſant pour les familles qui ont pluſieurs noms patronymiques celui ſous lequel elles ſont plus généralement connues ou dont elles ne conſtituent qu'une branche peu diſtante. De ces doſſiers on s'eſt efforcé d'exclure les pièces que la ſeule ſimilitude des noms y avait fait introduire, mais dont l'origine dauphinoiſe était conteſtable (3). Les pièces ont été enſuite claſſées chronologiquement, ſoit d'une manière préciſe à l'aide de la date exprimée (en ramenant l'ancien ſtyle au nouveau), ſoit approximativement par ſynchroniſme ou par analogie. Il a été convenu de n'analyſer particulièrement que les

(1) P.-E. GIRAUD, Eſſai hiſtor. ſur St-Barnard de Romans, 1e *part., t. I, p. xxiv ſs. Avant les achats de M. Letellier, la famille de La Tour-du-Pin avait fait une première vente par l'intermédiaire du libraire Merlin, de Paris.*

(2) *M. Morin-Pons poſſède néanmoins dix regiſtres de Moulinet, dont quatre renferment des généalogies dauphinoiſes, qui ne ſont pas dénuées d'intérêt ; dans les ſix autres oblongs cet archiviſte avait laborieuſement conſigné tous les noms de familles nobles retrouvés par lui dans les documents dont il diſpoſait. Ce dernier recueil, bien ſupérieur au premier comme importance ſcientifique, offre en quelque ſorte un vaſte répertoire des noms féodaux de notre province.*

(3) *Une ſeule exception a été faite en faveur des modernes Adhémar, dont les prétentions ont exercé la ſagacité des érudits ; on trouvera leur doſſier ſous forme de pièces annexes,* n°s 351-408.

documents dont on possédait le texte intégral, c'est-à-dire que les inventaires qui faisaient partie de la collection n'ont donné lieu qu'à un seul numéro (1).

Sans prétendre suppléer entièrement à ce texte encore inédit, on s'est efforcé de rendre l'analyse aussi complète que possible dans sa brièveté, en extrayant de chaque pièce tout ce qu'elle offre d'intéressant, de curieux & parfois de piquant, & en signalant tous les personnages de marque parmi les contractants & les témoins. A la suite de chaque analyse se trouve mentionné l'état du manuscrit: original ou copie, latin ou français, parchemin ou papier. La série des pièces cataloguées se poursuit sans interruption de 1 à 1150, en chiffres arabes; la table alphabétique indiquera les numéros afférents à chaque dossier. Chacun d'eux a en outre un deuxième numérotage, en chiffres romains, dont le dernier correspond exactement au nombre actuel de pièces distinctes sur chaque famille dans les Archives de M. Morin-Pons (2).

*Comme illustration & à titre de spécimen paléographique & sigillographique, on trouvera dans ce volume le fac-simile d'une charte de Guillaume d'*Autane, *de 1260, & de deux chartes du dossier* Berton, *datées de 1124 & 1189 (3), & le dessin des sceaux de Raymond de* Mévouillon *(1215) & de Raynaud* Bérenger *(1310) (4).*

Sauf un petit nombre de chartes, qu'ont déjà publiées d'Hozier, M. Morin-Pons lui-même & le signataire de ces lignes (5), tout ce qui figure dans cet inventaire est inédit; à part une pièce notoirement fausse & deux suspectes (6), tout y est parfaitement authentique.

(1) *Nos* 201 & 350, *par exemple.*
(2) *La lettre A en comprend* 598, *B* 447 & C 62; *total:* 1107.
(3) *Nos* 653, 787 & 788.
(4) *Nos* 651 & 738.
(5) *Nos* 9, 42, 76, 90, 128, 737, 809-10, 1069-71.
(6) *Nos* 35, 4 & 98.

Ces motifs ont donné l'eſpoir légitime que ce volume, pour la partie qu'il embraſſe, rendrait des ſervices à l'hiſtoire de notre province. L'hiſtoire générale elle-même y trouvera ſon profit; le Gallia Chriſtiana, *entre autres, y puiſera pluſieurs additions.*

Romans, 12 décembre 1878.

Cte U. C.

INVENTAIRE

DES

ARCHIVES DAUPHINOISES

DE

M. Henry MORIN-PONS

Rédigé et Publié par

Ulysse CHEVALIER & André LACROIX

LES Archives hiſtoriques recueillies par M. Henry Morin-Pons, de Lyon, ſont preſque entièrement relatives à l'ancien Dauphiné. Elles n'occupent pas moins de ſoixante cartons, où elles ſe trouvent claſſées en diverſes ſéries, dont la plus importante eſt celle qui concerne les familles de cette province.

Vers le milieu de 1872, M. Morin-Pons forma le projet de publier un Inventaire *de ſes Archives dauphinoiſes. Diverſes circonſtances ont empêché la prompte réaliſation d'un projet éminemment utile à la ſcience hiſtorique : l'accueil fait au début ne ſera pas ſans influence ſur ſon achèvement.*

Le premier volume qu'on offre au public renferme les doſſiers généalogiques compris dans les lettres A, B & C, ſoit environ le quart de l'enſemble. Il ſuffira, comme préambule, de dire un mot de leur provenanee & des principes qui ont préſidé à la rédaction de cet inventaire.

La plus grande partie du cabinet de M. Morin-Pons provient de M. Letellier-d'Irville, qui avait acquis du vicomte de La Tour-du-Pin-Chambly de très-nombreux documents amaſſés par le feudiſte Moulinet (1), & tenait en outre une certaine quantité de papiers du dernier des d'Hozier de Sérigny. Malheureuſement, quand M. Morin-Pons traita, en 1854, de la partie dauphinoiſe de ces divers manuſcrits, ce qui en reſtait alors était loin de repréſenter la totalité de la collection primitive. Les pièces provenant de Moulinet ſont reconnaiſſables à un numérotage à l'encre rouge, correſpondant à un inventaire relié en vert, dont la trace eſt perdue depuis 1848 (2). Le reſte des Archives de M. Morin-Pons provient d'acquiſitions réaliſées à diverſes époques ; de ce nombre eſt celle du fonds ſi important des Adhémar, faite à Paris en 1867.

Les doſſiers ont été d'abord claſſés alphabétiquement, en choiſiſſant pour les familles qui ont pluſieurs noms patronymiques celui ſous lequel elles ſont généralement connues ou dont elles ne conſtituent qu'une branche peu diſtante. De ces doſſiers on s'eſt efforcé d'exclure les pièces que la ſeule ſimilitude des noms y avait fait introduire, mais dont l'origine dauphinoiſe était conteſtable (3) Les pièces ont été enſuite claſſées chronologiquement, ſoit d'une manière préciſe à l'aide de la date exprimée (en ramenant l'ancien ſtyle au nouveau), ſoit approximativement par ſynchroniſme ou par analogie. Il a été convenu de n'analyſer particulièrement que les documents dont on poſſédait le texte intégral, c'eſt-à-dire que les

(1) P.-E. GIRAUD, Eſſai hiſtor. ſur St-Bernard de Romans, 1e *part., t. I, p. xxiv ſs. Avant les achats de M. Letellier, la famille de La Tour-du-Pin avait fait une première vente par l'intermédiaire du libraire Merlin, de Paris.*

(2) *M. Morin-Pons poſſède néanmoins dix regiſtres de Moulinet, dont quatre renferment des généalogies dauphinoiſes, qui ne ſont pas dénuées d'intérêt ; dans les ſix autres oblongs cet archiviſte avait laborieuſement conſigné tous les noms de familles nobles retrouvés par lui dans les documents dont il diſpoſait. Ce dernier recueil, bien ſupérieur au premier comme importance ſcientifique, offre en quelque ſorte un vaſte répertoire des noms féodaux de notre province.*

(3) *Une ſeule exception a été faite en faveur des modernes Adhémar, dont les prétentions ont exercé la ſagacité des érudits ; on trouvera leur doſſier ſous forme de pièces annexes, nos* 351-408.

inventaires qui faisaient partie de la collection n'ont donné lieu qu'à un seul numéro (1).

Sans prétendre suppléer entièrement à ce texte encore inédit, on s'est efforcé de rendre l'analyse aussi complète que possible dans sa brièveté, en extrayant de chaque pièce tout ce qu'elle offre d'intéressant, de curieux & parfois de piquant, & en signalant tous les personnages de marque parmi les contractants & les témoins. A la suite de chaque analyse se trouve mentionné l'état du manuscrit : original ou copie, latin ou français, parchemin ou papier. La série des pièces cataloguées se poursuit sans interruption de 1 à 1150, en chiffres arabes ; une table alphabétique indique les numéros afférents à chaque dossier. Chacun d'eux a en outre un deuxième numérotage, en chiffres romains, dont le dernier correspond exactement au nombre actuel de pièces distinctes sur chaque famille dans les Archives de M. Morin-Pons (2).

Comme illustration & à titre de spécimen paléographique & sigillographique, on trouvera dans ce volume le fac-simile d'une charte de Guillaume d'Autane, de 1260, & de deux chartes du dossier Berton, datées de 1124 & 1189 (3), & le dessin des sceaux de Raymond de Mévouillon (1215) & de Raynaud Bérenger (1310) (4).

Sauf un petit nombre de chartes qu'ont déjà publiées d'Hozier, M. Morin-Pons lui-même & le premier des auteurs de ce livre (5), tout ce qui y figure est inédit ; à part une pièce notoirement fausse & deux suspectes (6), tout y est parfaitement authentique.

Ces motifs ont donné l'espoir légitime que ce volume, pour la partie qu'il embrasse, rendrait des services à l'histoire de notre

(1) Nos 201 & 350, par exemple.
(2) La lettre A en comprend 598, B 447 & C 62 ; total : 1107.
(3) Nos 653, 787 & 788.
(4) Nos 651 & 738.
(5) Nos 9, 42, 76. 90, 128, 737, 809-10, 1069-71.
(6) Nos 35, 4 & 98.

province. L'histoire générale elle-même y trouvera son profit; le Gallia Christiana, *entre autres, y puisera plusieurs additions.*

L'ouvrage forme un beau volume in-8° raisin, imprimé en caractères augustaux, par Alf. Louis Perrin & Marinet, de Lyon, tiré à 300 exemplaires seulement, dont 75 sur papier de Hollande et 225 sur vélin teinté, avec fac-simile en couleurs & sceaux gravés.

Le prix est de 20 fr. ou 15 fr., suivant le papier.

On le trouve en dépôt :

A LYON : chez Auguste Brun, libraire, rue du Plat, 13.
A PARIS : chez Honoré Champion, libr., quai Malaquais, 15.

Lyon. — Imp. Louis Perrin et Marinet. — 3-79.

INVENTAIRE

DES

ARCHIVES DAUPHINOISES

DE

M. Henry MORIN-PONS

DOSSIERS GÉNÉALOGIQUES

A

ADHÉMAR

N° 1. 1er juillet 1209.

DONATION par Géraud Adémar à Burnon, évêque de Viviers, de tous ſes droits au château de Rochemaure; avec rétroceſſion par le prélat audit Géraud des mêmes droits, moyennant l'hommage & le ferment de fidélité. Fait au port de Confolet, devant Guillaume [*lire* Humbert], évêque de Valence; L(ambert), doyen de la même égliſe; Pierre de Mirmande, &c.

Cahier [xv], fol. 91-3, latin.

N° 2. Janvier 1221.

Accord ménagé par Draconet entre Lambert, ſeigneur de Monteil, & Guillemette de Donzère, au nom de leurs enfants, au ſujet du domaine direct de la moitié des château & tènement de Montpensier (à Châteauneuf-du-Rhône) : il porte que Guionet, fils de feu Guion de Châteauneuf, tiendra cette moitié de Lambert & de ses héritiers, & jurera de lui être fidèle. Fait à Châteauneuf, devant Dohon de Chamaret, Nicolas de Montboucher, Gontard de Bourdeaux, Pierre de Sauzet, Pierre & Geoffroy de la Roche, Guillaume & Amalric de Vesc.

Copie du XIVe siècle n. s., papier, latin [I.

N° 3. 12 février 1230.

Hommage & reconnaissance de fief à Hugues Adémar, seigneur de Monteil, fils de Lambert, par Guion de Châteauneuf, fils d'autre Guion, de la moitié de Montpensier. Mention y est faite de Lambert, prévôt de Saint-Paul-Trois-Châteaux, & de Louis, frères d'Hugues. Fait à Châteauneuf, devant Ponce de Saint-Just, Pierre de Saint-Pasteur, Pierre Gontard, Guillaume de Rac, Pierre Ripert, Armand Armand, &c.

Copie à la suite de l'accord de 1221 [I], latin.

N° 4. 1er octobre 1240.

Vente par Adaymar, seigneur de Grignan, fils de feu Giraud, seigneur de Monteil, à Laurent, évêque de Saint-Paul-Trois-Châteaux, de tout ce qu'il possède à Saint-Paul & Saint-Restitut, pour 3000 sols viennois.

Copie (fabriquée?) écrite & signée par Durand Arnaud, XVIIe siècle, latin [II.

N° 5. 10 janvier 1263.

Reconnaissance à Giraud Adémar & à ses successeurs par Guy de Barry (*de Barre*), prieur de Saint-Pierre-des-Fonts de Rochemaure, de la directe dudit Giraud sur ses biens de Rochemaure, la *Rocheto* & Meissas (*de Mayssano*). Fait devant frère Adémar, de l'ordre des Frères-Mineurs, d'Armand de Pampelone (*de Panpalona*), Giraud Amic, Guillaume Itier, chevalier, &c.

Cahier [XV], fol. 94-5, latin.

N° 6. 20 novembre 1267.

Transaction entre Guillaume, doyen, & le chapitre de Valence, d'une part, & Adémar, seigneur de Grignan, & Guillaume son fils, au ſujet des trèves conclues du jour de l'acte à l'octave de ſaint Vincent, dans l'intérêt de la terre du chapitre & ſpécialement du château d'Allex. Giraud Adémar, ſeigneur de Monteil eſt caution d'Adémar & de Guillaume.

Original, parchemin, traces de 2 ſceaux ſur lemniſque [III.

N° 7. 9 octobre 1288.

Teſtament de frère Raynet de Grignan (*de Granignano*), novice chez les Frères-Mineurs; il ſe réſerve ſur ſon patrimoine 5,000 ſols coronats de Provence, pour achat de livres à ſon uſage & à celui du couvent de Valréas, laiſſe à Giraud Adémar, ſon frère, le tiers de ſes autres biens & fait héritière univerſelle Garſende, ſa mère. Fait à Graſſe, devant Pierre Attenoul, gardien de Marſeille, &c.

Original, parchemin, latin [IV.

N° 8. 27 janvier 1291.

Teſtament de Draconette, femme de Giraud Adzémar, ſeigneur de Monteil, fille de feu Draconet, ſeigneur de Montauban, & veuve de Bertrand de Baux, en faveur de ſon dernier mari, Giraud, avec des legs aux religieuſes d'Aleyrac & de Bouchet, aux égliſes de Sainte-Croix, de Notre-Dame-d'Aigu, &c., aux œuvres des ponts d'Aigu & de Fuſt. Elle veut être enſevelie chez les Franciſcains de Valréas, dans la tombe de Randone, ſa ſœur.

Original, parchemin, latin [V.

N° 9. 13 janvier-22 juin 1291.

Sentence arbitrale rendue par frère Guillaume de Monteil, Hugues Hérode,. de Monteil, & Gérard de Paſſavent, ſur la difficulté pendante au ſujet des dîmes entre Jean de Genève, évêque de Valence, recteur des égliſes de Montélimar & les habitants de la ville. La cote des grains, légumes & raiſins eſt réduite au quarantième. Guillaume, archevêque de Vienne, approuve.

Vidimé par l'acte du 14 février 1372 [LII].
Texte imprimé dans le *Cartulaire de Montélimar*, pp. 76-83.

N° 10. (1292?)

Donation par Giraud Adzémar à noble dame Garſende, ſa mère, veuve de Guillaume Gros, des biens & revenus qu'il a au château de

Montségur, en récompense des soins qu'elle a pris pour administrer la baronnie, de 10 livres de rente & des revenus du moulin dudit lieu, pour payer le legs qu'elle a fait à Laurette, religieuse à Bouchet.

Minute, papier de coton, latin [VI.

N° 11. 4 septembre 1292.

Donation par Garsende, dame de Grignan, veuve de Guillaume Gros de Monteil, seigneur de Grignan, à Giraud Adzémar, son fils, de tous ses droits, biens & revenus, après sa mort. Faite à Montségur, devant Giraud Rostaing, juge du susdit G. Adzémar, Elzéar de Sabran, chanoine de Saint-Ruf, &c.

Original, parchemin, latin [VII.

N° 12. 18 juin 1294.

Quittance par Hugues de Baux, seigneur de Meyrannes (*Mayranicarum*) à Giraud Assémar (*Assemario*), damoiseau, seigneur de Grignan, de 170 livres coronats de Provence, sur la légitime (*legitima seu frayrescha*) de la mère d'Hugues. Fait à Aix, devant la maison de Raymond de Baux, père dudit Hugues, en présence de Bertrand Lataud, chevalier, Bertrand de Baux, Imbert de Salles, &c.

Original, parchemin, latin [VIII.

N° 13. 5 mai 1295.

Quittance par nobles Bertrand de Taulignan, père & fils, à noble Giraud Adémar, seigneur de Grignan, de 1,000 livres viennoises pour la dot de Giraude Adémar, sœur de ce dernier & femme de Bertrand, fils. Cette dot est hypothéquée sur la parerie de Châteauneuf-de-Mazenc. Fait à Saint-Paul-Trois-Châteaux, dans le palais épiscopal, devant Hugues Adémar, seigneur de Lombers (*Lumbercio*) & de Montauban, Guillaume Tranquier, chevalier, &c.

Original, parchemin, latin, avec 3 sceaux en cire [IX.
Expédition originale notariée, parchemin [X.

N° 14. 14 novembre 1298.

Quittance par Jean de Barre, archidiacre d'Uzès, & Frédol de *Suojulis*, précenteur, collecteur des cens de l'église Romaine & des legs indistincts & faits pour secourir la Terre-Sainte, à noble Géraud

Adzémar, ſeigneur de Verfeuil, diocèſe d'Uzès, de 63 ſols tournois pour les arrérages d'une cenſe de 7 ſols. Fait à Uzès.

Original, parchemin, latin, avec 2 ſceaux en cire [XI.

N° 15. 23 août 1301.

Tranſaction entre le prieur de Sauzet & de Sarſons & le ſeigneur de Grignan, à la ſuite d'un accord antérieur, du 12 janvier 1294, entre Giraud Adémar, ſeigneur de Grignan, & Raymond Hugolen, prieur. Elle porte que le prieur de Sarſons aura la moitié du vingtain des fruits récoltés en ce lieu par les habitants de Grignan, & le ſeigneur l'autre moitié ; le pacage & le bûcherage ſont auſſi réglés. Fait à Viſan, devant Pierre de Grignan, Geoffroy d'Eyrolles, prieur de Saint-Amans, Adémar, doyen de Colonzelle, Raymond Rabaſſa, prieur de Saint-Chriſtophe, Raymond de Chamaret, prieur de *Ulmatis*, moines de Cluny, &c.

Original, parchemin, latin [XII.

N° 16. 13 mai 1304.

Traité entre Euſtache de Montboiſſier (*de Montebuxerio*), chevalier, & Giraud Adémar, ſeigneur de Monteil, par lequel Euſtache aſſeoit les 3,000 livres de la dot de Tiburge, femme de ſon fils, nièce de Giraud & fille d'autre Giraud, ſur ſa maiſon de Seugères (*Seugeriis*) & lui aſſigne 150 livres tournois de revenu annuel. Fait en préſence de Guillaume de Montlaur, chanoine du Puy, Guillaume de Montrevel, chevalier, Guy, ſeigneur de Tournon, &c.

Original, parchemin, latin [XIII.

N° 17. 16 janvier 1307.

Quittance de 100 livres tournois petits, valant 3 deniers chacun, par Euſtache, ſeigneur de Montboiſſier, à Giraud Adzémar, ſeigneur de Monteil, ſur la dot de Tiburge, ſa nièce.

Original, parchemin, latin, avec traces de 2 ſceaux [XIV.

N° 18. 9 juin 1308.

Tranſaction entre magnifiques ſeigneurs Giraud Adhémar, ſeigneur de Monteil & de Rochemaure, & Giraud Adhémar, père & fils, ſeigneurs de Grignan & d'Aps, confirmant l'ancien partage des terres de la famille : Montélimar d'un côté & Grignan de l'autre, & aſſurant aux enfants mâles d'une branche l'héritage de l'autre branche ſans poſtérité maſculine. Fait à Grignan, devant Guillaume de Tournon, Guillaume de Châtauneuf, Giraud Amic, ſeigneur de Rochefort, Guillaume de Beaumont, chevalier, Adhémar de Grignan, doyen de Colonzelle, Raymond de Chamaret, abbé de Cruas, Barral de Grignan, précenteur, maître de la milice du Temple à Montélimar, Pierre Cermanchi, ſeigneur de Chamaret, &c.

Copie du XVIe ſiècle, dans un cahier in-4° de 99 feuillets, fol. 1-12 [XV.

N° 19. 17 juin 1308.

Jugement rendu par Bertrand Borel, juge de Guiraud Adémar de Monteil, ſeigneur de Grignan & de Montſégur, qui condamne Ymbert de Rochebrune dit de Sainte-Jalle, damoiſeau, à 50 livres d'amende, Raymond d'Eyroles (*Ayrol*), Raſtel d'Odeffred, Pierre de Novayſan, &c., à la même ſomme, pour attaque, injures & menaces envers Guillaume d'Aubenas, évêque de Saint-Paul-Trois-Châteaux, dans la maiſon de Saint-Amans. Fait à Montſégur.

Inſéré dans l'acte du 18 mai 1314 [XVIII], 1°.

N° 20. 30 août 1308.

Lettre de Jean de Cabaſſole, maître de la grande cour royale rationale, au bailli de Réauville, touchant la plainte de Geoffroy d'Eyrolles (*de Errolis*), prieur de Saint-Amans, contre Giraud Azémar, qui, à la ſuite d'une rixe entre les gens de l'évêque & ceux du prieur, s'eſt emparé du prieuré, en a emporté le mobilier, &c.

Inſérée dans l'acte du 2 ſeptembre 1308 [XVI].

N° 21. 2 ſeptembre 1308.

Appel de Giraud Adzémar, ſeigneur de Grignan, de la lettre de Jean de Cabaſſolle au bailli de Réauville; il y dit avoir de bonnes raiſons à oppoſer au prieur de Saint-Amans. Fait à Grignan, devant Azémar de Grignan, doyen de Colonzelle, &c.

Original, parchemin, latin [XVI.

N° 22. 3 novembre 1310.

Teſtament de Giraud Adémar, ſeigneur de Monteil, en faveur de Giraud ſon fils, avec ſubſtitution en faveur de Guigonet, de Hugonet, de Guillermet, de Guy, feigneur de Tournon, fon neveu, & de Giraud Adémar de Monteil, feigneur de Grignan & d'Aps : il lègue diverfes fommes aux églifes, chapelles, hôpitaux & monaftères du voifinage, reconnaît avoir reçu 4,000 bons viennois fur la dot d'Artaude, fa femme, devoir 2,000 livres à Tiburge, fa nièce, mariée avec Euftache de Montboiffier, 11,000 fols dot de Laurette, fa fœur, femme de François Alleman; il veut que fon héritier paie les legs & dettes de Guigues Adémar, fon neveu défunt, feigneur de Monteil, de Tiburge, fa mère, de Giraud, fon frère, & de Marguerite, fa fœur; il donne à Guigonnet, fon fils, le château de Saint-Auban dans la vallée *de Ruina*, veut qu'il foit clerc féculier, que Hugonet & Guillermet entrent en religion, laiffe 3,000 livres à Mabille pour la marier & deftine Maragdone à Bonlieu ou à Bouchet. Fait à Bourg-lès-Valence.

Cahier [xv], fol. 55-72, latin.

N° 23. 2 juin 1313.

Requête par Giraud Adémar, feigneur de Grignan, à Jean Arlatan, juge d'Avignon & de Réauville, pour que le procès intenté à lui & à fes hommes de Grignan par les officiers & habitants de Réauville, foit jugé à Réauville & non à Avignon, afin d'éviter les frais du voyage; ce qui eft accordé. Fait à Avignon.

Original, parchemin, latin [XVII.

N° 24. 18 mai 1314.

Notification du jugement rendu le 17 juin 1308.

Original, parchemin, latin [XVIII.

N° 25. 10 juillet 1314.

Plainte de Jean, moine de Saint-Amans, affailli à coups de pierres; enquête à ce fujet: les témoins affirment le fait, mais ne connaiffent pas les coupables.

Inféré dans l'acte du 18 mai 1314 [xviii], 2°.

N° 26. 25 mai 1315.

Extrait du teftament de Giraud Adémar, feigneur de Montélimar, en faveur de Giraud, fon fils : il donne à fon fils Hugonet, chanoine de Valence, fon château de Sceautres (*de Sentro*), à Guigues Saint-

Auban *in valle de Ruina*, &c.; veut que Guigues, Hugues & Guillermet ſoient tenus aux écoles & pourvus de livres; nomme Mabille & Cécile parmi ſes enfants. Fait à Monteil, devant Guy, ſeigneur de Tournon, Guy de Châteauneuf, fils de Guillaume.

Copie du temps, non ſignée, latin [XIX.

N° 27. 22 octobre 1316.

Sentence de Pierre Roch, juge de Guillaume Adémar, ſeigneur de Grignan & de Montſégur, rendue dans les aſſiſes publiques contre Guillaume Curnier dit Chalvin, coupable, d'après une enquête du 26 janvier 1312, d'avoir injurié Guiraud Amic, prieur de Saint-Amans, & volé des vaſes ou aſſiettes (*parapſidum*); il eſt condamné à 10 ſols viennois d'amende.

Original, parchemin, latin [XX.

N° 28. 8 avril 1317.

Quittance de 800 livres en bons petits tournois à Giraud Adzémar, ſeigneur de Monteil, par Pierre Bertrand, damoiſeau, au nom de Tiburge de Monteil, femme du ſeigneur de Montboiſſier. Fait à Rochemaure.

Original, parchemin, latin [XXI.

N° 29. 25 octobre 1319.

Réponſes à Rachas de Pluſieurs Deniers (*de Multis Denariis*), juge de Grignan, Montſégur, &c., par Giraud Amic, prieur de Saint-Amans, ſur la priſe d'une hache dans le bois de Moneſil. Fait à Montſégur.

Original, parchemin, latin [XXII.

N° 30. 16 novembre 1319.

Quittance par Artaude, dame de Monteil, veuve de Giraud Adémar, à Giraud, ſon fils, ſeigneur de Monteil, de 600 livres viennoiſes pour 6 ans, tant des legs à elle faits que de ſa nourriture & de ſes vêtements. Fait à Monteil.

Original, parchemin, latin [XXIII.

N° 31. 10 mars 1320.

Quittance par Arthaude, veuve d'illuſtre & puiſſant Giraud Adhémar, ſeigneur de Monteil, à Giraud, leur fils, de 3,875 livres viennoiſes ſur les 4,000 de ſa dot. Fait à Monteil devant Guigues Adémar, chanoine de Valence, frère de Giraud, Bernard Ripert, &c.

Original, parchemin, latin [XXIV.

N° 32. (1320?)

Requête de Giraud Adémar, ſeigneur de Grignan, à Robert, roi de Sicile, pour avoir confirmation du privilége octroyé par Charles, père du roi, plaçant le ſuppliant ſous la dépendance du vicaire & des officiers de juſtice d'Avignon, à l'excluſion de ceux de Forcalquier & de Réauville.

Copie du temps, papier, latin [XXV.

N° 33. 21 janvier 1321.

Préſentation par Vigier, ſergent royal d'Avignon, dans une maiſonnette de Réauville, des lettres de Jean *de Quinciaco*, juge, & de la cour royale d'Avignon, défendant au prieur de Saint-Amans & à ſes domeſtiques de porter des armes &, à l'aide des inſignes des officiers royaux de Réauville, de cauſer préjudice à Giraud Adémar, ſeigneur de Grignan & de Montſégur.

Original, parchemin, latin [XXVI.

N° 34. 7 ſeptembre 1323.

Vente par *Lapus* (al. *Laponuz*) *Valoris Raymbaldi* à Giraud Adzémar, ſeigneur de Monteil, de la cinquième partie du quartier de Maubec, près du chemin de Monteil à Allan, pour 180 florins. Fait à Monteil, devant Pierre de Veſc, ſeigneur en partie d'Eſpeluche, Ponce de Tournon, &c.

Original, parchemin, latin [XXVII.

N° 35. 22 avril 1326.

Teſtament de Cécile Adaymar de Monteil de la Garde, fille d'Hugues & de Mabille Dupuy, en faveur de Giraudet, ſon fils unique, ſeigneur de Grignan & baron d'Aps.

Pièce fauſſe écrite & ſignée par Arnaud, &c., 1645, latin [XXVIII.

N° 36. 19 octobre 1328.

Quittance de 362 livres tournois par Giraud Adémar, fils aîné du feigneur de Grignan, pour lui & pour Giraudon, fon fils, à Ermengan de Saint-Privat, lieutenant de magnifique Robert d'Uzès (*de Ucetia*), fur les dots de *Dalmaze* & de *Dégane*, femmes, la première, de Giraud, & la deuxième, de Giraudon. Fait à Saint-Saturnin-du-Port.

Original, parchemin, latin [XXIX.

N° 37. 28 feptembre 1329.

Obligation confentie par Durand & Jacques de Beyjas, frères, de Saint-Martin-l'Inférieur, à Efcoffier dit Roi, de Marfane, de 52 livres tournois pour la dot de Guillemette, leur fœur ; fous noble & puiffant Giraud Adémar, feigneur de Monteil.

Compromis entre Durand & Jacques de Beyjas, & Etienne & Bertrand de Beyjas, fuivi d'une fentence arbitrale qui condamne ces derniers à payer 60 fols aux autres.

Minute de notaire du temps, papier, latin [XXX.

N° 38. 14 avril 1331.

Reftitution des clefs de la maifon dite *lo Prebotal* à Valence, par Folligayne à Giraud Adzémar, chevalier, feigneur de Montélimar, avec fes tour, jardin & dépendances. Giraud les donne à Lalberie, ferviteur de Guillaume de Tournon, précenteur de l'églife de Valence. Fait à Valence.

Original, parchemin, latin [XXXI.

N° 39. 3 décembre 1335.

Homologation par Béatrix, fille & héritière de noble Jean Audoard, chevalier, de Montélimar, & femme d'Aimar de Taulignan, feigneur de Rochefort, de la vente que fon mari a faite à Giraud Adzémar, feigneur de Monteil, des droits leur appartenant fur les péages de Monteil et de Rochemaure, en vertu d'une ceffion du feigneur de Monteil au père de Béatrix. Fait à Rochefort, dans le château, devant Audebert d'Audebert, de Chamaret, &c.

Original, parchemin, latin [XXXII.

N° 40. 30 janvier 1337.

Procuration paffée à Guillaume Roftaing, du Puy-Saint-Martin, damoifeau, par Adémar de Taulignan, feigneur de Rochefort, & Béatrix, fa femme, pour retirer 24,000 turons d'argent à eux dus par Giraud Adzémar, ſeigneur de Monteil, par obligation du 17 août 1331.

A la ſuite de l'acte du 1er février 1337 [XXXIII].

N° 41. 1er février 1337.

Quittance de 24,000 turons d'argent du roi de France par Adémar de Taulignan, ſeigneur de Rochefort, & noble Guillaume Roſtaing, du Puy-Saint-Martin, mandataire de Béatrix Audoard, femme dudit Aimar, à magnifique & puiſſant Giraud Adémar, ſeigneur de Monteil. Faite à Eſpeluche, chez Pierre de Veſc, devant Hugues de Mirabel, Pierre de la Roche, Hugues de Monteil, damoiſeaux, &c.

Copie du temps, papier, latin [XXXIII.

N° 42. 28 février 1341.

Tranſaction ſur un échange fait, le 20 juillet 1292, entre Giraud Adhémar, ſeigneur de Monteil, & Giraud Adhémar, ſeigneur de Grignan, de la parerie d'Allan contre le droit de prendre annuellement 100 livres ſur le péage du Rhône à Montélimar.

Cahier [XXXVII], fol. 10-20.
Texte imprimé dans le *Cartulaire de Montélimar*, pp. 117-21.

N° 43. 4 mars 1341.

Quittance par Dalmace, courrier de l'égliſe du Puy, & Bertrand deus (des) Baux, damoiſeau, mandataires de noble & puiſſant Lhautaud de Solignac (*Sollempniaco*), à Giraud Adémar, ſeigneur de Monteil, de 1,600 florins d'or, pour la dot de Marguerite de Monteil, femme dudit L. de Solignac. Faite à Avignon.

Original, parchemin, latin [XXXIV.

N° 44. 18 ſeptembre 1342.

Quittance de 15 livres tournois par Rebol, gardien des Frères-Mineurs de l'Ile (*Inſula*), à Giraud Adzémar, ſeigneur de Grignan & d'Aps, pour legs faits à ſon couvent par feu Giraud Azémar « clare memorie. »

Original, parchemin, latin [XXXV.

N° 45. 28 avril 1343.

Extrait du teſtament de magnifique & puiſſant Giraud Adhémar, ſeigneur de Grignan & d'Aps, par lequel il confie la tutelle de ſes enfants & l'adminiſtration de ſes biens à Décane d'Uzès, ſon épouſe.

Cahier [XXXVII], fol. 22-3, latin.

N° 46. 5 août 1343.

Donation entre vifs par Giraud Adhémar, chevalier, ſeigneur de Monteil, aſſiſté de Guigues & Hugues, ſes frères, à Giraud, ſon fils émancipé, à cauſe de ſon mariage avec Tacette de Baux, ſœur de Raymond, ſeigneur de Puyricard, de ſes châteaux de Monteil, Rochemaure, le Teil & Allan, ſauf les droits de ſes autres enfants & d'Alaſie de Poitiers, ſa femme. Raymond de Baux conſtitue à Tacette 6,500 florins de dot, du conſentement d'Ay(mar), évêque de Viviers, ſon oncle, & de Bermond d'Anduſe, ſon aïeul maternel. Fait à Châteauneuf-du-Rhône, dans la Batie-Bordel.

Minute de notaire, papier n. ſ., latin [XXXVI.

N° 47. 5 août 1343.

Contrat de mariage de Giraud Adémar, ſeigneur de Monteil, avec Tacette de Baux, fille de feu Raymond, ſeigneur de Puyricard, dotée de 6,500 florins d'or & aſſiſtée de Raymond d'Anduſe, ſeigneur de la Voulte, ſon aïeul maternel, d'Aimar de la Voulte, évêque de Viviers, ſon oncle, & de Raymond de Baux, ſon frère. Le futur a pour conſeils Giraud, ſon père, Amédée de Poitiers, Guigues Adémar, ſeigneur de Saint-Auban, & Hugues Adémar, ſeigneur du Teil, ſes oncles. Fait à Châteauneuf-du-Rhône, devant Huguet de Monteil, Pierre d'Hauteville, damoiſeaux.

Cahier [XV], fol. 74-7, latin.

N° 48. 24 août 1343.

Approbation par Tacette de Baux de l'acte de conſtitution de ſa dot par Raymond, ſon frère.

Conſentement de Giraud Adémar, d'épouſer Tacette.

A la ſuite de l'acte du 5 août 1343 [XXXVI].

N° 49. 24 août 1343.

Confirmation par Tacette de Baux de la clauſe de reſtitution de ſa dot, en cas de diſſolution de mariage. Faite à la Voulte, devant

Hugues de Maubec, Hugues Adémar, ſeigneur du Teil, Hugues de Monteil, &c.

Cahier [xv], fol. 77, latin.

N° 50. 1344.

Cautionnement de la dot de Tacette de Baux par Audebert d'Iſtrie, Audebert du Puy, Roſtaing de Soliers, &c.

A la ſuite de l'acte du 24 août 1343 [xxxvi].

N° 51. 19 avril 1344.

Lettres de Bertrand Barbaſte, damoiſeau, bailli royal de Vivarais & de Valentinois, à de Vauclaire & de la Coſte, &c., ſergents, pour obliger Giraud Adhémar, ſeigneur de Monteil & de Rochemaure, à payer 500 livres tournois à Giraud Adhémar, ſeigneur de Grignan.

Cahier [xxxvii], fol. 36-8, latin.

N° 52. 1er juin 1344.

Autoriſation donnée par Giraud Adhémar à Décane d'Uzès, veuve de Giraud Adhémar, ſeigneur de Grignan & d'Aps, de ſurveiller, régir & gouverner les biens & les enfants dudit Giraud, ſelon ſon teſtament.

Cahier [xxxvii], fol. 35-6, latin.

N° 53. 2 juin 1344.

Requête à la cour d'Avignon par Décane (d'Uzès), veuve de Giraud Adhémar, ſeigneur de Grignan, pour avoir la tutelle de ſes enfants mineurs : Giraudet, Garcenette, Burjette, Dalmaſette & Clémencette, ſelon le teſtament du défunt où il a inſtitué héritier Giraud.

Cahier [xxxvii], fol. 30-5, latin.

N° 54. 5 juin 1344.

Confirmation par Bertrand Roche & Paul de Pontevès, juges de la reine Jeanne à Avignon, de la tutelle décernée à Décane d'Uzèz par Giraud Adhémar, ſon mari défunt.

Cahier [xxxvii], fol. 25-35, latin.

N° 55. 24 juillet 1344.

Procuration donnée par Giraud Adhémar de Monteil, chevalier, ſeigneur de Monteil & de Rochemaure, à Giraud de Châteauneuf, notaire, pour plaider en ſon nom contre le ſeigneur de Grignan.

Procédures contre le ſeigneur de Monteil faites au nom de celui de Grignan.

Copie du temps, cahier in-8° de 38 feuillets, papier, fol. 1-10, latin [XXXVII.

N° 56. 13 mai 1345.

Promeſſe de Giraud Adémar, père & fils, ſeigneurs de Monteil, de garantir Guillaume de Veſc, ſeigneur d'Eſpeluche, Pierre du Pin, Guillaume de Marſanne, de Monteil, &c., de leur ſerment pour la reſtitution de la dot de Tacette de Baux.

A la ſuite de l'acte de 1344 [XXXVI], latin.

N° 57. 16 août 1345.

Hommage d'Amédée de Poitiers, fils du comte de Valentinois Aimar & ſeigneur de Taulignan, à Giraud Adhémar, ſeigneur de Grignan & d'Aps, pour la moitié du château de Taulignan, ſelon l'accord fait entre Bertrand de Taulignan & le ſeigneur de Grignan. Fait à Grignan.

Expédition authentique du temps, parchemin, latin [XXXVIII.

N° 58. 16 février 1346 (v. ſ.).

Quittance de 200 florins d'or, ſur la dot de Marguerite Adémar, femme de Lhautard de Solignac, à magnifique & puiſſant Giraud Adémar, ſeigneur de Monteil, par Roberton Mayne, clerc de Beſſières (*de Beſſerios*), mandement de Solignac (*Solloniaci*).

Original, parchemin, latin [XXXIX.

N° 59. 4 mai 1347.

Teſtament de Bernard de Grignan, fils d'autre Bernard, en faveur de Giraud, avec des legs à diverſes égliſes & à ſes enfants : Sibielette, religieuſe, Féliſe, femme d'Aſſon de Mélas, & Adémar, prêtre. Il veut être inhumé au cimetière de Saint-Vincent dans une auge en pierre (*ſepulcrum ſeu vas lapideum*).

Minute non ſignée, papier, latin [XL.

N° 60. 3 mars 1348.

Teſtament de Bernaud Mauſſang (*Maliſanguinis*), de Montélimar, en faveur de Ponce Mauffang, fon frère, & d'Albert Lafont, fon coufin germain, avec des legs aux églifes du voifinage.

Minute fignée, papier, fol. 1-6, latin [XLI.

N° 61. 20 mai 1348.

Vente par magnifique & puiffant Giraud Adémar, feigneur de Monteil, à Jauffan & Efcrivan (*fcriptoris*), de l'ufufruit & des revenus de deux parts des émoluments de la leyde à la pierre de Montélimar pour un an & 108 fétiers de blé & 214 ras d'avoine.

Expédition authentique du temps, parchemin, latin [XLII.

N° 62. 17 mars 1349 (v. f.).

Quittance de 800 florins d'or par noble Jean d'Arbaleftier (*Albalifterii*), fergent d'armes de N. S. P. le Pape, à Giraud Adémar, feigneur de Monteil, & à R. P. A(médée), évêque de Graffe, fon fils, en préfence de Guigues Adémar, feigneur de Saint-Auban, chanoine de Metz, &c.

Original, parchemin, latin [XLIII.

N° 63. 7 juillet 1351.

Teftament de Giraud Adhémar, feigneur de Monteil, en faveur de Giraud, fon fils aîné, avec les legs fuivants: la bailie de Montélimar à Hugues de Monteil, fon coufin; 100 livres fur le péage de Rochemaure à fon fils Amédée, évêque de Graffe; 100 livres à Louis, fon autre fils; 100 florins d'or à Marguerite, femme de Lautard de Solignac, pour fa légitime; 100 livres à Aimar, fon fils; 100 livres à Guigues, fon autre fils; 50 florins à Guigues & Hugues Adhémar, fes frères; 100 florins pour achever le chœur de l'églife des Frères-Mineurs; 2 aux ponts d'Aigu (*Ayguini*) & de Fuft (*Fufti*), &c.

Minute à la fuite de l'acte [XLI], fol. 6-10, latin.
Cahier [XV], fol. 18-28, latin.

N° 64. 21 janvier 1351 (v. f.).

Teftament de Françoife d'Archiac, femme de Michel d'Eyguèche, de Montélimar, en faveur de fa fille.

Copie du XIVe fiècle, à la fuite de l'acte [XLI], fol. 11, latin.

N° 65. 14 mai 1352.

Reconnaiffance par noble & puiffant Giraud Adhémar, feigneur de Grignan & d'Aps, à magnifique & puiffant Giraud Adhémar, feigneur de Monteil & de Rochemaure, des châteaux & manfes d'Aps, Saint-Pons, Saint-Andéol-de-Berg, Saint-Maurice-d'Ibie, & des biens de Mercoiras en fief noble & franc, avec promeffe par le feigneur de Grignan d'obferver la tranfaction du 9 juin 1308 [n° :8], relative à la fubftitution entre les branches. Fait à Monteil, devant noble Hugues Adhémar, feigneur du Teil, Louis Adhémar, chanoine, Guillaume de Montfégur & Arnaud de Châteauneuf, damoifeau, &c.

Cahier [xv], fol. 13-8, latin.

N° 66. 19 février 1352 (v. f.).

Certificat de Bertrand de Blacos, bailli de Grignan & de fa baronnie, établiffant que la bannière de magnifique & puiffant Giraud Adeymar, baron de Grignan, a été plantée fur la tour du prieuré de Saint-Amans fur Montfégur, en figne de haute feigneurie, aux cris de: Grignan, Grignan, Grignan! Fait en préfence de G(uillaume), abbé de Saint-Maixent, accenfateur des revenus du prieuré de Saint-Amans de Montfégur.

Original, parchemin, latin [XLIV.

N° 67. 28 mai 1353.

Hommage de Giraud Aymar, feigneur de Monteil & de Saint-Auban, fils & héritier univerfel d'autre Giraud Aymar, chevalier, à Henri de Villars, archevêque de Lyon, lieutenant de Charles, dauphin, pour le château de Saint-Auban, dans la vallée de *Ruyna*, diocèfe de Gap. Fait à Moreftel, devant François de Parme, feigneur d'Afpremont, chancelier delphinal, &c.

Original, parchemin, latin [XLV.

N° 68. 27 juin 1357.

Quittance de 100 florins d'or au coin de Florence par Pierre Prachau, prêtre de Tournemire, diocèfe de Saint-Flour, procureur de noble Bertrand de Tournemire, chevalier, à Giraud Adémar, feigneur de Grignan & d'Aps, fur les 500 qu'il devait pour la dot de Cécile, fa fille, femme du feigneur de Tournemire.

Original, parchemin, latin [XLVI.

N° 69. 24 juillet 1358.

Émancipation par noble & puiſſant Giraud Adhémar, ſeigneur de Grignan & d'Aps, de Giraud, ſon fils ; ſuivie d'une donation entre-vifs des châteaux & lieux de Grignan, Montſégur, Chantemerle, Salles, Sarſon & les Tourrettes, & de 180 livres ſur le péage de Montélimar, faite au même Giraud par ſon père, en vue de ſon mariage avec Marguerite de Narbonne, fille d'Amolut, chevalier, ſeigneur *Tuleynani*. Fait à Avignon.

Copie de 1450, papier n. ſ, latin [XLVII.

N° 70. 10 mars 1358 (v. ſ.).

Teſtament de Giraud, ſeigneur de Monteil, en faveur de Giraud, ſon fils, avec des legs de 50 florins d'or à Aimar & à Louis, ſes frères, 5,000 florins à Sibille, ſa fille, & 1,000 florins à Tacette de Baux, ſa femme, outre les 6,500 florins de ſa dot. Fait à Montélimar.

Cahier [xv], fol. 29-33, latin.

N° 71. 16 ſeptembre 1359.

Vente par magnifique & puiſſant Giraud Adhémar, chevalier, ſeigneur de Grignan & d'Aps, à noble Ponce de Grignan, d'un fief ſis à Marſenches (*Murſenchiis*), ayant appartenu à Sibiende de Chamaret & à Pierre Faure, ſeigneur du lieu, moyennant 25 florins d'or. Fait à Grignan.

Expédition authentique du xvᵉ ſiècle, papier, latin [XLVIII.

N° 72. 9 novembre 1360.

Teſtament de Gaucher Adhémar, ſeigneur de Monteil & de la Garde, en faveur du fils poſthume qu'il aura ou du fils aîné de ſes filles, pour une moitié, & de Hugues Adheymar, ſeigneur de Lachau, pour l'autre moitié, avec des legs de revenus près de Metz & Verdun à Jeanne d'Aſpremont, ſa femme, & d'autres à diverſes œuvres pies.

Copie du xviᵉ ſiècle n. ſ., papier, latin [XLIX.

N° 73. 19 juin 1362.

Tranſaction entre noble & puiſſante Tacette de Baux, veuve de Giraud Adémar, ſeigneur de Monteil, & Louis Adémar, ſeigneur de Monteil, par laquelle ce dernier abandonne à Tacette la moitié de tous les revenus, cenfes, péages, lods, &c. de Rochemaure, jufqu'à reftitution de fa dot. Guigues Adémar, feigneur de Saint-Auban, & Hugues Adémar, feigneur du Teil, y font dits oncles de Louis, Aimar & Guigues, fes frères. Aimar, évêque de Viviers, négocie l'accord.

Cahier [xv], fol. 34-41, latin.

N° 74. 9 mai 1363.

Teftament de Marguerite de Monteil, veuve de Lhautard, feigneur de Solignac, chevalier, & femme de noble & puiffant Odilon Garin, feigneur *de Tornello*, chevalier, en faveur de ce dernier, avec des legs de 1,000 florins d'or à Adhémar d'Adhémar, fon frère, 200 florins à Guigues, fon autre frère, 60 florins à Jean de Polignac, fon neveu, &c.; fes exécuteurs teftamentaires font Amédée, évêque de Graffe, & Adhémar d'Adhémar, fes frères, Guillaume Tardin, doyen du Puy, le prieur des Dominicains & le gardien des Francifcains du Puy.

Original, parchemin, latin [L.

N° 75. 1er oct. 1366 & 3 juil. 1367.

Procédures devant Philippe (de Cabaffole), patriarche de Jérufalem, recteur du Comtat, pour Louis Adémar, cofeigneur du château de Monteil, contre Adémar & Guy Adémar, fes frères, au fujet de l'héritage de Giraud, leur père.

Originaux, papier, avec fceaux plaqués, latin [LI.

N° 76. 14 février 1372 (v. f.).

Vidimus par Jean Aygatier, prieur de Montauban, de l'acte des 13 janvier-22 juin 1291 [n° 9].

Original, parchemin, latin [LII.
Texte imprimé dans le *Cartulaire de Montélimar*, p. 83.

N° 77. 7 février 1374.

Monitoire des cardinaux diacres Hugues (de Sainte-Marie) & Pierre (de Saint-Euftache), en faveur de Guiraud Adémar, chevalier, feigneur de Grignan & d'Aps, pour obtenir tous documents & renfeignements utiles à l'éclairciffement de fon différend avec l'évêque de Saint-Paul-Trois-Châteaux.

Original, parchemin, latin [LIII.

N° 78. 7 feptembre 1374.

Teftament d'Aymar Adeymar, chevalier, feigneur de Montélimar, en faveur de Guigues, fon frère, avec fubftitution : pour Saint-Auban, au profit de Sibille, fa nièce, fille de Giraud & femme de Jean de Pontevès; pour le Teil, de Guillaume de Laudun, feigneur de Montfaucon; pour Grignan & fes dépendances, de Giraud Adémar, feigneur de Grignan & fes enfants mâles, comme l'a réglé Giraud Adémar, fon père. Fait à Montélimar.

Copie du temps n. f., papier, latin [L I V.

N° 79. 5 octobre 1374.

Lettres ou commiffion données à Ponce d'Entraigues, clerc royal, par Pierre Raymond de Rapiftang [Capeftang], fénéchal de Touloufe & réformateur général dans les fénéchauffées de Beaucaire, Nîmes & Tarafcon, pour affurer à Tacette de Baux & à Sibille, fa fille, la poffeffion des biens délaiffés par Giraud Adhémar à fes enfants & par Giraudet, fon fils défunt, à Tacette de Baux.

Cahier [x v], fol. 53-4, latin.

N° 80. 30 octobre 1374.

Lettres de Ponce d'Entraigues à tous fergents royaux pour affurer la poffeffion des châteaux & lieux de Rochemaure & Le Teil, & de tous autres biens de feu Giraudet Adhémar, à Tacette de Baux, mère de ce dernier.

Cahier [x v], fol. 53-4, latin.

N° 81. 13 [30?] janvier 1374 (v. f.).

Lettres de Louis, duc d'Anjou, lieutenant du roi de France en Languedoc, au bailli & juge royal de Vivarais & Valentinois, fur l'appel de Giraud, feigneur de Montélimar, Grignan & Rochemaure, des lettres du feigneur de Rocheftang [Capeftang], fénéchal de Touloufe, en faveur de Tacette de Baux. Données à Nîmes.

Cahier [x v], fol. 86-7, latin.

N° 82. 22 janvier 1374 (v. f.).

Hommage à Giraud Adémar, feigneur de Monteil, Rochemaure & Grignan, & reconnaiffance de tenir de lui tous fes biens de Rochemaure par Guigard Valon, chevalier, père d'Aimar, Amédée & Charles. Fait à Monteil, devant nobles Raymond de l'Auberge, Bertrand de Blacons, Guillaume de Chambarand, &c.

Cahier [xv], fol. 44-5, latin.

N° 83. 27 janvier 1374 (v. f.).

Appel par le feigneur de Grignan des lettres de Pierre Raymond [n° 79] & de Ponce d'Entraigues [n° 80].

Cahier [xv], fol. 54, latin.

N° 84. 2 février 1375.

Lettres du bailli royal de Vivarais & du Valentinois au premier fergent, pour l'exécution des lettres de Louis, duc d'Anjou [n° 81], & procédures à ce fujet.

Cahier [xv], fol. 87-90, latin.

N° 85. 4 février 1374 (v. f.).

Procès-verbal de préfentation des lettres patentes de fauvegarde de Louis duc d'Anjou, fils du feu roi de France, lieutenant du roi en Languedoc, & d'attache des panonceaux royaux à fleurs de lis fur le portail de Rochemaure, en figne de réelle poffeffion du lieu pour Lambert de Montbran, procureur de puiffant Giraud Adhémar, chevalier, feigneur de Montélimar, Grignan & Rochemaure.

Publication defdites lettres par le crieur public.

Cahier [xv], fol. 47-52, latin.

N° 86. 28 mars 1375.

Quittance des 3,000 florins de la dot de Jeanne de Prohins (*Prohinis*) par puiffant Guiraud Adhémar, chevalier, feigneur de Grignan, à puiffant Guy de Prohins, chevalier, feigneur du lieu. Acte fait à Avignon.

Copie du temps n. f., papier, latin. [LV.

N° 87. 23 août 1375.

Lettre de Louis, frère du roi & fon lieutenant en Languedoc, au premier fergent, fur « la grief complayt de Loys d'Anduyfe, fegnheur de Lavoute » au nom de « Cebile, filhe de Giraut Aymar, fegnheur de Roque Maure, & de Taceta », troublé en la poffeffion dudit lieu par Giraud Adémar, « fegnheur de Guirinhan ».

Cahier [xv], fol. 89-91, français.

N° 88. 25 août 1375.

Quittance de 4,000 florins d'or paffée par Bertrand de Baux, chevalier, à magnifique & puiffant Giraud Adhémar, feigneur de Monteil & de Grignan, pour la dot de Blonde Adhémar, fa femme. Acte fait à Avignon.

Vidimus du 15 janvier 1440 [LXXVIII].

N° 89. 9 octobre 1375.

Prife de poffeffion de Rochemaure par Étienne de Brune, procureur de magnifique & puiffant Giraud Adémar, chevalier, feigneur de Montélimar, Grignan (*Guirinhani*) & Rochemaure, en vertu de l'acte du 9 juin 1308 [n° 18], au moyen de la préfentation des clefs des portes du bourg & des chartes & livres de la cour de juftice.

Cahier [xv], fol. 42-3, latin.

N° 90. 28 juin 1376.

Permiffion & ordre du pape Grégoire XI à Giraud Adémar, chevalier, feigneur de Grignan, de prêter hommage à Louis de Poitiers, comte de Valentinois, pour le port de Montélimar dont il vient d'hériter.

Original, parchemin, latin [LVI.
Texte imprimé dans le *Cartulaire de Montélimar*, p. 175.

N° 91. 24 octobre 1378.

Donation par magnifique & puiffant Hugues Adémar, feigneur de Monteil & de la Garde, à noble & puiffant Didier de Béfignan, feigneur de Béfignan, de 25 livres de revenu annuel sur les péages de Lachau & Ballons, pour l'indemnifer de fes dépenfes. Faite à Clanfayes.

Original, parchemin, latin [LVII.

N° 92. 18 feptembre 1381.

Collation par Gentil, cardinal-diacre de Saint-Adrien & légat du Saint-Siége, de l'archiprêtré de Pontelandolfo, diocèfe de Bénévent, à Pierre de Mirabello, nommé par Ange de Gambatefa, comte de Campobaffo & Thomafia de Molife, comteffe de Campobaffo.

Original, parchemin, latin [LVIII.

N° 93. 28 décembre 1383.

Nomination par Giraud Adémar, feigneur de Grignan, de Dalmas de Novayfan, comme bailli, châtelain & procureur général & particulier des lieu, fort & mandement de Chamaret (*Camareto*).

Minute de notaire du temps, papier latin [LIX.

N° 94. 10 janvier 1383 (v. f.).

Hommage d'Etienne de Brune, jurifconfulte, pour lui & pour Catherine d'Aubignas (*Albinhaco*), fa femme, à Guiot, chevalier, feigneur d'Aps, conformément à un acte du 1er juin 1365, au profit de feu Giraud Adémar, feigneur de Grignan & d'Aps. Fait à Grignan, devant Giraud Adémar, Ay (mar), moine de Cluny, Yvon, fes frères.

A la suite de l'acte du 28 décembre 1383 [LIX].

N° 95. 26 feptembre 1387.

Teftament d'Hugues Adémar, feigneur de Monteil & La Garde, en faveur de Louis, fon fils, avec fubftitution au profit de Lambert ou de fes fils, de Baudon, fon frère, de Gaucher, fon fils, de Guillaume & Bertrand de Mévouillon, fes neveux, de Giraud Adhémar de Grignan, fon frère, ou de fes fils, &c.; il lègue 6,000 florins à Dalphinaut, fille de Lambert & de Conftance.

Copie non fignée du XVIe fiècle, papier, latin [LX.

N° 96. 28 feptembre 1388.

Quittance de 200 florins, fur la dot de fa femme, par noble & puiffant Guillaume de Morges, feigneur du Châtelar à Guillaume Baftier, au nom de Giraud Adhémar, feigneur de Grignan.

Original, parchemin, latin [LXI.

N° 97. 7 feptembre 1390.

Quittance de 400 florins fur le péage de Monteil par Guillaume de

Morges, chevalier, feigneur du Châtelar, à Guillaume Baftier, payant pour magnifique & puiffant Giraud Adémar, feigneur de Grignan.

Original, parchemin, latin [L XII.

N° 98. 6 décembre 1391.

Teftament de Tacette de Baux, dame de Montélimar & de Rochemaure, veuve de Giraud, en faveur de Fouquet de Pontevès, fils de Sibille, fa fille; avec fubftitution pour Louis d'Andufe, feigneur de la Voulte, & legs de 1,000 florins à Antoinette de Pontevès. Fait à Rochemaure, devant Armand Malalt, abbé d'Aiguebelle, &c.

Copie (fufpecte?) de 1644, papier, latin [L XIII.

N° 99. 31 octobre 1392.

Compromis entre Dauphine de la Roche, vicomteffe d'Uzès, veuve d'Alziar, chevalier, vicomte d'Uzès, feigneur de Valaurie, Rouffas & Ancone, mère de Robert, Pierre & Decan, & Guiot Adhémar, feigneur de Grignan, au fujet de fes prétentions fur Valaurie; Guillaume de Saint-Juft, chevalier, feigneur de Saint-Alexandre, & Lambert Adhémar, feigneur de Monteil & de la Garde, font nommés arbitres. Fait à Grignan.

Expédition notariée de 1608, papier, latin [L XIV.

N° 100. 4 & 5 novembre 1392.

Proclamations pour l'exécution de l'accord intervenu le 1er novembre 1392, faites au nom de Giraud Emar, fire de Grignan, & Guiot, fire d'Aps, & Yvan, fes frères.

A la fuite de l'acte du 31 octobre 1392 [LXIV], français.

N° 101. 11 juin 1394.

Contrat de mariage de Raymond Bernard *Flamengi*, chevalier, docteur ès-lois, & de Catherine Adémar, fille de Giraud, décédé, feigneur de Monteil & de Grignan, & de Philippe de Morges; le futur eft repréfenté par Lambert Adémar, feigneur de Monteil & de la Garde. Fait à Grignan.

Original, parchemin, latin [L XV.

N° 102. 3 août 1395.

Donation de 600 florins par Giraud Adhémar, feigneur de Grignan, aux villes d'Avignon & d'Orange, en confidération des fecours & bons offices reçus pendant le fiége de fon château par des brigands & fa captivité.

Copie du temps n. f., papier, latin [LXVI.

N° 103. 16 juin 1400.

Donation entre-vifs par noble Bertrand de Tournemire, fils & procureur de Cécile de Grignan, veuve de Bertrand de Tournemire, chevalier, à Miracle de Combret des châteaux d'Aps, Saint-Pons-de-Coiron, la Roche & Aubignas, en confidération de fon mariage avec Guy Adzémar. Cécile eft dite dans l'acte fille de noble & puiffant Gérald Adzémar, chevalier, feigneur d'Aps & de Grignan, décédé, & maîtreffe des châteaux précités, formant fa dot lorfqu'elle fut mariée en premières noces avec Guillaume de Saint-Amans.

Copie du temps n. f., papier, latin [LXVII.

N° 104. 9 mai 1404.

Lettres de Raymond, abbé de Cluny, aux moines de Saint-Amans; il leur envoie comme prieur Pierre Picard.

Inférées dans l'acte du 14 juillet 1404 [LXVIII].

N° 105. 29 mai 1404.

Lettres de Raymond, abbé de Cluny, par lesquelles il charge le prieur d'Eurre ou tout autre religieux de l'ordre de mettre Pierre Picard en poffeffion du prieuré de Saint-Amans.

Inférées dans l'acte du 14 juillet 1404 [LXVIII].

N° 106. 14 juillet 1404.

Mife en poffeffion du prieuré de Saint-Amans par Guillaume Grégoire, doyen de Quierzy (*Quirifiaco*), au diocèfe de Noyon, en faveur de Pierre Picard; il lui donne une ftatue de la fainte Vierge & le rétable d'une chapelle de l'églife.

Original, parchemin, latin [LXVIII.

N° 107. 14 juillet 1404.

Procuration de Pierre Picard, prieur de Saint-Amans, à magnifique & puiffant Giraud Aymar, chevalier, feigneur de Grignan, & à Robert du Four, prieur d'Eurre, pour régir & adminiftrer fon prieuré. Fait à Saint-Paul-Trois-Châteaux.

Original, parchemin, latin [LXIX.

N° 108. 13 mars 1407 (v. f.)

Lettres d'Amédée, abbé de Tournus, juge & confervateur des priviléges de l'ordre de Cluny, à Giraud Aymar, chevalier, feigneur de la baronnie de Grignan; il l'engage, ainfi que fon bailli, fes officiers, &c., à défendre Pierre Picard, prieur de Saint-Amans, contre le chapitre de Saint-Paul-Trois-Châteaux, qui revendique ce prieuré en vertu d'une union faite fubrepticement. — Elles font fuivies de la bulle de Clément VI (imprimée dans le *Bullarium Cluniacenfe*, p. 173-4), par laquelle il met l'abbaye de Cluny fous la dépendance immédiate du Saint-Siége (1er avril 1343).

Inférées dans l'acte du 5 mai 1408 [LXX].

N° 109. 5 mai 1408.

Préfentation par Tibaud de Morges, bailli de Piolenc, procureur de Pierre Picard, prieur de Saint-Amans, à magnifique & puiffant Giraud Aymar, feigneur de Grignan, des lettres d'Amédée, abbé de Tournus [n° 108].

Copie du temps n. f., papier, latin [LXX.

N° 110. 13 feptembre 1410.

Teftament de magnifique & puiffant Giraud Aymar, damoifeau, feigneur de la baronnie de Grignan, en faveur de Guiot, fon frère, chevalier, feigneur d'Aps, avec fubftitution pour Jean & Bertrand de Saluces, Guigues ou Jean de Morges; il donne 25 florins au monaftère de bénédictines d'Aleyrac; 10 à Aymar Aymar, fon frère, moine; 10 à Clémence Aymar, prieure d'Aleyrac; 25 à Dégane, fa fœur, dame du Châtelar; 1,000 à noble Jean de Saluces, fils de feu Hugues, chevalier; à Rolland, bâtard de Grignan, fes revenus fur Mirmande, &c. Fait au château de Grignan.

Copie du temps n. f., papier, latin [LXXI.

N° 111. 4 feptembre 1419.

Hommage de noble (nom en blanc), feigneur de la baronnie de Grignan & de Montfégur, Allan, Salles, Eyzahut, fes dépendances, de Colonzelle, de la moitié de Taulignan, de Chantemerle, du quart de Valaurie & du tiers de Rouffas, au comte de Provence & de Forcalquier. Fait à Aix.

Extrait du XVIe fiècle n. f., papier, latin [LXXII.

N° 112. 8 août 1422.

Contrat de mariage de Guiraud Adhémar, feigneur de Grignan & de fa baronnie, avec Blanche, fille de Bertrand Pierre, feigneur de Pierrefort & de Ganges (*Agantico*), dotée de 8,000 florins d'or de 24 fols l'un, monnaie du pape. Fait à Ganges, devant Antoine Allemand, feigneur de Saint-Georges, &c.

Original, parchemin, latin, avec fceau [LXXIII.

N° 113. 8 octobre (1425).

Lettres d'abfolution adreffées à l'évêque de Vaifon par Jordan (Orfini), évêque d'Albano, en faveur de Giraud Adémar & de Blanche de Ganges, mariés fans difpenfe, malgré un empêchement de parenté au 4e degré. Données à Rome, « *apud fanctos Apoftolos* ».

Original, parchemin, latin [LXXIV.

N° 114. 21 novembre (1425).

Autres lettres à l'évêque de Vaifon par Jordan, évêque d'Albano, pour le même objet. Données au même lieu.

Original, parchemin, latin [LXXV.

N° 115. ? Juillet 1426.

Teftament de Giraud Adhémar, feigneur de Grignan & de fa baronnie, en faveur de Giraudon, avec fubftitution pour les enfants d'Alziar de Morières, de Guiote Flamenc, du fils aîné d'Henri de Saffenage & d'Antoinette de Saluces, &c.; il lègue 4,000 florins à Jeanne, fa fille aînée, 3,000 à Elpide, fa deuxième fille, la baronnie d'Aps au fils pofthume de Blanche de Ganges, 100 florins à Miracle, fa mère, & diverfes fommes à des œuvres pies.

Copie du XVe fiècle n. f., papier, latin [LXXVI.

N° 116. 22 juillet 1432.

Prix fait donné par Giraud Adhémar, feigneur de Grignan, &

Antoine Mayfred, hôtelier de Salles, élu par les marchands réunis à Salles, à Jean Guilhot, maçon, des réparations urgentes du pont du Lez, à Montſégur, ſur le chemin royal allant des parties d'Allemagne à Avignon.

Minute n. ſ., papier, latin [LXXVII.

N° 117. 4 juillet 1433.

Lettres patentes de Ferdinand, roi de Sicile, par leſquelles il donne à Ange de Montfort, comte de Montfort, le comté de Campobaſſo, au royaume de Naples, avec toutes ſes dépendances. Données au château neuf de Naples.

Vidimus de 1520 env. [CXXXVII], latin.

N° 118. 15 janvier 1440.

Vidimus par le juge de Valréas, à la demande de Giraud Adhémar, ſeigneur de Grignan & d'Aps, de l'acte du 25 août 1375 [n° 88]. Fait à Valréas, devant Antoine Chaix, prieur de Saint-Pantaléon.

Copie du temps n. ſ, papier, latin [LXXVIII.

N° 119. 22 décembre 1440.

Quittance de 150 florins par Giraud Adhémar, ſeigneur de Grignan & de ſa baronnie, aux habitants de ce lieu, qui lui avaient offert cette ſomme à l'occaſion du mariage de Jeanne, ſa fille, avec Pierre de Glandèves, dit de Faucon.

Expédition de 1608, papier, latin [LXXIX.

N° 120. 12 janvier 1441.

Codicille de Bermond de la Garde, de Grillon, en faveur de noble Marie de Montricher (*Montiſfricherie*), ſa femme, & de noble Barthélemy Vincent. Fait à Grillon, devant Giraud Adhémar, ſeigneur du lieu & de Grignan, Jean Prévôt, moine de Cluny, prieur de Saint-Amans, &c.

Original, parchemin, latin [LXXX.

N° 121. (Vers 1442.)

Requête au pape par Giraud Adhémar, ſeigneur de Grignan, pour obtenir compenſation de la plus-value de la moitié de Montélimar ſur Grillon, échangés en 1383 (*Cartul. de Montélimar*, nos 75-6).

Copie du temps n. ſ., papier, latin [LXXXI.

N° 122. (Vers 1442.)

Projet de tranſaction entre le pape & le ſeigneur de Grignan, au ſujet de la plus-value de Montélimar ſur Grillon (échangés en 1383) : on propoſe de donner ſoit Viſan, ſoit Richerenches, Bolboton, la chapelle Saint-Vincent de Saint-Paul & 50 fr. d'argent.

Note du temps n. ſ., papier, latin [LXXXII.

N° 123. (Vers 1442.)

Chefs de l'indemnité due par le pape au ſeigneur de Grignan, par ſuite de l'échange du château & de la moitié de la ville de Montélimar contre Grillon, accordés par le légat : le pape donnera l'évêché de Carpentras à N., fils du ſeigneur de Grignan, les château & village des Pilles, les revenus de Richerenches & de Saint-Vincent près Saint-Paul, & le ſeigneur de Grignan rendra tout ce qu'il a perçu à Montélimar ; au cas où le fils du ſeigneur de Grignan, élevé ſur le ſiége de Carpentras, mourrait avant 6 ans, le pape donnerait le même évêché à un autre fils dudit ſeigneur, ou lui permettrait d'en toucher les revenus pendant 6 ans, &c.

2 copies du temps n. ſ., papier, latin [LXXXIII-IV.

N° 124. (Vers 1442.)

Projet d'accommodement entre le pape & le ſeigneur de Grignan, au ſujet de l'échange de Grillon contre Montélimar : le ſeigneur & ſes frères s'engagent à ne pas faire la guerre au Comtat & à ne pas favoriſer quiconque tenterait de la faire.

Note du temps n. ſ., papier, latin [LXXXV.

N° 125. 8 mai 1443.

Bulle du pape Eugène IV à Pierre (de Foix), évêque d'Albano, légat dans le Comtat, pour accorder, après ſérieuſe enquête, à Giraud Adhémar, ſeigneur de Grignan, héritier & ſucceſſeur d'autre Giraud, les châteaux des Pilles, Cayrane, Richerenches, Bolboton &

Saint-Vincent près Saint-Paul, afin de l'indemnifer de la plus-value de Montélimar fur Grillon.

Copie du temps fignée, papier, latin [LXXXVI.

N° 126. 8 mai 1443.

Bulle du pape Eugène IV adreffée à l'évêque de Viviers, par laquelle il nomme notaire apoftolique Guiot Adhémar (*al.* Afémar), chanoine de Viviers; avec la forme du ferment à prêter.

Vidimus du 16 janvier 1444 [LXXXVII], latin.

N° 127. 16 janvier 1444.

Vidimus par Guillaume de Poitiers, évêque de Viviers, de la bulle d'Eugène IV [n° 126]; avec l'acte de preftation de ferment de Guiot Adhémar. Fait à Viviers, devant Guillaume, feigneur de Tournon, &c.

Original, parchemin, latin [LXXXVII.

N° 128. 13 mai 1447.

Le cardinal de Foix, légat du Saint-Siége dans le Comtat, traite avec Louis dauphin, pour la reftitution à l'Église romaine de la part de Montélimar, que tenait le feigneur de Grignan, au moyen de Grillon.

Mention dans l'acte du 25 mai 1447 [XCI].
Texte imprimé dans le *Cartul. de Montélimar*, p. 283.

N° 129. (1447.)

Conventions faites entre le confeil du dauphin Louis & le feigneur de Grignan, d'après lefquelles ce dernier rend Grillon & fes émoluments de Monteil contre une penfion annuelle fur le péage de Lène & les château, ville & mandement de Marfanne.

Copie du temps n. f., papier, latin [LXXXVIII.

N° 130. 16 mai 1447.

Conditions de l'échange fait entre Louis dauphin & Giraud Adhémar, feigneur de Grignan : Giraud livre Grillon avec fes droits, château & juridiction ; le dauphin en récompenfe donne Marfanne & fon mandement, plus la moitié du péage de Lène & Anfes de

Savaffe, mais Giraud lui en rendra hommage; il jouira auffi des émoluments & revenus qu'il avait fur le péage de Monteil avant l'échange.

Copie du temps n. f., papier, latin [LXXXIX.

N° 131. 25 mai 1447.

Échange confenti par Giraud Adhémar, feigneur de Grignan, au profit du dauphin Louis: il donne Grillon, & reçoit Marfanne & la moitié du péage de Lène & des Anfes de Savaffe.

Copies du temps n. f., papier, latin [XC.

N° 132. 25 mai 1447.

Échange de Grillon contre Marfane par Giraud, feigneur de Grignan, avec Louis, dauphin.

Copie du temps n. f., papier, latin [XCI.

N° 133. 25 mai 1447.

Lettres de Louis, dauphin, à Guillaume, bâtard de Poitiers, gouverneur des comtés de Valentinois & Diois, pour mettre Giraud Aymar, feigneur de Grignan, en poffeffion de la moitié du péage de Lène & des Anfes de Savaffe. « Donné au Monteill Aymar ».

Inférées dans l'acte du 27 mai 1447 [XCII], français.

N° 134. 27 mai 1447.

Mife en poffeffion conforme aux lettres du 25 mai 1447 [n° 133].

Copie du temps n. f., papier, latin [XCII.

N° 135. 21 novembre 1450.

Contrat de mariage de Nicolas de Monfort, comte de Campobaffo, avec Artabelle de Sangro, fille de Paul, dotée de 4,000 ducats.

Expédition authentique de 1496, parchemin, latin [XCIII.

N° 136. 31 août 1461.

Donation par Giraud Adheymar, feigneur de Grignan, héritier de noble Antoine, bâtard de Grignan, à Pierre Veilheu & Hugues

Genevès, l'un archidiacre & l'autre facriftain de Saint-Paul-Trois-Châteaux, de fon droit de patronage fur la chapelle de Saint-Jacques, dont Guiot, fon fils, protonotaire apoftolique, eft recteur. Fait à Saint-Paul, devant noble Claude Audigier, bailli, &c.

Expédition authentique du temps, papier, latin [XCIV.

N° 137. 23 décembre 1462.

Vente par Cola de Montfort, comte de Campobaffo & de Termoli, à Robert-Guillaume de Roberton, de deux maifons à Caftrolino, pour 32 ducats.

Original, parchemin, avec fceau plaqué, latin [XCV.

N° 138. 22 janvier 1465 (v. f.)

Lettres de Jean, fils du roi de Jérufalem & de Sicile, duc de Calabre & de Lorraine, par lefquelles il donne à Nicolas de Montfort, comte de Campobaffo, le chaftel d'Enville, fa vie durant, pour l'indemnifer de la perte « de fon bel & grant eftat ».

Vidimus du 15 décembre 1469 [XCVII], français.

N° 139. 27 novembre 1469.

Quittance par noble Henri de Rye, feigneur de Cherrin, diocèfe de Befançon, mari de Catherine Adhémar, à Girault Adhemaire, feigneur de Grignan (*Grehan*), de 2,400 livres de la dot de fa fœur Catherine, conftituée le 20 février 1469.

Original, parchemin, avec fceau, français [XCVI.

N° 140. 15 décembre 1469.

Vidimus de la donation du 2 janvier 1465 [n° 138]. Donné à Lunéville.

Original, parchemin, français [XCVII.

N° 141. 27 mars 1470.

Teftament de Vandelle de Campobaffo, au royaume de Naples, en faveur de Nicolas de Montfort, fils d'Ange, fon neveu, de la terre & juridiction de Gambatefa.

Expédition de 1484, parchemin, latin [XCVIII.

N° 142. 24 janvier 1471 (v. f.).

Quittance par magnifique & puiffant Giraud Adhémar, feigneur de Grignan & fa baronnie, de 75 florins aux fyndics de Grignan, en à-compte fur plus forte fomme.

Expédit. notariée du XVIe fiècle, papier, français [XCIX.

N° 143. 7 mars 1472.

Mariage de noble & puiffant André d'Eurre, cofeigneur d'Eurre & feigneur de Vercoiran, avec Antoinette Adhémar, fille de Giraud, feigneur défunt de Grignan; Giraud, frère de la future, lui conftitue en dot 2,500 florins, de 24 fols pièce, auxquels André d'Eurre en ajoute 250. Fait à Valréas, chez noble Mermet de Claret, feigneur de Trefchenu, devant Raymond de Rozans, feigneur de Bonneval, Michel de Sainte-Jalle, cofeigneur de Vinfobres, Nicolas de Pracomtal, &c.

Copie du temps, n. f., papier, latin [C.

N° 144. 7 mai 1473.

Quittance par magnifique & puiffant Giraud Adhémar, feigneur de Grignan & de fa baronnie, aux fyndics de Chantemerle, de 25 livres viennoifes pour le mariage d'Antoinette, fa fœur. Fait à Montfégur.

Expédit. notariée du XVIe fiècle, papier, latin [CI.

N° 145. 12 juillet 1473.

Quittance par le même Giraud, feigneur de Grignan, aux fyndics & confeillers dudit Grignan, de 60 florins de 12 gros l'un, pour le mariage de fa fœur Antoinette avec André d'Eurre, feigneur de Vercoiran. Fait à Grignan.

Expédit. notariée du XVIe fiècle, papier, latin [CII.

N° 146. 8 juillet 1476.

Lettres du duc de Bourgogne inftituant fon lieutenant en Lorraine & comté de Vaudemont (Meurthe), Nicolas de Montfort, comte de Campobaffo, fon féal chevalier, confeiller & chambellan, avec pouvoir de « lever & faire tirer foub luy autant de gens de guerre &

autres puiffans & habilles à porter armes & baftons qu'il trouverat & que befoing lui ferat pour la garde & deffence de nos pays ».

Vidimus du 14 juillet 1476 [CIII], français.

N° 147. 14 juillet 1476.

Vidimus des lettres du 8 juillet 1476 [n° 146].

Original, parchemin, français [CIII.

N° 148. 20 juillet 1476.

Procédures devant Hugues de Monts, fénéchal de Montélimar, au fujet d'une portion du péage de Montélimar que le feigneur de Grignan a fait fequeftrer entre les mains de Pierre Duchefne, lequel répond ne rien devoir.

Original, papier, avec l'acte [C], latin.

N° 149 18 juillet 1477.

Mariage de Claude de Pierregourde, feigneur du lieu de ce nom fur Gilhac, avec Marguerite Adhémar, fille de feu Eymar, feigneur de Grignan ; Gaucher, frère de la future, lui donne 3,600 florins valant 2,400 livres tournois de dot, & Claude de Pierregourde 600 d'augment. Fait à La Voulte, devant Bermond de La Voulte, Jean de Cayres, commandeur de Valence & de Montélimar, noble *Fremin* (Firmin) de Surville, &c.

Expédition notariée du temps, parchemin, latin [CIV.

N° 150. 5 décembre 1478.

Vente par Aymar de Poitiers, feigneur de Saint-Vallier, à Blanche & Catherine Adhémar, dames de Saint-Gervais, filles & héritières de noble Boudon, repréfentées par Eymar & Jean d'Urre, l'un mari de Blanche & feigneur d'Ourches, l'autre père de Claude, mari de Catherine, & à noble Antoine d'Eurre, feigneur du Puy-Saint-Martin, de 400 florins de revenu annuel, de 12 gros l'un, au prix de 6,666 florins.

Minute de notaire du temps n. f., papier, latin [CV.

N° 151. 26 décembre 1485.

Donation du château de Monterotario au comté de Campobaffo, par Ange de Montfort à Jean-Charles, fon frère.

Original, parchemin, latin [CVI.

N° 152. 31 décembre 1485.

Mariage de noble & puiffant Bertrand Adhémar, baron d'Aps & feigneur de Marfanne, avec Béatrix Alleman, fille de Guillaume, feigneur de Lers, dotée par Louis, fon frère, de 5,000 florins & par le futur de 800 florins d'augment. Fait à Grignan, devant nobles Antoine de Mévouillon, Guy Alleman, feigneur de Champs, Pierre Claret, feigneur d'Efparron.

Expédition fignée du XVIe fiècle, papier, latin [CVII.

N° 153. 18 mars 1494.

Homologation du teftament de Charles de Montfort, comte de Termoli, en faveur de Nicolas de Montfort, fon neveu, par Charles VIII, roi de France. Donnée à Naples.

Vidimus de 1520 env. [CXXXVIII], latin.

N° 154. 27 mai 1495.

Permiffion de Pierre Mouton, vicaire général de Jean de Poitiers, évêque de Valence & Die, aux feigneur de Grignan, dame de Châteauneuf, fa fœur, & autres, d'agrandir l'églife de Saint-Jean-Baptifte dudit Grignan.

Original, parchemin, latin [CVIII.

N° 155. 12 mars 1498.

Quittance de 100 livres tournois par Gabriel de Montfaucon, feigneur du lieu, à Gaucher Aymar, chevalier, feigneur de Grignan, fur le douaire de Blonde, fa trifaïeule, en vertu d'une tranfaction du 18 juin 1483.

Original, parchemin, avec fceau, français [CIX.

N° 156. 3 mars 1501.

Codicille de Joannelle Caracciolo, veuve d'illuſtre Ange de Montfort, comte de Campobaſſo; elle lègue des objets mobiliers à ſon fils & deux anneaux d'or avec pierres précieuſes à Diane, ſa fille, &c.

Expédition notariée du temps, parchemin, latin [CX.

N° 157. 5 mars 1501.

Autre codicille de Joannelle Caracciolo, de Naples, ducheſſe de Termoli, en faveur de Diane, ſa fille; elle lui donne des livres : *Vita Patrum, Diurnum, Salterium, librum Sancti-Johannis*, &c.

Expédition notariée du temps, parchemin, latin [CXI.

N° 158. 12 ſeptembre 1501.

Procuration donnée par Nicolas-Alphonſe de Montfort à Jean-Charles de Montfort, ſon oncle, pour négocier toutes les affaires qu'il a à Naples & ailleurs.

Expédition notariée, parchemin, latin [CXII.

N° 159. Mai & août 1502.

Procédures pour Nicolas-Alphonſe de Montfort, comte de Campobaſſo, au ſujet d'injures faites.

Cahier original, papier, latin & italien [CXIII.

N° 160. 12 août 1502.

Commiſſion donnée par Rodolphe de Lannoy, ſeigneur de Morvillers, conſeiller du roi, grand chambellan de Sicile, &c., pour faire donner au pape & au duc de Valentinois 10,000 ducats.

Original, parchemin, latin & italien [CXIV.

N° 161. 13 novembre 1504.

Quittance par Jacques d'Autry, gardien des Frères-Mineurs de Paris, à François de Campobaſſo, majordome de Jean de Montfort, de 6 livres pour la conſtruction du couvent, 18 pour meſſes, &c.

Original, parchemin, avec ſceau, latin [CXV.

N° 162. 3 août 1505.

Donation entre vifs par Gaucher Adhémar, baron de Grignan, à Gaspard de Castellane, seigneur d'Entrecasteaux, & à Blanche Adhémar, sa fille, femme dudit Gaspard, & à leur premier enfant mâle, de toute la baronnie de Grignan; à la condition que si Louis, son fils & héritier, a des enfants, la donation sera nulle. Fait à Barjols, devant Isnard Clapier, prévôt d'Aups, &c.

Expédition notariée de 1579, papier, latin [CXVI.

N° 163. 18 août 1506.

Testament de magnifique & puissant Gaucher Adhémar, baron de Grignan, seigneur de Clansayes, Chamaret, Saint-Auban & Aleyrac, en faveur de Louis, son fils; avec des legs à Anne, sa fille, femme de Jean de Beaumont; à Blanche, femme de Gaspard de Castellane, & à Gabrielle & Françoise, ses filles; l'usufruit de ses biens à Diane de Montfort, fille d'illustre prince Nicolas de Montfort, lui assigne pour douaire Montségur & déclare avoir reçu d'elle pour dot 6,000 florins & 1,500 ducats d'or; à son fils Louis il substitue Guillaume, évêque de Saint-Paul, à celui-ci le fils de la fille de François Adhémar, &c. Fait à Grignan, devant Amédée de la Baume, prieur de Suze, &c.

Copie du temps, de 15 feuillets, papier, latin [CXVII.

N° 164. 4 octobre 1508.

Clauses du contrat de mariage de Louis Aymar, écuyer, fils de Gaucher, baron de Grignan, avec Anne de Saint-Chamond, fille de Jean & de Louise de Saulx, dotée de 3,000 écus d'or de 35 sols tournois l'un, avec robes & habits nuptiaux pareils à ceux de Gabrielle, sa sœur; Théodore de Saint-Chamond, abbé de Saint-Antoine, donne 2,000 écus d'or à la future, & Louise de Saulx la moitié de ses biens de Bourgogne & de Franche-Comté, à la réserve de l'usufruit; Gaucher abandonne à son fils la moitié de ses biens; en cas de veuvage, Anne aura Clansayes ou 400 livres de revenu. Fait à Grignan.

Copie du XVIe siècle n. s., papier, français [CXVIII.

N° 165. (Vers 1510.)

Requête de Gaucher Adhémar, feigneur de Grignan, au Saint-Siége pour que Grillon ne foit pas aliéné, fans qu'on l'avertiffe ; il rappelle l'échange de la moitié de Montélimar contre Grillon en 1383 [*Cartul. de Montélimar*, p. 199] & la reftitution de cette place au pape par le dauphin fans indemnité pour le plaignant ; il demande à être replacé en fon premier état.

Copie du temps n. f., papier, latin [CXIX.

N° 166. (Vers 1510.)

Autre requête du même Gaucher Adhémar au pape Jules II, où il rappelle l'échange, du 24 octobre 1383, de Grillon contre la moitié de Montélimar, la jouiffance des revenus dudit Montélimar pour compenfer la plus-value ou la jouiffance des châteaux de Valréas, Vifan, Sainte Cécile, Bolboton & Richerenches, la reftitution de Grillon au Saint-Siége & la vente de cette terre ; il demande à être remis en fon ancien état & à être appelé aux traités à intervenir.

Quatre copies n. f., papier, latin [CXX à CXXIII.

N° 167. (Vers 1510.)

Expofé fait à un jurifconfulte pour avoir fon avis : En 1390, il intervient un accord entre le feigneur de La Voulte & Giraud Adhémar, feigneur de Grignan, au fujet du château de Montélimar, dont le feigneur de La Voulte réclame la moitié ; en 1393, une tranfaction déclare communs & indivis aux feigneurs de La Voulte & de Grignan, les château, péage & droits de Giraud & Giraudet Adhémar ; elle eft ménagée par Lambert, feigneur de Monteil & de la Garde; plus tard, le château eft cédé au dauphin & pendant 80 ans le feigneur de La Voulte ne fait acte de propriétaire, tout en payant ce qu'il doit à celui de Grignan fur le péage, en 1483, en 1497, en 1509, &c. Cela étant, le feigneur de La Voulte peut-il réclamer à celui de Grignan une part du château de Montélimar ?

Deux copies n. f., papier, latin [CXXIV-V.

N° 168. (Vers 1510.)

Consultation de G. *de Fonte* sur la difficulté proposée.

Original, papier, latin [CXXVI.

N° 169. (Vers 1510.)

Requête au dauphin par Giraud Aymar, seigneur de « Greynham », se plaignant de Guillaume Doutun [d'Hostun], seigneur de La Laupie, qui se efforse de donner au territoyre de Bonlieu par voye de fet au suppliant contredit & empachement ».

Copie n. s., papier, français [CXXVII.

N° 170. 10 juin 1511.

Codicille de Gaucher Adhémar, baron de Grignan, confirmant le don de Montségur à Diane de Montfort, & léguant 100 florins à Melchionne & à Gaspar de Castellane, enfants de Blanche, & 100 à Marguerite d'Eurre, fille de Gabrielle Adhémar. Fait à Grignan, devant Bermond & Louis Ripert, &c.

Copie du temps n. s., papier, latin [CXXVIII.

N° 171. 9 juillet 1511.

Bail à ferme par magnifique & puissant Gaucher Adhémar, chevalier, baron de Grignan, Louis, son fils, & Diane de Montfort, à François & Peyronon Mayaud, de Valence, des revenus du péage de Montélimar, Lène & Anses de Savasse, de la leyde, du bailliage, des langues de bœufs, cens & services de ladite ville, pour 10 ans & 8 mois, moyennant 15,500 florins.

Expédition notariée du temps, papier, latin [CXXIX

N° 172. 13 novembre 1513.

Contrat de mariage de Louis Adhémar, écuyer, fils de Gaucher, baron de Grignan, avec Anne de Saint-Chamond, fille de Jean : Montségur est assigné pour douaire au lieu de Clansayes. Fait à Grignan, devant Guillaume Adhémar, évêque de Saint-Paul, & Claude de Tournon, évêque de Viviers, Charles de la Baume, abbé de

Mazan, Guy Allemand, ſeigneur de Champs, Pierre de la Baume, ſeigneur de Suze-la-Rouſſe, Jean de Briançon, ſeigneur de Varces, Pierre Vierron, ſeigneur de Velleron, &c.

Copie du XVIe ſiècle n. ſ. papier, latin [CXXX.
Autre copie où il manque les 2 premières pages [CXXXI.

N° 173. 20 avril 1516.

Premier codicille de Gaucher Adhémar, ſeigneur de Grignan & de ſa baronnie, en faveur de Louis, ſon fils, avec ſubſtitution en faveur de Diane de Montfort, ſa femme ; il maintient le teſtament du 18 août 1506 [n° 163], diſtraction faite de la légitime & quarte trébellianique. Fait à Grignan.

Imprimé au XVIIe ſiècle, 1 feuille in-folio, latin [CXXXII.
Autre copie du temps plus étendue que l'imprimé [CXXXIII.

N° 174. 7 mai 1516.

Supplique au pape par Gaucher Adhémar, baron de Grignan, Diane de Montfort, ſa femme, Louis, ſon fils, & Guillaume, évêque de Saint-Paul, ſon frère, demandant reconnaiſſance & confirmation du chapitre de Saint-Sauveur & de ſes règlements ; ce chapitre comprend 1 doyen, 7 chanoines & 4 bénéfices simples. Avec la réponse *Fiat.*

Copie du temps n. ſ., papier, latin [CXXXIV.

N° 175. 3 février 1517.

Bail à ferme par Louis Adhémar, baron de Grignan, à noble François Mayaud, de Valence, des revenus des péages de Montélimar, Lène & Anſes de Savaſſe, leyde, « bayliage », langues de bœufs, cens & lods pour un an, au prix de 1,500 florins. Fait au château de Montſégur.

Expédition notariée du temps, papier, latin [CXXXV.

N° 176. (XVIe ſiècle.)

Mémoire pour la maintenue de l'hommage d'Aps : En 1374, des conventions entre Giraud Adhémar, ſeigneur de Monteil, & Giraud, ſon frère, baron de Grignan, aſſurent cette terre à ce dernier, avec réciprocité ; en 1308, Giraud, ſeigneur de Grignan & d'Aps, &

Blonde, ſa femme, & leur fils font hommage à Giraud, ſeigneur de Monteil, qui leur promet 60 livres de penſion ſur le péage de Montélimar, plus 100 livres pour l'échange d'Allan & 20 que le ſeigneur de Grignan avait ſur le péage précité.

Papier, incomplet, français [CXXXVI.

N° 177. (Vers 1520.)

Vidimus par Jean Varnier, ſeigneur de la Roche, ſénéchal des comtés de Valentinois & Diois & de la ville de Montélimar, Valdaine & leurs reſſorts, à la demande d'Antoine Vache, prieur des Tourrettes, au nom de Diane de Montfort, des lettres du 4 juillet 1433 [n° 117]. Fait à Montélimar, devant Antoine de Pracomtal, protonotaire apoſtolique, doyen de la collégiale de Sainte-Croix, &c.

Original, parchemin, latin [CXXXVII.

N° 178. (Vers 1520.)

Vidimus par le même de l'acte du 18 mars 1494 [n° 153].

Original, parchemin, latin [CXXXVIII.

N° 179. 28 mars 1521.

Procuration donnée par illuſtre Diane de Montfort, dame de Grignan, à Claude d'Urre, ſeigneur du Puy-Saint-Martin, pour prêter hommage au roi de ſes terres ſiſes en Italie. Fait à Grignan, devant Antoine de Bologne, ſeigneur de Salles, Jacques d'Eſparron, châtelain de Taulignan, &c.

Original, parchemin, avec ſceau, latin [CXXXIX.

N° 180. 15 mai 1528.

Echange d'immeubles ſitués à Grignan, entre Louis Adhémar, chevalier, ſeigneur & baron des baronnies de Grignan, Aps & Marſanne, & Robert Aubeſac, avec ſoulte à ce dernier de 19 florins.

Original, parchemin, latin [CXL.

N° 181. 12 mars 1530.

Quittance par Jean Deloche & Pierre Portalier à Louis Adhémar, baron des baronnies de Grignan, Aps & Marſanne, de 20 écus d'or ſol & 10 ſommées de méteil pour les murs de la chapelle Saint-Antoine, près du chemin de Taulignan. Fait à Grignan.

Original, parchemin, latin [CXLI.

N° 182. 1535-1538.

« S'enſuit le livre des memoyres ſigné par B. de moy Aymar de Greihanm, acomenſent l'an mil V^c XXXV ». — Livre de compte ou de raiſon, de 1535 à 1538, rappelant des baux à ferme, des quittances, inveſtitures, &c., pour un Grignan de Montdragon, avec ſes armes deſſinées groſſièrement au trait (de gueules au chevron d'or, accompagné en chef de deux croix pattées d'argent, cantonnées de quatre roſettes de même, & une roſe d'argent en pointe.

Cahier de 43 feuillets, papier in-4°, français [CXLII.

N° 183. 16 août 1537.

Procuration donnée par Diane de Montfort, ducheſſe de Termoli & comteſſe de Campobaſſo, dame douairière de Grignan, à noble Gabriel de Lec, économe & maître de la maiſon du roi de France, pour rendre l'hommage & recevoir l'inveſtiture de ſes diverſes terres. Fait à Grignan.

Original, parchemin, latin [CXLIII.

N° 184. (Vers 1540.)

Lettres patentes du roi François Ier, octroyant à Louis Adhémar, chevalier, fils de feu Gaucher, « le chaſtel nommé Nerbonne, ſitué & aſſis en noſtre ville du Monteil Aymard, en Valentinois, enſemble le plaiſſage d'icelluy », en conſidération des bons ſervices de Gaucher & de Louis.

Copie n. ſ. & incomplète, papier, français [CXLIV.

N° 185. 9 juin 1540.

Donation par magnifique Blanche Adhémar, dame d'Entrecaſteaux, héritière de Gaſpard, à ſon fils Gaſpard, de tout le bétail que ſon mari lui a légué.

Original, parchemin, français [CXLV.

N° 186. 13 août 1540.

Billet autographe de 50 écus par Louis de Grignan au capitaine Alen, écrit en préfence de M. d'Autichamp, « outre les fent efcus preftés au camp »; figné « Loys de Greignan ».

Original, papier, français [CXLVI.

N° 187. 31 mai 1542.

Quittance de 100 florins par les religieux de Saint-François de Montélimar à Louis Adhémar de Monteil, feigneur & baron de Grignan, la Garde & Aps, « gouverneur de Marceille », lieutenant général pour le roi en Provence, repréfenté par Ant. Vache, doyen de Saint-Sauveur.

Original, papier, français [CXLVII.

N° 188. 12 feptembre 1543.

Revente par Claude Ponchon à Aimar de Grignan, de Montdragon, écuyer, d'une portion de vigne au prix de 35 florins.

Expédition notariée du temps, papier, français [CXLVIII.

N° 189. 15 feptembre 1543.

Revente au même par Pierre Martichon & Claudie Ponchon, fa femme, du reftant de la même vigne, au prix de 31 florins.

A la fuite de l'acte du 12 feptembre 1543 [CXLVIII], français.

N° 190. 9 mars 1543 (v. f.).

Lettres du roi François Ier au feigneur de Grignan, chevalier de fon ordre, lieutenant général en Provence & gouverneur de Marfeille, pour « recouvrer ung bon nombre de pyonniers pour befongner en certaine place, lieu & endroict fort », felon le commandement du capitaine Polin, « qui fcait & congnoift l'affaire ». Données à Meudon.

Original, parchemin, français [CXLIX.

N° 191. 26 juillet 1544.

Vente par la femme Jufquin, de Caderouffe, à Aimar de Grignan, de Montdragon, écuyer, d'une vigne, terre & olivette en Cote-Gardone pour 55 florins petits.

Expédition notariée du temps, papier, français [CL.

N° 192. 17 décembre 1544.

Codicille de Louis Adhémar, feigneur & baron de Grignan, lieutenant général en Provence, expliquant fon teftament du 9 février & fon codicille du 13 feptembre précédents : « Nous legons à noftre efpoufe & compaigne les fruicts de tous noz biens, meubles & immeubles, prefentz & advenir après la mort & trefpas de noftre dame & mère... », à la charge de payer 100 livres par an à Blanche & Gabrielle, fœurs du teftateur.

Original, parchemin, français [CLI.

N° 193. 11 décembre 1548.

Accord entre Aimar de Grignan, écuyer, & Louis, fon fils, de Montdragon, & Pierre Truchier, de Clanfayes, par lequel les deux premiers fe départent de leur action à l'occafion des bleffures que Louis avait reçues à la Cabanelle-fur-Uchaux, moyennant 120 écus. Fait au Pont-Saint-Efprit. Suivi de la ratification de Louis de Grignan.

Copie n. f., papier, français [CLII.

N° 194. 6 avril 1548 (v. f.).

Lettres portant permiffion du roi Henri II de rechercher les actes utiles à Gafpard de Caftellane, & ordre aux notaires de lui en délivrer des expéditions, pour foutenir divers procès. Données à Aix.

A la fuite de l'acte du 3 août 1505 [CXVI], français.

N° 195. 6 avril 1549.

Affignation à Honorat des Fauries, de délivrer une expédition de la donation de Gaucher Adhémar à Gafpard de Caftellane & Blanche Adhémar, fa femme [n° 162].

A la fuite de l'acte du 3 août 1505 [CXVI], français.

N° 196. (Vers 1549.)

Réponfe de Séguirani, pour M. de Caftellane, aux écritures d'Antoine

Honoré d'Oraifon, vicomte de Cadenet, héritier de Boniface d'Efparron.

Papier du XVIe fiècle, français [CLIII.

N° 197. 29 juillet 1549.

Bail à ferme par Diane de Montfort, dame de Grignan, au nom de Louis Adhémar, fon fils, à Dupont & Duplan, de leur part des péages de Montélimar & Anfes de Savaffe, pour 6 ans & 1,700 livres tournois par an. Fait à Grignan.

Expédition notariée du temps, parchemin, français [CLIV.

N° 198. 9 juillet 1552.

Donation entre vifs par Louis Adhémar de Monteil, feigneur & baron de Grignan, faite avec l'affiftance de Louis d'Urre, feigneur du Puy-Saint-Martin, de Louis de Caftellane, fieur de Moiffac, de Gafpard Viarron, fieur de Velleron, &c., à noble Antoine Efcalin des Heymards, feigneur de Pierrelate, gentilhomme ordinaire de la chambre du roi & fon lieutenant général en l'armée de mer, de la terre, juridiction & feigneurie de la Garde-Adhémar. Cet acte eft deftiné à valider une donation précédente, en date du 26 décembre 1545.

2 copies du XVI° fiècle n. f., papier, français [CLV-CLVI.

N° 199. 28 novembre 1553.

Arrêt du parlement de Grenoble ordonnant d'ajourner tous légataires & créanciers de feu Gaucher Adhémar, avant l'entérinement des lettres patentes du 29 juin, qui permettent au feigneur de Grignan d'accepter l'héritage dudit Gaucher fous bénéfice d'inventaire.

Copie du temps, papier, français [CLVII.

N° 200. 27 janvier 1554.

Signification de l'arrêt précédent [n° 199] à Gafpard de Caftellane.

A la fuite de l'acte du 28 novembre 1553 [CLVII], français.

N° 201. 20 février 1555.

Inventaire des biens délaiffés par Gaucher Adhémar, mentionnant les ville, terre, place & baronnie de Grignan, Montſégur, Chantemerle, &c. parmi les biens; « ung inſtrument d'inveſtiture faicte par Frederic, empereur, à Giraud Adhaymar, de la terre de ſes père & ayeul... de l'an 1164 », &c.; « aultre inſtrument d'emencipation faicte par Giraud Adhaymar du Monteil, ſeigneur dud. lieu, à Giraudet ſon filz, avec donnation... de tout ce que... poſſedoit ès chaſteaulx de Rochemaure & Miremande..., en datte de l'an 1227...; ſept inſtrumens de teſtemens faictz par les ſeigneurs lors du Montelimar, en datte des années 1232, 1237, deux de l'an 1262 & trois de l'an 1270; ung *vidimus* d'ommage faict par Giraud Adhaymar, ſeigneur & baron de Greignan, au conte de Provence de ladicte baronnye..., en datte de l'an 1239...; ung inſtrument d'ommage faict par Adhaymar, ſeigneur & baron de Greignan, au conte de Provence..., en datte de l'an 1257 », &c., parmi les titres & documents. — Le château comprend : une ſalle garnie de 2 bancs & 2 tables buffet, & tendue d'une tapiſſerie de verdure fort vieille & uſée; la chambre *verte* « avec ſa garderobe », 2 lits & 2 châlits « avec coytres », tapiſſée de drap vert en broderie aux armes de Montfort, « avec un cortinage de samys rouge fort uſé & de la broderie de tafetas par deſſus aux dictes armes »; les lits ſont garnis d'un pavillon de cortinage de toile; la chambre du baron, au bout de la ſalle, avec 2 lits & un 3e « à la garderobe », 1 table, 1 banc; une chambre au deſſus, « ſans feneſtrage »; une autre chambre au bout de la ſalle, tendue de tapiſſerie ſur fond blanc aux armes de Jeanne Adhémar, 2 landiers, 1 table, « tracteaulx blanc & buffet, licts de plume, couvertes de cortinages de la dicte tapiſſerie de bien groſſe eſtoffe »; une autre chambre appelée la *Crotte*, avec 2 lits & 2 châlits, tendue d'une tapiſſerie de verdure aux armes de Grignan; chambre à la galerie, dite chambre neuve, avec vieille tapiſſerie de « ſarge jaune, rouge & verte »; une chambre obſcure; une chambre pour les valets au deſſus; une chambre au deſſus de celle de la *Crotte;* une tour avec 3 chambres garnies de lits de ſapin; la chambre du bailli; le galetas dit « la garderobe », plein de linge; une petite ſalle, avec table & bancs; une cuiſine avec la batterie au-deſſous; la chambre ſervant de ſommellerie, près de la ſalle; la chambre « ſervant de charnier »; 2 chambres fromagières; un four à cuire le pain; 1 gelinier; une chambre pour l'avoine; un grenier « en deux membres »; ſous le grenier, une cave & un tinal; 4 étables; la chambre du portier à l'entrée & trois priſons fermées; « laquelle mayſon deſpuys le decès de Mre Gauchier a eſté augmentée & baſtie à neuf par Mre Loys de ce que y eſt à preſent oultre ce que deſſus & meublée de pluſieurs meubles & reparée »; une chapelle dans le château, ſous le titre de Saint-Roman, & hors le château une grande maiſon à un ſeul étage, où l'on tient la juſtice & l'auditoire de la cour; une grange en Cote-Froide, un four & les moulins banaux, &c.

Expédition notariée en un cahier de 18 ff., papier, français [CLVIII.

N° 202. 24 avril 1555.

Requête de Louis Adhémar de Monteil au parlement de Grenoble, pour faire appeler tous les légataires & créanciers de ſon père, après l'inventaire de ſes biens; ſuivie d'un arrêt conforme.

Copie du temps, papier, français [CLIX.

N° 203. 11 mai 1555.

Signification de l'arrêt précédent [n° 202] à Gaſpard de Caſtellane, ſeigneur d'Entrecaſteaux.

A la ſuite de l'acte du 24 avril 1555 [CLIX] français.

N° 204. 19 juin 1555.

Arrêt du parlement de Grenoble donnant à Louis Adhémar, baron de Grignan, défaut contre Gaſpard de Caſtellane, ſeigneur d'Entrecaſteaux.

Copie du temps, papier, français [CLX.

N° 205. 13 août 1555.

Procuration par les conſuls & conſeillers de la ville de Montélimar à Hébrard Pertuys pour recevoir de Louis Adhémar, chevalier des ordres du roi, gentilhomme ordinaire de ſa chambre, ſeigneur & baron de Grignan, mille écus valant 2,250 livres tournois.

Expédition notariée, parchemin, français [CLXI.

N° 206. 18 août 1555.

Quittance deſdits 1,000 écus [n° 205], à Louis Adhémar par Hébrard Pertuyer, conſeiller & procureur de la ville de Montélimar.

A la ſuite de l'acte du 13 août 1555 [CLXI], français.

N° 207. 29 décembre 1556 (v. f.).

Signification de l'arrêt [n° 204] à Gafpard de Caftellane.

A la fuite de l'acte du 19 juin 1555 [CLX], français.

N° 208. 2 octobre 1557.

Lettre du roi Henri II à fon féal coufin le feigneur de Grignan, fon lieutenant en la ville de Lyon, pour lever promptement les impofitions ordonnées à la fin de « fubvenir à partie de noz principaulx affaires de la guerre ». Données à Saint-Germain-en-Laye.

Original, parchemin, français [CLXII.

N° 209. 7 octobre 1557.

Permiffion donnée par Jean de Fournel, lieutenant général en la fénéchauffée de Lyonnais, à Reynod, notaire de Vienne, de recevoir à Lyon les dernières difpofitions du feigneur de Grignan.

A la fuite de l'acte du 8 octobre 1557 [CLXIII-IV], français.

N° 210. 8 octobre 1557.

Teftament de Louis Adhémar de Monteil, chevalier de l'ordre du roi, gentilhomme ordinaire de fa chambre, feigneur & baron de Grignan, comte de Campobaffo & de Termoli : il lègue à Blanche Adhémar une rente de 200 livres pendant la vie d'Anne de Saint-Chamond, & après les feigneuries d'Aps, Roche d'Aps, Saint-Pons, la moitié du péage de Montélimar; à Louis d'Urre les terres de Marfanne & Bonlieu; à Antoine Efcalin des Aimards, baron de la Garde, 12,000 livres, &c.; approuve la donation de Saint-Maurice, qu'il a faite à Claude d'Urre & le teftament de Diane de Montfort, fa mère; inftitue héritier univerfel pour la baronnie de Grignan & fes dépendances, la penfion de 50 livres fur Marfeille, l'hommage de la Garde, &c., très-haut & puiffant prince François de Lorraine, duc de Guife. Fait à Lyon, devant Jean de Marcelières [Morvillers], évêque d'Orléans, Antoine d'Albon, abbé de l'Ile-Barbe, &c.

Copie authentique du temps, papier, français [CLXIII.
Copie du XVIIe fiècle n. f., papier, français [CLXIV.

N° 211. 9 décembre 1561.

Arrêt du parlement de Toulouſe, qui retient la cauſe renvoyée par le roi de Gaſpard Adhémar de Monteil, dit de Caſtellane, ſe diſant comte de Grignan, contre François de Lorraine, duc de Guiſe.

Copie authentique, papier, français [CLXV.

N° 212. 1563.

Déclaration faite par le ſeigneur de Grignan, de vouloir uſer de ſon droit de prélation ſur diverſes terres ſiſes à Colonzelle & données en emphytéoſe perpétuelle à Jean Marquis par le chapitre de Saint-Sauveur, le 31 juillet 1563.

Original, papier, français [CLXVI.

N° 213. 27 mars 1563 (v. ſ.).

Arrêt du parlement de Toulouſe en faveur de Gaſpard Adhémar de Caſtellane, ſeigneur d'Entrecaſteaux, contre Anne d'Eſte, veuve du duc de Guiſe, mère d'Henri de Lorraine, maintenant ledit Gaſpard en la poſſeſſion des biens ayant appartenu à Gaucher Adhémar & échus à Louis par légitime, avec charge de porter les nom & armes de la maiſon de Grignan, & octroyant à la veuve du duc les biens advenus au défunt autrement que par ſon père.

Expédition authentique, papier, français [CLXVII.

N° 214. 1er février 1567.

Arrêt du conſeil privé du roi ordonnant que les inſtances de Gaſpard Adhémar, dit de Caſtellane, & Anne de Saint-Chamond, contre Anne d'Eſte, douairière de Guiſe, & les tuteurs du duc de Guiſe, feront inſtruites & miſes en état de juger, « aſſiſtants neuf des premiers juges, ſix de ceulx qui ont eſté de l'advis de l'arreſt donné au parlement de Tholoze & les trois aultres de ceulx qui ont eſté de contraire oppignion ».

2 copies du temps, papier, français [CLXVIII-IX.

N° 215. 19 juillet 1568.

Quittance par Gaſpard Adheymar, chevalier de l'ordre du roi, comte de Grignan, aux conſul & conſeillers du lieu, de 50 livres tournois pour le cas de chevalerie.

Expédition notariée, papier, français [CLXX.

N° 216. (Vers 1575.)

Notes de famille écrites par Louis Adhémar de Monteil :

Naiſſances : le 28 mai 1561, à Entrecaſteaux, de Marguerite ; le 12 décembre 1564, de Jean, le baron ; le 3 ſeptembre 1566, à Entrecaſteaux, de Clariſſe ; le 17 avril 1569, à Paris, de Louis-François ; le 15 octobre 1571, à Entrecaſteaux, de Lucrèce ; le 11 avril 1573, à Aix, d'Antoine.

Copie ſignée, papier, français [CLXXI.

N° 217. 23 mars 1576.

Lettres du roi Henri III, nommant ſon lieutenant-général en Provence le comte de Grignan, déjà chevalier de ſon ordre. Données à Paris.

Vidimus du 26 juin 1585 [CLXXVI], français.

N° 218. 29 ſeptembre 1576.

Promeſſe de 648 livres par M. de Grignan à Jacques Duboys, maître du logis des Trois-Faucons à Avignon, pour dépenſe faite.

Original, papier, français [CLXXII.

N° 219. 12 janvier 1577.

Quittance de 200 livres à M. de Grignan par J. Duboys.

A la ſuite de l'acte du 29 ſeptembre 1576 [CLXXII], français.

N° 220. 28 février 1577.

Quittance par Iſabeau de Carces, femme de Louis Adhémar, comte de Grignan, lieutenant-général en Provence, aux conſuls & habitants dudit Grignan, de 100 livres pour cas d'acquiſition de terres (Colonzelle & Réauville) par le ſeigneur.

Expédition notariée du XVIIIe ſiècle, papier, français [CLXXIII.

N° 221. (Vers 1580.)

Réponses du procureur de Louis Adhémar de Monteil, comte de Grignan, au mémoire de l'économe des Frères-Mineurs de Montélimar, qui réclamait une pension : cette pension n'a pas été payée depuis plus de 150 ans.

Original, papier, français [CLXXIV.

N° 222. 17 mars 1581.

Lettre de Moyssac au comte de Grignan, son beau-frère, pour lui annoncer la venue de sa femme & lui demander quelque argent (?).

A la suite de l'acte du 18 avril 1605 [CLXXXIII], autographe, français.

N° 223. 12 avril 1583.

Déclaration devant notaire par Guy de Rieulx, capitaine de 50 hommes d'armes des ordonnances du roi, gouverneur de Brest, François de Grignan, sieur de la Mothe au pays de Bretagne, &c., que Jean Cottin, dit Begasse, soldat, a épousé une fille de la maison de Brignon.

Original, papier, français [CLXXV.

N° 224. 26 juin 1585.

Vidimus par Henri III de ses lettres du 23 mars 1576 [n° 217]. Donné à Aix.

Original, parchemin, français [CLXXVI.

N° 225. 1585.

Etat des revenus de l'église collégiale de Saint-Sauveur de Grignan, fait par Louis Adhémar, comte de Grignan, chevalier des ordres du roi, conseiller d'État, capitaine de 50 hommes d'armes des ordonnances du roi, sénéchal du Valentinois & Diois, juspatron de ladite église :

Grains recueillis : 39 sommées bon blé.
— — : 79 id. méteil.

Dont, charges payées, il reste 26 sommées de blé & 55 de méteil.

Papier, français [CLXXVII.

N° 226. 1585-1586.

Liève du revenu de la collégiale de Saint-Sauveur :

Le rentier d'Eſparron	860 livres.
Id. de la Garde	400 id.
M. de la Laupie.	20 id.
M. de Blacons	12 id.
Les conſuls de Chantemerle.	10 id. &c.

Papier, français [CLXXVIII.

N° 227. 25 mars 1593.

Commiſſion donnée par Alphonſe d'Ornano, lieutenant-général en Dauphiné & Languedoc, au comte de Grignan, de faire clore la ville de Saint-Paul-Trois-Châteaux. Donnée à Moras.

Original, papier, avec ſceau plaqué, français [CLXXIX

N° 228. 28 février 1594.

Déclaration faite par Lucrèce de Grimaud, comteſſe de Grignan, veuve de Gaſpard Adhémar, à Marguerite de Pontevès, fille de Durand & femme d'Alphonſe d'Ornano, que Gaſpard de Pontevès, ſeigneur de Cotignac, a été nourri & ſoigné pendant ſa maladie à Entrecaſteaux par le ſeigneur de Grignan.

Original, papier, français [CLXXX.

N° 229. (Vers 1600.)

Indication ou table d'actes reçus par les notaires de Grignan, relatifs à la chapelle de Notre-Dame de Beaulieu de 1515 à 1561, & à la chapelle Saint-Sébaſtien fondée en 1476 par Giraud Adhémar, &c.

Papier, français [CLXXXI.

N° 230. 26 février 1601.

Procuration d'Iſabeau de Carces à Claudie Adhémar, pour recevoir 200 écus de Louis-François, comte de Grignan.

A la ſuite de l'acte du 2 mars 1601 [CLXXXII].

N° 231. 2 mars 1601.

Quittance par Claudie Adhémar, femme de François de Foresta, conseiller au Parlement, fille d'Isabeau de Carces, douairière de Grignan, de 199 écus, à Louis-François, comte de Grignan.

Expédition notariée, papier, français [CLXXXII.

N° 232. 18 avril 1605.

Transaction entre Isabeau de Carces, douairière de Grignan, veuve de Louis Adhémar, & Louis-François, son fils, par laquelle ce dernier s'oblige à payer pour ses dot, augment, legs, &c., 30,000 livres avec les intérêts, plus une pension de 1,200 livres ; la comtesse le tiendra quitte des pensions dues aux sieur de Pierrerue, chevalier de Grignan, Lucrèce & la religieuse, ses frères & sœurs.

Copie du temps n. s., papier, français [CLXXXIII.

N° 233. 22 décembre 1609.

Arrêt du parlement de Provence en faveur de Louis Adhémar de Monteil de Grignan, seigneur de Montségur, chevalier de Saint-Jean-de-Jérusalem, & Anne de Bolliers de Matheaud & de Joye, dame de Pierrerue, Lucrèce & Claude Adhémar, dames de Gardanne & de Rogiers ; il annule un acte de donation, du 7 juin 1602, en faveur d'Isabeau de Carces, & permet à Louis de disposer de ses biens & d'en jouir à son gré.

Original, parchemin, français [CLXXXIV.

N° 234. (Vers 1610.)

Etat des droits seigneuriaux du comté de Grignan à Chamaret, 80 habitants, juridiction totale, cas impériaux, droits de scel & de clame, une poule pour le fouage, la 24e partie des grains & du vin, soit 60 charges de blé & 50 barraux de vin ; à Clansayes, 120 habitants, cas impériaux, droits de clame, de scel, de guet, de fouage, &c. ; à Aleyrac, 50 habitants, toute juridiction, la 15e partie des récoltes, péage, &c. ; à Peyrolles, baronnie, 180 habitants, &c.

Copie du temps, papier, français [CLXXXV.

N° 235. 30 juin 1611.

Sentence d'ordre rendue par le parlement de Provence dans la difcuffion des biens de Jean Sac... ; le curateur fera liquider dans trois mois ce qui eft dû à Louis Adhémar.

Copie n. f., papier, français [CLXXXVI.

N° 236. 20 janvier & 3 février 1613.

Délibérations du confeil de ville d'Entrecafteaux relatives à un emprunt de 5,000 écus au comte de Grignan.

Expédition notariée, papier, français [CLXXXVII.

N° 237. 21 juin 1614.

Promeffe de 800 écus de 3 livres par Anne de Bolliers de Matheaud & de Joye, dame de Pierrerue, à Anne de Bolliers, veuve de François de Vernet, fa fœur : 200 écus feront payés par Louis-François, comte de Grignan, qui en doit 15,000.

Expédition notariée, papier, français [CLXXXVIII.

N° 238. 30 juin 1615.

Quittance de 175 livres par Jean-Louis de Grignan, chevalier, à Feydeau, pour partie de la penfion de 2,000 livres que le roi lui donne cette année-ci.

Original, parchemin, français [CLXXXIX.

N° 239. ? décembre 1615.

Projet de conventions entre le comte de Grignan & le chapitre de Saint-Sauveur : le comte lui abandonne les fommes avancées pour l'union du prieuré de Saint-Amans, & le chapitre l'exonère d'une penfion fondée par Louis Adhémar, lequel n'a pu difpofer d'aucune chofe, « ayant aliéné de fon vivant beaucoup plus qu'il n'eftoit en fa faculté ».

Copie du temps, papier, français [CXC.

N° 240. 24 juillet 1619.

Obligation de 600 livres par Louis-Gaucher de Grignan au commandeur de Fromigières.

Avec l'acte du 31 décembre 1485 [CVII], original, français.

N° 241. 22 juillet 1621.

Quittance de 600 livres par Montégu, mandataire du commandeur de Fromigières, au comte de Grignan.

Avec l'acte du 31 décembre 1485 [CVII], autographe, français.

N° 242. 7 septembre 1624.

Lettres du roi Louis XIII, nommant le comte de Grignan capitaine de 50 chevau-légers, & le chargeant de les choisir & réunir. Données à Saint-Germain-en-Laye.

Original, parchemin, français [CXCI.

N° 243. 8 août 1625.

Lettres du roi Louis XIII, commettant le comte de Grignan, capitaine d'une compagnie de chevau-légers, pour lever 50 autres soldats aguerris & vaillants qu'il incorporera dans sa compagnie. Données à Fontainebleau.

Original, parchemin, français [CXCII.

N° 244. 25 janvier 1627.

Quittance de 1,000 livres par Jean-Louis de Grignan, chevalier de Saint-Jean-de-Jérusalem, à Guillaume de Bordeaux, trésorier général de Monsieur, pour ses gages de gentilhomme ordinaire du prince.

Original, parchemin, français [CXCIII.

N° 245. 15 novembre 1628.

Consentement d'Henri des Rollands, sieur de Réauville & de Cabanes, à ce que la somme de 36,000 livres, due par le comte de Grignan à Guillaume de Simiane, marquis de Gordes, gouverneur du

Pont-Saint-Esprit, soit placée pour garantir la vente que le marquis a faite au sieur Henri des Rollands. Fait à Aix.

Expédition notariée, papier, français [CXCIV.

N° 246. (Vers 1630.)

Mémoire pour le comte de Grignan, qui a commandé pour le roi une compagnie de 50 chevau-légers, puis de 100, en Piémont, de 1625 à 1626 : il n'a reçu que 9 mois de montre.

Papier non signé, français [CXCV.

N° 247. (XVIIe siècle.)

Requête au parlement par Paul de Grignan, sieur d'Autoville, écuyer de Salon, pour avoir un extrait d'une délibération prise par le conseil de Grane.

Original, papier, français [CXCVI.

N° 248. (Vers 1630.)

Inventaire des papiers donnés pour le procès du comte de Grignan contre M. du Puy-Saint-Martin, mentionnant : le testament de Gaucher Adhémar, du 18 août 1506 [n° 163]; celui de Louis Adhémar, du 8 octobre 1557 [n° 210]; l'arrêt du parlement de Toulouse pour Gaspard de Castellane contre François de Lorraine, du 27 mars 1563 [n° 213]; l'arrêt du parlement de Provence pour le comte de Grignan & Isabeau de Pontevès, sa mère, du 10 juin 1605 ; l'arrêt du parlement de Grenoble pour Antoine d'Urre contre le comte de Grignan, des 17 décembre 1619, 11 août 1597 & 10 décembre 1618; l'échange de Châteauneuf-du-Rhône contre Saint-Maurice, fait entre le roi & le comte de Grignan, le 8 octobre 1517, &c.

Papier signé, français [CXCVII.

N° 249. 17 décembre 1630.

Bulle du pape Urbain VIII, relative à la consécration de François Adhémar de Monteil de Grignan, élu évêque de Saint-Paul-Trois-Châteaux, & au serment qu'il aura à prêter. Donnée à Rome, à Sainte-Marie-Majeure.

Vidimus du 14 septembre 1631 [CXCIX], latin.

N° 250. 30 avril 1631.

Arrêt du parlement de Provence, autorisant l'enregistrement & les donations du contrat de mariage de Louis-Gaucher Adhémar, duc de Termes & de Campobasso, comte de Grignan, avec Marguerite d'Ornano, fille de François, seigneur de Mazargues, du 20 mai 1628.

Expédition notariée, parchemin, français [CXCVIII.

N° 251. 14 septembre 1631.

Vidimus par Jean Jaubert de Barrault, archevêque élu d'Arles, de la bulle d'Urbain VIII, du 17 décembre 1630 [n° 249] & serment prêté par François Adhémar, évêque de Saint-Paul, en présence d'Honoré de la Baume, comte de Suze, Jean de Pontevès, comte de Carces, François de Grolée, comte de Viriville, Anne de Suze, baron de Rochefort, Louis de Simiane, baron de Treschenu, &c.

Original, parchemin, latin [CXCIX.

N° 252. 24 septembre 1631.

Permission de Charles-Jacques de Léberon, évêque de Valence & Die, à Jacques Adhémar, fils de François & de Jeanne d'Ancesune-Caderousse, pour recevoir où il voudra la tonsure & les ordres.

Original, parchemin, scellé, latin [CC.

N° 253. 28 septembre 1631.

Lettres de tonsure donnée à Jacques Adhémar, par l'évêque de Saint-Paul, François Adhémar, dans l'église collégiale de Saint-Sauveur de Grignan.

Original, parchemin, scellé, latin [CCI.

N° 254. 29 septembre 1631.

Lettres de promotion aux quatre ordres mineurs conférés à Jacques Adhémar, clerc, par l'évêque de Saint-Paul, François Adhémar, dans l'église de Saint-Sauveur-de-Grignan.

Original, parchemin, scellé, latin [CCII.

N° 255. 8 novembre 1636.

Fondation par Jeanne d'Ancesune, comtesse de Grignan, dame de Vénejean, Saint-Etienne-des-Forts, Saint-Romain-de-Malegarde, &c., de messes & d'une procession dans la chapelle de la Visitation de Notre-Dame, hors des murs de Grignan, et, en cas de ruine, dans celle de Notre-Dame de Beaulieu.

Copie n. s., papier, français [CCIII.

N° 256. 15 juillet 1638.

Approbation par François Adhémar, évêque de Saint-Paul, de la fondation de la chapellenie de Notre-Dame-de-Grâce, dans l'église de Beaulieu, à Grignan, faite par Trimond Serre, marchand d'Avignon, moyennant 25 écus annuels.

Expédition de 1679, papier, latin [CCIV.

N° 257. 20 avril 1639.

Nomination de César Chambon, à ladite chapellenie, par Raymond Ducros, prieur de Pierrelatte, vicaire-général de Saint-Paul-Trois-Châteaux.

A la suite de l'acte du 15 juillet 1638 [CCIV], latin.

N° 258. 19 janvier 1641.

Nomination de Jacques Adhémar, prêtre, prieur de Saint-Pierre-de-Lauzon de Portes, seigneur de Peyrolles, par l'assemblée provinciale d'Arles, comme député à l'assemblée générale du clergé de France, convoquée à Mantes pour le 15 février.

Expédition, parchemin, français [CCV.

N° 259. 2 avril 1643.

Fondation par Louis-Gaucher, comte de Grignan, & Marguerite d'Ornano, sa femme, d'une mission dans tous les villages du comté, sauf Grignan, moyennant 90 livres annuelles ; le capital de 1,800 livres réversible à l'hôpital de Saint-Bernard d'Avignon.

Copie n. s., papier, français [CCVI.

N° 260. 29 août 1643.

Tranſaction entre François Adhémar de Monteil de Grignan, évêque de Saint-Paul & nommé archevêque d'Arles, pour lui & Louis-Gaucher, baron d'Entrecaſteaux, & Henri de Lévis-Ventadour, héritier bénéficiaire d'Anne, duc de Ventadour, par laquelle François & Louis ſe déſiſtent de leurs droits ſur les péages de Montélimar, Ancone & Savaſſe, à la condition qu'Henri prouvera que Gilbert de Lévis a payé 22,000 livres à la décharge de la maiſon de Grignan ou payera leſdites 22,000 livres; Louis Adhémar avait aliéné ces péages à Gilbert.

Expédition notariée, parchemin, français [CCVII.

N° 261. 31 août 1643.

Brevet du roi Louis XIV nommant Jacques Adhémar à l'évêché de Saint-Paul-Trois-Châteaux, vacant par la réſignation en ſa faveur de François Adhémar, ſon frère, nommé à Arles.

Original, parchemin, français [CCVIII.

N° 262. 20 mars 1644 (v. ſ.).

Bulle du pape Innocent X nommant Jacques Adhémar de Grignan à l'évêché de Saint-Paul-Trois-Châteaux; il lui ordonne d'ériger un ſéminaire & un mont-de-piété. Donnée à Rome, à Saint-Pierre.

Original, parchemin, latin [CCIX.

N° 263. (20 mars) 1644 (v. ſ.).

Bulle d'Innocent X à Louis XIV, relative à la nomination précédente.

Original, parchemin, avec bulle, latin [CCX.

N° 264. 20 mars 1644 (v. ſ.).

Bulle d'Innocent X à l'archevêque d'Arles, touchant le même fait.

Original, parchemin, avec bulle, latin [CCXI.

N° 265. 20 mars 1644 (v. ſ.).

Bulle d'Innocent X notifiant au chapitre de Saint-Paul la nomination de Jacques Adhémar à l'évêché de cette ville.

Original, parchemin, latin [CCXII.

N° 266. 20 mars 1644 (v. s.).

Bulle d'Innocent X au clergé de Saint Paul, lui notifiant le même fait.

Original, parchemin, avec bulle, latin [CCXIII.

N° 267. (20 mars) 1644 (v. s.).

Bulle d'Innocent X au peuple de Saint-Paul, relative au même fait.

Original, parchemin, avec bulle, latin [CCXIV.

N° 268. 20 mars 1644 (v. s.).

Bulle d'Innocent X aux vassaux de l'évêché de Saint-Paul, relative à la même nomination.

Original, parchemin, avec bulle, latin [CCXV.

N° 269. 21 mars 1644.

Bulle d'Innocent X à Jacques Adhémar, évêque de Saint-Paul, touchant sa consécration & le serment qu'il aura à prêter.

Original, parchemin, avec bulle, latin [CCXVI.

N° 270. 11 juillet 1648.

Brevet du roi Louis XIV nommant Jacques Adhémar, évêque de Saint-Paul-Trois-Châteaux, abbé de Notre-Dame-de-Fontdouce, ordre de Saint-Benoît, au diocèse de Saintes, bénéfice vacant par la mort de Jean Audouin, abbé commendataire.

Original, parchemin, français [CCXVII.

N° 271. 10 septembre 1648.

Bulle du pape Innocent X nommant Jacques Adhémar de Monteil de Grignan, abbé commendataire du monastère de Fontdouce, bien que chargé de l'église de Saint-Paul-Trois-Châteaux. Donnée à Rome, à Sainte-Marie-Majeure.

Original, parchemin, avec bulle, latin, [CCXVIII.

N° 272. (Vers 1649.)

Formule du ferment au pape de Jacques Adhémar, évêque de Saint-Paul, comme abbé commendataire perpétuel de Fontdouce.

Original, parchemin, avec bulle, latin [CCXIX.

N° 273. 6 juin 1649.

Accord entre Louis-Gaucher Adhémar, comte de Grignan, baron d'Entrecafteaux & feigneur de Peyrolles, & Paul Sauvan, prieur de ce dernier lieu, portant que deux religieux de Graffe ou de Caftellane viendront y confeffer & prêcher à Pâques & à la Pentecôte. Le comte donne 20 livres & le prieur autant pour cet objet.

Original, papier, français [CCXX.

N° 274. 3 février 1652.

Fondation par Louis-Gaucher Adhémar, comte de Grignan, feigneur d'Entrecafteaux, d'une miffion que les capucins de Brignolle donneront à Entrecafteaux chaque année, de la veille de la Pentecôte au lendemain de l'octave de la Fête-Dieu, moyennant les intérêts de 600 livres données aux confuls.

Expédition notariée, papier, français [CCXXI.

N° 275. 9 décembre 1652.

Conftitution de rente au capital de 600 livres, au profit des pauvres de Peyrolles, par Marcel Prat, mandataire de Louis Gaucher, comte de Grignan & feigneur dudit Peyrolles.

Expédition notariée, papier, français [CCXXII.

N° 276. 20 juin 1653.

Brevet du roi Louis XIV nommant Michel Tubœuf, prêtre du diocèfe de Paris, à l'évêché de Saint-Pons-de-Thomières, vacant par le décès de Mre de Fleyre, à la charge de donner annuellement 2,500 livres à François Adhémar, archevêque d'Arles, 3,000 à Antoine Godeau, évêque de Vence (en confidération de la réfignation qu'il a faite de l'évêché de Graffe, fuivant brevet du 24 février dernier), & 2,500 à Michel de Bougy le Révérend, clerc du diocèfe de Bayeux.

Original, parchemin, français [CCXXIII.

N° 277. 20 juin 1653.

Brevet du roi nommant Jacques Adhémar de Monteil de Grignan, évêque de Saint-Paul, à l'abbaye de Saint-Georges, ordre de Saint-Auguſtin, au diocèſe d'Angers, vacante par la mort de Roger d'Aumont, ancien évêque d'Avranches.

Original, parchemin, français [CCXXIV.

N° 278. 25 février 1654.

Fulmination par André du Sauſſay, official de Paris, de la bulle du pape Innocent X qui nomme à l'abbaye de Saint-Georges Jacques Adhémar, évêque de Saint-Paul.

Original, parchemin, avec ſceau, latin [CCXXV.

N° 279. 6 mars 1654.

Priſe de poſſeſſion de l'abbaye de Saint-Georges-ſur-Loire, par le mandataire de Jacques Adhémar, évêque de Saint-Paul.

Original, parchemin, latin [CCXXVI.

N° 280. (Vers 1654.)

Formule du ferment prêté au pape par Jacques Adhémar, évêque de Saint-Paul, comme abbé commendataire perpétuel de Saint-Georges.

Original, parchemin, avec bulle, latin [CCXXVII.

N° 281. 11 juillet 1656.

Quittance de 7,500 livres à François Adhémar, archevêque d'Arles, par Jean de Dorgeoiſe de la Tivolière, pour la vente de ſa charge de lieutenant des gardes du corps du roi « ſervant près la reine », qu'il a faite à Antoine Eſcalin Adhémar, chevalier, baron de la Garde.

Expédition notariée, papier, français [CCXXVIII.

N° 282. 15 juillet 1656.

Arrêt du conſeil d'Etat ſoumettant à la douane de Valence, Grignan, Montſégur, Salles, Chantemerle, Colonzelle & Réauville, & fixant le quartier de Grignan à 1,000 livres, ceux de Montſégur à 500, de Salles & de Réauville à 300, de Chantemerle & de Colonzelle à 250.

2 pièces originales, parchemin, français [CCXXIX.

N° 283. 16 octobre 1656.

Brevet du roi Louis XIV nommant Gabriel Adhémar de Monteil de Grignan, clerc du diocèſe de Die, à l'abbaye de Notre-Dame d'Aiguebelle, ordre de Cîteaux, au diocèſe de Saint-Paul, vacante par la réſignation de François Adhémar, archevêque d'Arles, ſon oncle, qui recevra 800 livres de penſion annuelle.

2 originaux, parchemin, français [CCXXXI.

N° 284. 15 juin 1657.

Bulle du pape Alexandre VII nommant Gabriel Adhémar abbé commendataire d'Aiguebelle. Donnée à Rome, à Sainte-Marie-Majeure.

Original, parchemin, latin [CCXXXII.

N° 285. (1658.)

Formule du ſerment de Gabriel Adhémar, comme abbé commendataire perpétuel d'Aiguebelle.

Original, parchemin, latin [CCXXXIII.

N° 286. 25 février 1658.

Déclaration d'Antoine Ducros, vicaire général & official de Saint-Paul, touchant le ſerment prêté & la profeſſion de foi faite par Gabriel Adhémar, comme abbé d'Aiguebelle.

Original, parchemin, latin [CCXXXIV.

N° 287. (Vers 1660.)

Agrégation de Louis-Gaucher, comte de Grignan, & de toute ſa famille, aux prières des Recollets par Fulgence Brun, miniſtre de la province de Saint-Bernardin en France.

Imprimé, papier, avec ſceau plaqué, latin [CCXXXV.

N° 288. 28 décembre 1661.

Conſtitution d'une rente de 1,333 livres à Chahu, ſeigneur de

Paſſy, tréſorier général de France, par François, Jacques & François Adhémar, le 1er archevêque d'Arles, le 2e évêque d'Uzès & le 3e mari d'Angélique-Claire d'Angennes, tous ſe portant forts pour Louis-Gaucher, comte de Grignan ; les 24,000 livres de capital ainſi obtenu paient à Aimar de Vallin, chevalier, sa charge de ſous-lieutenant au régiment des gardes-françaiſes du roi, acquiſe pour Joſeph Adhémar de Monteil de Grignan.

Expédition notariée, papier, français [CCXXXVI.

N° 289. 3 février 1662.

Ratification de l'acte précédent [n° 288], par Louis-Gaucher de Monteil, comte de Grignan.

A la ſuite de l'acte du 28 décembre 1661 [CCXXXVI], français.

N° 290. 9 novembre 1663.

Priſe de poſſeſſion de l'archiprêtré & canonicat de l'égliſe métropolitaine Saint-Trophime d'Arles (prébende à la nomination de François Adhémar, archevêque d'Arles), par Jean-Baptiſte Adhémar, de Monteil de Grignan, abbé commendataire nommé d'Aiguebelle, prieur de Portes, au diocèſe de Saint-Paul; avec ſon ferment.

Expédition notariée, papier, français [CCXXXVII.

N° 291. 23 ſeptembre 1664.

Obligation de 5,100 livres à noble André Le Vieulx, ancien échevin de Paris, par Jacques Adhémar de Monteil, évêque d'Uzès, François Adhémar, comte de Grignan, lieutenant-général en Languedoc, & Angélique-Claire d'Angennes, ſon épouſe, pour prêt.

Expédition notariée, parchemin, français [CCXXXVIII.

N° 292. 3 février 1665.

Arrêt du grand conſeil du roi, permettant à Jean-Baptiſte Adhémar, clerc tonſuré du 8 janvier 1653 & nommé à l'abbaye de Notre-Dame d'Aiguebelle, par brevet royal du 26 juillet 1663, de prendre poſſeſſion de cette abbaye, les officiers de la cour de Rome refuſant d'expédier les bulles des bénéficiers nommés par le roi.

Original, parchemin, français [CCXXXIX.

N° 293. 25 juin 1666.

Quittance de 5,100 livres par André Le Vieulx, ancien échevin de Paris, à François Adhémar, comte de Grignan, lieutenant-général en Languedoc, pour lui & comme tuteur des enfants nés de ſon mariage avec Angélique-Clariſſe d'Angennes [voir n° 291].

Expédition notariée, papier, français [CCXL.

N° 294. 3 août 1667.

Bulle du pape Clément IX à l'archevêque de Paris & aux évêques de Toulon & de Saint-Paul, au ſujet de la nomination de Jean-Baptiſte (Adhémar), élu de Claudiopolis dans l'Honoriade, comme coadjuteur de l'archevêque d'Arles. Donnée à Sainte-Marie-Majeure.

Original, parchemin, avec bulle, latin [CCXLI.

N° 295. 3 août 1667.

Bulle de Clément IX aux vaſſaux de l'égliſe d'Arles, au ſujet de la précédente nomination.

Original, parchemin, latin [CCXLII.

N° 296. 4 août 1667.

Bulle de Clément IX à Jean-Baptiſte Adhémar, archevêque élu de Claudiopolis, touchant ſa conſécration & ſon ferment.

Original, parchemin, latin [CCXLIII.

N° 297. 10 décembre 1668.

Bulle du pape Clément IX, nommant comme abbé commendataire perpétuel de Notre-Dame d'Aiguebelle, ordre de Cîteaux, au diocèſe de Saint-Paul (en vacance depuis la mort de Gabriel Adhémar de Monteil de Grignan), Jean-Baptiſte (Adhémar), archevêque de Claudiopolis & coadjuteur d'Arles, ſous la clauſe de ſe démettre de l'archiprêtré d'Arles & avec l'obligation de réparer l'égliſe du monaſtère. Donnée à Sainte-Marie-Majeure.

Original, parchemin, avec bulle, latin [CCXLIV.

Nº 298. 10 décembre 1668.

Bulle de Clément IX au roi Louis XIV, au ſujet de la nomination précédente.

Original, parchemin, latin [CCXLV.

Nº 299. 10 décembre 1668.

Bulle de Clément IX à l'évêque de Saint-Paul-Trois-Châteaux, au ſujet de la même nomination.

Original, parchemin, avec bulle, latin [CCXLVI.

Nº 300. 10 décembre 1668.

Bulle de Clément IX aux vaſſaux de l'abbaye d'Aiguebelle, au ſujet de la même nomination.

Original, parchemin, avec bulle, latin [CCXLVII.

Nº 301. (1668.)

Formule du ſerment à prêter par Jean-Baptiſte, archevêque de Claudiopolis, comme abbé commendataire d'Aiguebelle.

Original, parchemin, avec bulle, latin [CCXLVII[a].

Nº 302. 16 janvier 1669.

Jugement de maintenue de nobleſſe pour François Adhémar, comte de Grignan, lieutenant-général en Languedoc ; mention y eſt faite du teſtament de Gaucher Adhémar, du 24 octobre 1503 ; des lettres patentes d'Henri II qui érigent, en juin 1558, la baronnie de Grignan en comté, &c.; l'acte le plus ancien remonte à 1307 & le plus récent eſt de 1654.

Copie n. ſ. du XVIIIe ſiècle, papier, français [CCXLVIII.

Nº 303. 4 mars 1669.

Bref de Clément IX accordant diſpenſe à Louis Adhémar de Monteil de Grignan, clerc du diocèſe de Die, pour recevoir le ſous-diaconat.

Original, vélin, latin [CCXLIX.

N° 304. 13 mars 1669.

Procuration à Marcellin Prat, chanoine facriftain de Grignan, par Jean-Baptifte Adhémar, coadjuteur d'Arles, pour prendre poffeffion en fon nom de l'abbaye d'Aiguebelle. Fait à Arles.

Expédition notariée, papier, français [CCL.

N° 305. 28 août 1669.

Atteftation par le délégué de l'évêque de Saint-Paul-Trois-Châteaux, que Louis-Jofeph Adhémar de Monteil de Grignan, prieur de Portes, a fait profeffion de foi & prêté ferment.

Original, parchemin, latin [CCLI.

N° 306. (Vers 1669.)

Notes hiftoriques fur les familles Adhémar & Caftellane, toutes les deux anciennes & illuftres:— Caftellane, *Civitas Salinientium*, *Semiramis* & *Ducelia* a pris le nom des chefs militaires qui la délivrèrent des Sarrafins; — au IXe fiècle don Ofdogne, 2e roi de Léon, fait mourir les quatre comtes de Caftille ; Froïla, fon fucceffeur, perfécute leurs enfants qui vont au loin guerroyer contre les Sarrafins; — Caftille ou Caftelle vient de *Caftellum* & Caftellane de Caftelle, &c. L'auteur fait mourir Louis Gaucher à Marfeille, en 1669.

Papier non figné, français [CCLII.

N° 307. 31 mai 1670.

Lettres de fous-diaconat conféré à Louis-Jofeph Adhémar de Monteil de Grignan, ordonné avec le titre de prieur de Portes par Jean-Baptifte Adhémar, archevêque de Claudiopolis & coadjuteur d'Arles. Fait à Paris, dans l'églife des miffionnaires de Saint-Lazare.

Original, papier, avec fceau plaqué, latin [CCLIII.

N° 308. 27 juillet 1671.

Diplôme de maître ès-arts délivré par l'Univerfité de Paris à Louis Adhémar, reçu du 24.

Original, parchemin, imprimé, latin [CCLIV.

N° 309. 28 juin 1674.

Bail à ferme par le chapitre de Notre-Dame-des-Feuillants à Paris d'une maifon, rue Neuve-Saint-Honoré, à Louis-Jofeph Adhémar, pour 6 ans & 1,100 livres par an.

Original, papier, français [CCLV.

N° 310. 13 mars 1675.

Procès-verbal de l'affemblée du clergé de la province d'Arles, qui nomme agent général Louis Adhémar, abbé nommé de Saint-Georges, prieur de Notre-Dame de Portes.

Expédition, papier, avec fceau plaqué, français [CCLVI.

N° 311. 23 mai 1675.

Lettres de François (de Harlay), archevêque de Paris, atteftant que Luc d'Aquin, évêque de Saint-Paul-Trois-Châteaux, a ordonné prêtre, le 19, dans l'églife des Feuillants, Louis-Jofeph Adhémar de Monteil de Grignan.

Original, parchemin, imprimé, latin [CCLVII.

N° 312. 31 mai 1675.

Rôle des noms & furnoms des officiers & foldats de la compagnie de chevau-légers du régiment de Grignan, au camp d'Hocquenent: Jofeph de Grignan, meftre de camp; Jofeph de Mérindol, lieutenant; François-Henri de Glandèves, cornette, &c. Total, 54.

Ordre de Fontaine, commiffaire des guerres, au tréforier général, de payer à la compagnie 1,011 livres 19 fols, pour fa fubfiftance, à raifon de 18 fols au capitaine, 12 au lieutenant, 9 au cornette, &c., 3 à chaque cavalier.

Original, papier, français [CCLVIII.

N° 313. 20 avril 1680.

Brevet du roi Louis XIV nommant évêque d'Évreux Louis-Jofeph Adhémar, docteur en théologie, agent général du clergé, à la charge de payer 10,000 livres à l'évêque démiffionnaire, Henri de Maupas du Tour, fa vie durant &, après le décès de celui-ci, 3,000 à Jofeph Adhémar, clerc du diocèfe de Die.

Original, parchemin, français [CCLIX.

N° 314. 13 juillet 1680.

Procédures devant le parlement de Grenoble par Guichard d'Urre, de Cornilhan, contre Françoiſe d'Urre, veuve de Roſtaing de Beaumont de Brizon, en appel de ſentence du vice-ſénéchal de Montélimar; & arrêt déclarant ouvert au profit dudit Guichard le fidéicommis ſtipulé dans les teſtaments d'Antoine & Claude, du 14 février 1637.

A la ſuite de l'acte du 8 octobre 1557 [CLXIII], français.

N° 315. (Vers 1680.)

Inventaire de papiers concernant Louis-Eſcalin Adhémar, 3e baron de la Garde, mentionnant : le mariage de Louis-Eſcalin avec Jeanne Adhémar, du 21 août 1614; le teſtament dudit Louis, du 3 avril 1625; des quittances par Nicolas de Lanoue, nobles Jean Maridat, Eſprit de Monery, ſieur de Portes, Ignace de Meyſſonnier, ſieur du Pont, &c.

Papier n. ſ., français [CCLX.

N° 316. (Vers 1680.)

Notice généalogique ſur les Adhémar, communiquée par M. de Florimont; elle commence à 685 & s'arrête à Louis, marié 1513.

I. Giraud I a de N. :
II. Giraud II a de N. :
III. Giraud III a d'Agnès N. ;
IV. Giraud IV, baron de Grignan, vicomte de Marſeille, a :
V. Giraudet, qui fait hommage en 1257 et a :
VI. Aimar fait hommage en 1257, a de N. :
VII. Guillaume le Gros, a de Garcende d'Agoult-Saux :
VIII. Giraud VI a de Blonde des Deux-Chiens :
IX. Giraud VII a de Cécile Adhémar :
X. Giraud VIII a de N. de Dalmaſe d'Uzès :
XI. Giraud IX a de Diane d'Uzès :
XII. Giraud X a de Jeanne de Joyeuſe ou de Philippe de Morges :
XIII. Guyot a de Miracle de Combret :
XIV. Giraud XI a de Blanche de Pierrefort ou de Blanche d'Angontier :
XV. Gaucher a de Diane de Montfort :
XVI. Louis, mort ſans enfants d'Anne de Saint-Chamond.

Papier, français [CCLXI.

N° 317. 2 mai 1681.

Brevet de Louis XIV nommant Louis-Joseph Adhémar de Monteil de Grignan, prêtre du diocèse de Die, à l'évêché de Carcassonne, vacant par la promotion de Louis d'Anglure de Bourlemont à l'archevêché de Bordeaux, sous la charge des pensions établies.

Original, parchemin, français [CCLXII.

N° 318. 14 août 1681.

Arrêt du parlement de Grenoble, qui règle les droits des héritiers & créanciers de Louis d'Eurre.

A la suite de l'acte du 8 octobre 1557 [CLXIII], français.

N° 319. 22 septembre 1681.

Bulle du pape Innocent XI, qui nomme évêque de Carcassonne Louis-Joseph Adhémar de Monteil de Grignan, déjà nommé à l'évêché d'Evreux. Donnée à Sainte-Marie-Majeure.

Original, parchemin, avec bulle, latin [CCLXIII.

N° 320. 22 septembre 1681.

Bulle d'Innocent XI au même, au sujet de son transfert à l'évêché de Carcassonne, dont le titulaire, Louis (d'Anglure), vient d'être élevé au siége métropolitain de Bordeaux ; il lui enjoint de faire réparer la cathédrale & le palais épiscopal, d'ériger une prébende de pénitencier & d'établir un mont de piété.

Original, parchemin, latin [CCLXIV.

N° 321. 22 septembre 1681.

Bulle d'Innocent XI à l'archevêque d'Arles & à l'évêque de Saint-Papoul, au sujet de la même nomination.

Original, parchemin, avec bulle, latin [CCLXV.

N° 322. 22 septembre 1681.

Bulle d'Innocent XI au chapitre de l'église de Carcassonne, pour le même objet.

Original, parchemin, avec bulle, latin [CCLXVI.

N° 323. 22 feptembre 1681.

Bulle d'Innocent XI au clergé de la ville & du diocèfe de Carcaffonne, pour le même objet.

Original, parchemin, avec bulle, latin [CCLXVII.

N° 324. 22 feptembre 1681.

Bulle d'Innocent XI au peuple de Carcaffonne, pour le même objet.

Original, parchemin, avec bulle, latin [CCLXVIII.

N° 325. 22 feptembre 1681.

Bulle d'Innocent XI aux vaffaux de l'églife de Carcaffonne, pour le même objet.

Original, parchemin, avec bulle, latin [CCLXIX.

N° 326. 23 feptembre 1681.

Bulle d'Innocent XI à Louis-Jofeph, élu de Carcaffonne, relative au ferment qu'il a à prêter.

Original, parchemin, avec bulle, latin [CCLXX.

N° 327. (1681.)

Formule du ferment de Louis-Jofeph, élu évêque de Carcaffonne.

Original, parchemin, avec bulle, latin [CCLXXI.

N° 328. (Vers 1681.)

Notes pour une confultation au fujet du legs de Marfanne & Bonlieu à Louis d'Eurre.

A la fuite de l'acte du 8 octobre 1557 [CLXIV], français.

N° 329. (Vers 1683.)

Tableau généalogique de la poftérité de Giraud Adhémar & de Bertrand, feigneur d'Aps & Marfanne.

Giraud laiffe Gaucher; celui-ci a de Diane de Montfort : 1° Louis, mort fans enfants d'Anne de Saint-Chamond; 2° Blanche, femme de

Gaſpard de Caſtellane, tige des ſeigneurs de Grignan : Gaſpard II, Louis, Louis-François, Louis-Gaucher, François & Louis-Provence ; 3° Gabrielle, mariée à Claude d'Urre, ſeigneur du Puy-Saint-Martin, dont Louis d'Urre, père de Roſtaing & d'Antoine. Roſtaing a le ſieur d'Aiguebonne & Antoine laiſſe François, père de Françoiſe, dame de Brizon.

Bertrand, ſeigneur d'Aps, teſte, le 16 décembre 1518, en faveur de François, ſon fils, lequel meurt ſans enfants ; Catherine, fille de Bertrand, épouse Jacques de Brunier & laiſſe Jean I de Brunier, père de Jean II, qui a Jean III, lequel laiſſe Henri & celui-ci le ſieur de Marſanne.

Papier, imprimé français [CCLXXII.

N° 330. 12 juillet 1684.

Bulle du pape Innocent XI, à Jean-Baptiſte Adhémar de Monteil de Grignan, archevêque de Claudiopolis *in partibus*, le nommant abbé commendataire du Thoronet (*Floregia*), ordre de Cîteaux, au diocèſe de Fréjus, par permutation avec l'abbé Jean de Graſſe, à qui il cède la commende du monaſtère de l'Arivour, du même ordre, au diocèſe de Troyes.

Original, parchemin, avec bulle, latin [CCLXXIII.

N° 331. 26 mars 1685.

Priſe de poſſeſſion de l'abbaye de Notre-Dame du Thoronet ou Flouriège, par le mandataire de Jean-Baptiſte Adhémar, coadjuteur d'Arles.

Expédition notariée, papier, français [CCLXXIV.

N° 332. 31 décembre 1689.

Rôle de la montre de la compagnie meſtre de camp du régiment de cavalerie de Grignan à Kaiſerſlautern, compoſée de 44 hommes, & quittance de 749 livres pour un mois.

Original, parchemin, français [CCLXXV.

N° 333. (Vers 1690.)

Conſultation pour Julie-Lucine d'Angennes, femme du duc de Montauſier, Louiſe-Catherine & Julie-Françoiſe Adhémar, toutes donataires de Catherine de Vivonne-Savelly, marquise de Rambouillet, contre Jean-Baptiste Strozzi, héritier universel de Léon, au sujet de la validité d'un acte qui établit une substitution fidéicommissaire en faveur de Philippe Strozzi.

Brochure imprimée, in-folio, français [CCLXXVI.

N° 334. 14 juillet 1698.

Consultation de Gautier pour le comte de Grignan contre son fermier d'Entrecasteaux, qui a coupé des arbres, défriché des terres, &c.

Papier, français [CCLXXVII.

N° 335. 1er mai 1700.

Etat de la vaisselle d'argent confiée à Hudelle : trois grands bassins ronds, quatre aiguières, quatre soucoupes, trois grands plats, &c.

Original, papier, français [CCLXXVIII.

N° 336. (Vers 1700.)

Inventaire de titres de la maison de Grignan, mentionnant : la bulle de l'empereur Frédéric à Giraud en 1164, une autre de Charles IV en 1356 ; les mariages d'Honorat de Castellane avec Andrivette de Villeneuve, du 30 mars 1441 ; de Blanche Adhémar avec Gaspard de Castellane, du 6 janvier 1498 ; d'Antoinette Adhémar avec André d'Urre, du 7 mars 1472 ; de Bertrand Adhémar avec Béatrix Alleman, du 31 décembre 1485 ; de Jacques de Brunier de Larnage avec Catherine Adhémar, du 9 juillet 1508 ; de Jean-Baptiste Escalin des Eymars avec Polyxène d'Urre, du 10 novembre 1582 ; de Louis-François Adhémar avec Jeanne d'Ancesune, du 4 juin 1595 ; du comte de Grignan avec Mme d'Ornano, du 20 mai 1628 ; du prince d'Harcourt avec Anne d'Ornano, du 12 juillet 1645 ; de M. de Gardanne avec Lucrèce Adhémar, du 12 juillet 1606, &c.

Papier, français [CCLXXIX.

N° 337. 10 février 1707.

Compte de la dépense de Barteti, lieutenant de maréchaussée, chargé par le comte de Grignan, lieutenant-général en Provence, de conduire 20 prisonniers espagnols de Toulon à Tarascon; total, 360 livres.

Original, papier, français [CCLXXX.

N° 338. 1708.

Etat du biscuit fourni par ordre du comte de Grignan aux batteries de la baie de Marseille par M. de Bretonval, s'élevant à 155 quintaux.

Original, papier, français [CCLXXXI.

N° 339. 1712.

Notes sur la succession de Louis Adhémar (XVIe s.): il laisse au duc de Guise sa falcidie sur les biens de son père; à Anne de Saint-Chamond, Diémoz, Marennes & la dîme de Chaponay; à François Adhémar, 36,000 livres ou la quarte; ses funérailles & le transport de son corps de Lyon à Grignan coûtent 10,000 livres; il fait 12,000 livres de legs, donne 12,000 livres à la Garde, 50 livres à Saint-Maurice, 36,000 au chapitre; dot de sa femme, 50,000 livres. L'actif est de 36,000 & le passif de 207,227, soit une différence de 171,227 livres.

Papier n. s., français [CCLXXXII.

N° 340. (Vers 1713.)

Procédures pour Madeleine d'Oraison, vicomtesse de Cadenet, femme de Louis-Jacques d'Ancesune, marquis de Caderousse, en paiement de ses droits. Avec rôle de la vaisselle d'argent remise à Silbert par le marquis d'Oraison, en 1707.

Papier n. s., français [CCLXXXIII.

N° 341. 12 novembre 1714.

Lettre du roi au comte de Grignan, lieutenant-général en Provence, au sujet de la paix conclue avec l'empire. Ecrite à Marly.

Imprimé à Avignon, 1714, papier [CCLXXXIV.

N° 342. 4 décembre 1714.

Extrait du *Mercure de France*, annonçant la mort de François Adhémar, comte de Grignan, lieutenant-général en Provence.

Papier [CCLXXXV.

N° 343. (Vers 1715.)

Extrait du testament de Louis-Gaucher, comte de Grignan († 1669), par lequel il lègue : à Ange, abbé d'Aiguebelle, une pension viagère de 1,500 livres; à Jean-Baptiste, le 3e, une pension égale; à Joseph, 100,000 livres; à Charles, chevalier de Malte, une pension de 1,500 livres; à Thérèse, femme de M. de Rochebonne, 54,000 livres; à Louis, une pension de 1,500 livres, en attendant un bénéfice ecclésiastique de pareille valeur; à Catherine, fille de François, son aîné, 1,500 livres; à Marie, religieuse à Aubenas, une pension viagère de 30 livres; à François, 30 livres de pension, outre les avantages stipulés dans son contrat de mariage avec Mlle d'Angennes, &c.; à Marguerite, femme de M. de Saint-Andéol, 30 livres pour une fois.

Papier n. s., français [CCLXXXVI.

N° 344. (Vers 1715.)

Notes de famille, mentionnant: le mariage de Giraud, baron de Grignan, avec Cécile Adhémar de la Garde, du 29 mars 1312; une quittance de 30,000 livres, dot de Mme de la Garde, fille du comte de Grignan, du 2 décembre 1616; une quittance de même somme, dot de Marguerite, femme de M. de Buons, du 15 avril 1641; une autre de 78,000 livres, dot de Louise, femme de François de Flotte de la Bâtie, du 9 juillet 1629.

Cahier de 8 feuillets, papier, français [CCLXXXVII.

N° 345. (Vers 1715.)

Notes généalogiques, mentionnant: une transaction du 23 mai 1675 entre le comte de Grignan, Françoise-Marguerite de Sévigné & Charles de Sainte-Maure, duc de Montausier, subrogé-tuteur de Louise-Catherine & Julie-Françoise Adhémar, filles du comte & d'Angélique-Clarisse d'Angennes, par laquelle François de Castellane-Adhémar s'oblige à payer 120,000 livres à ses filles, avec intérêts, dot de leur mère; une transaction du 15 mai 1706 entre le même comte, Pauline, femme de Louis de Simiane, & Anne-Marguerite de Saint-Amand, veuve du marquis de Grignan, d'après laquelle cette dernière se restreint à la dot stipulée en son contrat de mariage, du 18 novembre

1694; le mariage du même comte avec Marie-Angélique du Puy du Fou, du 17 juin 1666, &c.

16 pièces, papier, français [CCLXXXVIII.

N° 346. (Vers 1717.)

Procédures pour Françoise-Pauline de Grignan, contre Henri-Eléonor Hurault de Vibraye, en ouverture de fidéicommis stipulé dans les testaments de Gaspard I de Castellane & de Louis-François, & contre Mme de Saint-Andéol & Mme de Saint-Amand. Une note rappelle que les *Lettres de Mme de Sévigné*, imprimées à Paris en 1731, coûtaient à Mme de Simiane 11 livres, chez David, imprimeur-libraire.

19 pièces, papier, français [CCLXXXIX.

N° 347. 1719.

Inventaire des actes remis à l'abbé d'Argellier pour Mlle de Saint-Maurice, mentionnant : la transaction du 19 août 1631, entre Louis-Gaucher Adhémar & François d'Urre du Puy-Saint-Martin ; un inventaire des biens de Louis d'Urre, &c.

Copie signée, papier, français [CCXC.

N° 348. 1725.

Requête au roi par un intéressé au bail de Templier, fermier général, pour avoir paiement d'une somme de 12,658 livres des héritiers de Saint-Amand.

Original, papier, français [CCXCI.

N° 349. (Vers 1729.)

Mémoire pour les créanciers & domestiques de François Adhémar, comte de Grignan, pour fournitures, dans lequel ils se plaignent de Mme de Vibraye & du tuteur de Paul-Maximilien Hurault, son fils, du président de Tourry & du comte de Roquessante (de Raffélis), qui empêchent la levée des scellés mis sur la maison de Mazargues.

Papier non signé, français [CCXCII.

N° 350. 31 décembre 1750.

« Inventaire général des papiers, titres & documents des archives du château d'Aps », pour Charles-Joachim-Laure & Anne-Joachim de Montagut, enfants mineurs de Joachim-Louis de Montagut, marquis de Bouzols, maréchal des camps & armées du roi, lieutenant-général au pays bas d'Auvergne & Combrailles, mentionnant : les lettres patentes de Louis XIII, d'avril 1614, qui érigent Aps en comté pour Georges de la Baume-Suze, ſieur de Plaiſians, baron d'Aps, en conſidération de ſes ſervices, de l'antiquité de ſa maiſon & de la ville & ſeigneurie d'Aps, autrefois colonie des Romains; les lettres du même roi, de ſeptembre 1618, qui donnent entrée au même Georges de la Baume aux Etats du Vivarais; les lettres de Louis XIV, de ſeptembre 1655, pour Joachim de Montagut, baron de Bouzols, « contenant abolition du crime de duel commis par le dernier contre le feu ſieur comte de Suze au pont de la Motte, près le Saint-Eſprit »;—l'hommage rendu, le 8 juin 1308, par noble Giraud Adhémar de Monteil, ſeigneur de Grignan & d'Aps, Blonde, ſa femme, & Giraud, leur fils, à Giraud Adhémar, ſeigneur de Montélimar pour Aps, Saint-Pons, la Roche d'Aps, Saint-Andéol de Berg, Saint-Maurice d'Ibie, &c. ; les hommages des 20 juillet 1320 & 17 mai 1333, par Giraud, ſeigneur de Grignan & d'Aps, à Giraud, ſeigneur de Montélimar ; les hommages d'avril 1243, par Pons de Deux-Chiens à Agnès, fille de Guigues de Rac, & à Pons de la Baume ſon mari, pour la douzième partie de la Roche d'Aps ; du 12 juillet 1344, à l'évêque de Viviers, par Dalmaſe d'Uzès, veuve de Giraud Adhémar, ſeigneur de Grignan & d'Aps, pour Aubignas ; — les donations, du 27 mars 1240, par Agnès de Rac à Pons de Deux-Chiens, ſeigneur d'Aps, de la douzième partie du fort de la Roche d'Aps ; du 31 mars 1245, par Bertrand de Sentres (Sceautres), fils de Bertrand & de Poncie de Rac, à Pons des Deux-Chiens, de la huitième partie du château de la Roche d'Aps, & du 22 avril 1249 au même Pons par Guillaume de la Tour, de la huitième partie du même château ; —les reconnaiſſances de fief : du 15 juillet 1356, par le prieur de Saint-Pierre d'Aps à Giraud Adhémar, ſeigneur de Grignan ; du 16 juillet 1364, par Aliaud, notaire, audit Giraud ; du 27 janvier 1433, par Pellapra à Giraud Adhémar ; du 20 mars 1519, par noble Louis Guyon d'Aps à François Adhémar, ſeigneur d'Aps ; du 21 janvier 1521, par le procureur de noble Hélix de Verre, veuve de noble Bertrand Nicolay, lieutenant du ſénéchal de Nîmes, à Louis Adhémar, ſeigneur de Grignan, &c.;— les priviléges octroyés aux habitants d'Aps par Giraud Adhémar, ſeigneur des baronnies d'Aps & Grignan, le 2 janvier 1356; la tranſaction du 10 février 1586 entre Louis Adhémar, comte de Grignan & Claudie de Fay, dame de Saint-Romain, qui attribue à cette dernière la baronnie d'Aps, cédée à Françoiſe de Lévy, comteſſe de Suze; — les titres relatifs à la Roche d'Aps, à Saint-Pons ſous Coiron & Aubignas, à Saint-Marcel d'Ardèche & ſa coſeigneurie, à Fromigière & aux maiſons de Montagut & de Suze.

Expédition notariée, ſignée « Maucuer », en 1 vol in-4° de 259 pages, papier, français [CCXCIII.

PIÈCES ANNEXES

N° 351. XVIIe ſiècle.

Généalogie des Adhémar, commençant à Géraud Hugues, « ſeigneur de Monteil, de Grignan & de la Garde », fondateur de l'abbaye d'Aiguebelle en 1045 & père de l'évêque du Puy Aimar, & finiſſant à Gaucher, époux de Diane de Montfort, pour Grignan, & à Antoine, qui teſta le 10 octobre 1527 à Gap, pour la Garde Adhémar.

Papier n. ſ., français [CCXCIV.

N° 352. XVIIIe ſiècle.

Note de d'Hozier de Sérigny, prouvant par des citations d'actes de 1237, 1280, 1290, 1296, 1302, 1305, 1306, 1309, 1314, 1318, 1330, 1356 & 1400, que les noms Adémar, Addémar, Adhémar, Adzémar, Azémar, Aimar, Aymar & Eymar ſont ſynonymes & ont été pris indifféremment par la maiſon de Grignan.

Original ſigné, papier [CCXCV.

N° 353. 22 février 1630.

Nomination par Honoré de Gondin Aramon, prévôt général de la connétablie & maréchauſſée de France en Languedoc, de François d'Azémar écuyer, habitant la ville de Gignac, comme ſon lieutenant.

Original, parchemin, français [CCXCVI.

N° 354. 1er mars 1768.

Placet au roi par le vicomte d'Adhémar, afin d'obtenir nouvelle conftatation de l'identité du nom d'Adhémar avec celui d'Azémar.

Copie n. f., papier, français [CCXCVII.

N° 355. 11 janvier 1669.

Jugement de maintenue de noble Claude Bazin de Bezons, intendant de Languedoc, en faveur de noble Guérin d'Azémar de Durzet, pour lui & pour Pierre, Jacob, Gafpard & Jean, fes frères.

Copie n. f., papier, français [CCXCVIII.

N° 356. 29 juin 1790.

Acte de baptême de Louis-Pierre-Alexis, fils de Jacques-Philippe d'Azémar, lieutenant de vaiffeau, & Rofe de Boiffon de Bagard, habitant leur château de Saint-Maurice de Cazevieille, diocèfe d'Uzès.

Copie n. f., papier, français [CCXCIX.

N° 357. 7 août 1823.

Lettre du comte d'Adhémar de Monteil & de Saint-Maurice, capitaine d'artillerie, demandant au miniftre l'état des fervices de fon oncle le chevalier d'Azémar ou d'Adhémar, qui fervit dans le régiment de Flandre, fut capitaine en 1772, lieutenant de roi en 1783 & paffa à l'Ile-de-France, où il touchait une penfion de 800 livres.

Original figné, papier, français [CCC.

N° 358. 29 décembre 1711.

Conftitution d'une rente de 106 livres par les prévôt des marchands & échevins de Paris à Jean d'Azémar, fieur du Colombier.

Original, papier, français [CCCI.

N° 359. (Vers 1610.)

Tranfaction entre noble Antoine Azémar, fieur de Cranfac, pour lui & pour Charles, fon frère, & le fieur de Penavaire, au fujet de la vente d'un moulin à blé ſur le ruiſſeau de Bonnette & d'une métairie.

Copie du temps n. ſ., papier, français [CCCII.

N° 360. 31 janvier 1636.

Procès-verbal d'ouverture du teſtament de feue Ramonde Born, fille de feu Jean Born de Chobles, veuve de Gerva de Rome, à la requête de noble Antoine d'Azémar, ſieur de Cranſac, habitant à Cabanial, dans la maiſon duquel Ramonde eſt décédée.

Expédition notariée, papier, français [CCCIII.

N° 361. 19 novembre 1643.

Teſtament de Catherine Joffren, veuve de Bernard Sourbin, de Cabanial, inſtituant héritier univerſel noble Antoine d'Azémar, ſieur de Cranſac.

Expédition notariée, papier, français [CCCIV.

N° 362. 18 mai 1644.

Procès-verbal de priſe de poſſeſſion par noble Antoine d'Azémar, ſeigneur de Cranſac, d'une maiſon & de divers biens mentionnés dans une ſentence rendue contre Gérard de Ceſtellarzès, de Cabanial.

Expédition notariée, papier, français [CCCV.

N° 363. 8 janvier 1670.

Jugement de maintenue de nobleſſe rendu par Claude de Bazin de Bezons, intendant de Languedoc, pour Pierre d'Azémar, ſeigneur des Cannes [Caves], Jean-Antoine, Arnaud-Ambroiſe, Joſeph, Thomas, Balthaſar, ſes enfants, & Guillaume & Joſeph d'Azémar, oncle & neveu; mentionnant le mariage de noble Pierre d'Azémar, ſieur de Caves, avec Anne de Rigaud, du 13 octobre 1647; le teſtament de Jeanne de Bouſquet, veuve de noble Charles d'Azémar, ſeigneur de Cranſac, en faveur de Jean, du 3 mai 1643; le mariage de noble Jean, fils de Charles, avec Claude de Milanès, du 14 février 1638, &c.

Expédition notariée, papier, français [CCCVI.

N° 364. 1730.

Acte de baptême, à Menton, de Pierre-Antoine-Alexandre d'Adhémar de Lantagnac, fils du capitaine Antoine-Louis & de Françoise de Voisine, sa femme.

Expédition authentique, avec sceaux plaqués, papier, italien [CCCVII.

N° 365. 19 juillet 1744.

Acte de baptême, à Menton, de Marie-Catherine Adhémar de Lantagnac, fille d'Antoine-Louis, gouverneur de la ville, & de Marie-Françoise de Voisine, sa femme.

Deux copies authentiques, avec sceaux plaqués, papier, latin [CCCVIII.

N° 366. 13 juin 1771.

Acte de baptême, à Menton, de Rose-Anne-Françoise, fille de Pierre-Antoine-Alexandre Adhémar de Lantagnac, gouverneur de la ville, & de Rose Daniel, sa femme.

Expédition authentique, avec sceaux plaqués, latin [CCCIX.

N° 367. 12 juin 1772.

Acte de baptême, à Menton, de Maurice Adhémar de Lantagnac, fils d'Antoine-Alexandre, gouverneur de la ville, & de Rose Daniel, sa femme.

Expédition authentique, avec sceaux plaqués, latin [CCCX.

N° 368. 16 septembre 1588.

Ordre d'Antoine de Buysson, sénéchal & gouverneur en Rouergue, au premier magistrat gradué ou notaire de procéder à l'inventaire des biens délaissés par noble Marc Azémar, seigneur de la « Garinge », à la requête de demoiselle Françoise de Puyliones, sa veuve.

Original, papier, français [CCCXI.

N° 369. Avril 1693.

Preuves de noblesse de Marguerite-Catherine d'Azémar de Montfalcon, pour être reçue à Saint-Cyr : née à Pontoise le 6 octobre 1682, fille de Balthafar d'Azémar de la Garinie, écuyer, feigneur de Montfalcon, brigadier des gardes du corps du roi & de Jeanne d'Agneau.

I.	Balthafar defcend de		
II.	Pierre et Dorothée de Tubières,	1642;	celui-ci de
III.	Jean & Ifabeau de la Garde-de-Saignes,	1603;	—
IV.	Marc & Françoife de Marbonnès,	1572;	—
V.	Balthafar & Catherine de Glandières,	1526;	—
VI.	Raymond & Hélis Seguine,	1491;	—
VII.	Guillaume & Souveraine de Selgues.		

Cahier n. f., papier, français [CCCXII.

N° 370. 1696-1704.

Notes de famille : — Jeanne d'Azémar de Montfalcon en Vexin, baptifée le 8 mars 1696, âgée de 7 ans 10 mois 17 jours, reçue à Saint-Cyr le ? janvier 1704, fille de M. de Montfalcon, lieutenant du roi dans le fort de Nîmes; — Jeanne-Angélique de Montfalcon, née le 21 janvier 1688, reçue à Saint-Cyr le 7 mars 1695, fille de Balthafar d'Azémar de Montfalcon, brigadier des gardes du corps & de Jeanne d'Agneau.

Papier, français [CCCXIII

N° 371. (XVIIIe fiècle.)

Précis chronologique de la famille, venue de Lambert, feigneur de Lombers en Albigeois & de Briande Adhémar, par Briand Adhémar, duquel eft provenu au XIe degré Adhémar de Clanfayes, cofeigneur de Villelongue; & d'Adhémar de Clanfayes Galvan, feigneur de Villelongue ; de Galvan, Rigal, feigneur de la Garinie; de Rigal, Guillaume; de Guillaume, Raymond, &c.

Copie n. f., papier, français [CCCXIV.

N° 372. 7 mars 1765.

Notice généalogique envoyée au marquis de Beringhem par M. d'Adhémar, major de la citadelle de Nîmes, pour monter dans les carroffes du roi.

Copie n. f., papier, français [CCCXV.

6

N° 373. 1er mai 1782.

Déclaration du comte d'Adhémar, portant que du produit de la vente de la terre de Bordes, il en fera acheté une autre plus près de Paris & hypothéquée avec privilége pour les fonds prêtés par la comtesse sa femme.

Original, papier, français [CCCXVI.

N° 374. 28 février 1783.

Obligation de 30,000 livres par Jean-Balthasar, comte d'Adhémar de Montfalcon, maréchal des camps & armées du roi, gouverneur de Dax, Sainte-Sevère, &c., en faveur de Claude Baudard de Saint-James, écuyer, seigneur & baron de Saint-James-sur-Loire, trésorier-général de la marine & des colonies.

Expédition notariée, parchemin, français [CCCXVII.

N° 375. 28 février 1783.

Sous-bail du droit de pêche dans la Seine sur le comté de Meulan à Homery par Jean-Balthasar, comte d'Adhémar de Montfalcon, pour 150 livres & des réserves.

Expédition notariée, parchemin, français [CCCXVIII.

N° 376. 8 mai 1783.

Bail à ferme par Pierre d'Adhémar de la Garénie, mandataire du comte Jean-Balthasar d'Adhémar, à Rubard, d'une terre à Evêquemont, pour 180 livres.

Expédition notariée, parchemin, français [CCCXIX.

N° 377. 2 juin 1783.

Bail à ferme d'une terre sur Evêquemont par Pierre d'Adhémar de la Garénie au nom de Jean-Balthasar, comte d'Adhémar de Montfalcon, à Dubray, pour 60 livres.

Expédition notariée, parchemin, français [CCCXX.

N° 378. 14 juin 1784.

Bail à ferme par Pierre d'Adhémar de la Garénie, ancien officier d'infanterie, demeurant à Thun, procureur fondé de Jean-Balthafar, chevalier, comte d'Adhémar, maréchal des camps & armées du roi, ambaffadeur, &c., à Daux, d'une terre à Thun, pour 856 livres.

Expédition notariée, parchemin, français [CCCXXI.

N° 379. 16 août 1784.

Bail à ferme par Pierre d'Adhémar de la Garénie, mandataire de Jean-Balthafar, comte d'Adhémar, à Cottret, d'une terre fur Evêquemont, pour 64 livres.

Expédition notariée, parchemin, français [CCCXXII.

N° 380. 16 janvier 1786.

Quittance de 30,000 livres [n° 374] par le fieur de Saint-James & déclaration par le comte Adhémar que la fomme de 30,000 livres fait partie de celle de 180,000 remife par la comteffe, fa femme, & provenant de la terre des Bordes-Guenant à Saint-Gaullier.

A la fuite de l'acte du 28 février 1783 [cccxvii].

N° 381. 9 mars 1786.

Bail à ferme de trois pièces de terre fur Evêquemont par Pierre d'Adhémar de la Garénie, au nom de Jean-Balthafar, comte d'Adhémar de Montfalcon, à Cacheleu, pour 50 livres.

Expédition notariée, parchemin, français [CCCXXIII.

N° 382. 23 mars 1786.

Bail à ferme de terres fur Meulan, par Pierre d'Adhémar de la Garénie, au nom de Jean-Balthazar, comte d'Adhémar de Montfalcon, à Dumont, pour 225 livres.

Expédition notariée, parchemin, français [CCCXXIV.

N° 383. 17 décembre 1786.

Bail à ferme d'une terre à Evêquemont, par le mandataire de Jean-

Balthafar, comte d'Adhémar & de Montfalcon, à Le Marié, pour 14 livres.

Expédition notariée, parchemin, français [CCCXXV.

N° 384. 8 février 1787.

Bail emphytéotique de deux terres à Thun, par Jean-Balthafar, chevalier, comte d'Adhémar & de Montfalcon, brigadier des armées du roi, ambaffadeur près S. M. Britannique, gouverneur de Dieppe, &c., aux mariés Marais, pour trois deniers de cens & autres obligations.

Expédition notariée, parchemin, français [CCCXXVI.

N° 385. 29 juillet 1787.

Bail à ferme d'une terre à Evêquemont, par le mandataire de Jean-Balthafar, chevalier, comte d'Adhémar & de Montfalcon, aux mariés Bourdillon, pour 24 livres.

Expédition notariée, parchemin, français [CCCXXVII.

N° 386. 5 août 1787.

Bail à ferme d'une terre à Evêquemont, par le mandataire de Jean-Balthafar, chevalier, comte d'Adhémar & de Montfalcon, à Cacheleu, pour 117 livres.

Expédition notariée, parchemin, français [CCCXXVIII.

N° 387. 29 décembre 1787.

Quittance de 447 livres par Pierre Hédouin à Jean-Balthafar, chevalier, comte d'Adhémar & de Montfalcon, feigneur de Thun & Evêquemont.

Expédition notariée, parchemin, français [CCCXXIX.

N° 388. 9 mars 1788.

Bail emphytéotique d'un terrain à Evêquemont par Jean-Balthafar, chevalier, comte d'Adhémar & de Montfalcon, à Cacheleu pour 1 fol de redevance annuelle.

Expédition notariée, parchemin, français [CCCXXX.

N° 389. 15 mai 1788.

Bail emphytéotique d'une terre à Evêquemont, par Jean-Balthafar, chevalier, comte d'Adhémar & de Montfalcon, gouverneur de Dieppe, &c., aux mariés Coftel, pour 5 fols de cens annuelle.

Expédition notariée, parchemin, français [CCCXXXI.

N° 390. 11 août 1788.

Bail des château, ferme, parc & potager d'Evêquemont, par Jean-Balthafar, chevalier, comte d'Adhémar & de Montfalcon, feigneur de Thun & Évêquemont, à Jean-Nicolas de Beaujon de Seilhan, écuyer, pour 1,500 livres de loyer & certaines réferves. Suivi d'un état du mobilier.

Expédition notariée, parchemin, français [CCCXXXII.

N° 391. 16 novembre 1788.

Bail à ferme de terres à Evêquemont, par Jean-Balthafar, chevalier, comte d'Adhémar & de Montfalcon, à Monnier, pour 70 livres.

Expédition notariée, parchemin, français [CCCXXXIII.

N° 392. 30 décembre 1788.

Bail à ferme du droit de pêcher dans la Seine au comté de Meulan par l'intendant du prince de Conti, comte de Mantes & Meulan, à Balthafar, comte d'Adhémar de Montfalcon, maréchal des camps & armées du roi, gouverneur des villes et citadelles de Dax, Sainte-Sevère & dépendances, premier écuyer de Mme Elifabeth de France, miniftre plénipotentiaire du roi auprès du gouvernement des Pays-Bas Autrichiens, feigneur de Thun & Evêquemont, pour 185 livres par an.

Expédition notariée, papier, français [CCCXXXIV.

N° 393. 22 février 1789.

Bail à ferme de terres à Evêquemont par le mandataire de Jean-Balthafar, chevalier, comte d'Adhémar & de Montfalcon, à la veuve Bouchard, pour 50 livres.

Expédition notariée, parchemin, français [CCCXXXV.

N° 394. 20 mai 1789.

Sentence de police du bailliage royal de Meullen [Meulan], rendue par Jean-Balthafar, chevalier, comte d'Adhémar de Montfalcon, des premiers comtes fouverains d'Orange, Montélimar & Grignan, premier écuyer de Mme Elifabeth, maréchal des camps & armées du roi, gouverneur de Dieppe et d'Arques, &c., feigneur de Thun & Evêquemont, &c., contre les bouchers de Meulan.

Affiche imprimée, français [CCCXXXVI.

N° 395. 14 feptembre 1789.

Bail à ferme d'une terre fur Evêquemont, par Jean-Balthafar, chevalier, comte d'Azémar de Montfalcon, à Monnier, pour 8 livres.

Expédition notariée, parchemin, français [CCCXXXVII.

N° 396. 27 novembre 1789.

Bail à loyer des château, ancienne ferme, parc & potager d'Evêquemont, par Jean-Balthafar, chevalier, comte d'Adhémar-Montfalcon, &c., à Gabrielle-Pauline Le Bouthillier, comteffe d'Adhémar, fon époufe féparée de biens, pour 1,200 livres & certaines réferves. Suivi d'un état du mobilier.

Expédition notariée, parchemin, français [CCCXXXVIII.

N° 397. 4 mars 1790.

Bail emphytéotique d'une terre fur Meulan, par Jean-Balthafar, chevalier, comte d'Adhémar & de Montfalcon, ex-ambaffadeur du roi près S. M. Britannique, gouverneur de Dieppe, etc., à Amaffaud, moyennant 4 fols de cens annuels.

Expédition notariée, parchemin, français [CCCXXXIX.

N° 398. 15 avril 1790.

Contre-lettre du comte Adhémar déclarant que, malgré l'acte reçu par Denis, notaire à Paris, qui règle à 280,000 livres la créance de la comteffe, avec intérêts au 5 %, ces intérêts ne feront que de 11,000 livres, exemptes d'impofitions.

2 originaux, papier, français [CCCXL.

N° 399. 10 mai 1790.

Lettre de l'intendant Maury, relative à ſes comptes.

Original, papier, français [CCCXLI.

N° 400. 7 novembre 1790.

Clauſes de la vente des coupes de bois taillis de la terre d'Evêquemont, pour Jean-Balthaſar d'Adhémar-Montfalcon, au prix de 1,896 livres.

Expédition notariée, parchemin, français [CCCXLII.

N° 401. 1er décembre 1790.

Permiſſion donnée à la veuve d'Adhémar, de recevoir tous les revenus de feu d'Adhémar, laquelle s'en décharge ſur Maury ſon mandataire.

Expédition authentique, papier, français [CCCXLIII.

N° 402. 1790.

Compte de Gabrielle-Pauline Le Bouthillier, veuve de Jean-Balthaſar d'Adhémar, autoriſée à gérer ſes biens, rendu à Julien Ramage, curateur :

La recette monte à . .	151,195 liv.	15
La dépenſe à	583,330 »	9
Différence. . . .	332,134 liv.	14

Il y eſt dit que d'Adhémar était décédé à Thun, près Meulan, le 17 novembre 1790, & que Marie de Cambis, veuve de Balthaſar d'Adhémar, mère du défunt, réclamait ſa ſucceſſion.

Papier non ſigné, français [CCCXLIV.

N° 403. 25 mai 1793.

Procuration paſſée par Ramage, curateur à la ſucceſſion vacante de Jean-Balthaſar d'Adhémar, décédé, ancien ambaſſadeur à Londres, à Maury pour paſſer baux à ferme, arrêter tous comptes, &c., de la ſuſdite ſucceſſion.

Expédition notariée, papier, français [CCCXLV.

N° 404. 9 juin 1810.

Rapport d'expert ſur la valeur de la terre d'Évêquemont par Vavin, architecte de Paris. Il la porte à 80,100 francs; elle dépendait de la ſucceſſion vacante de Jean-Balthaſar d'Adhémar.

Expédition authentique, papier, français [CCCXLVI.

N° 405. 10 décembre 1715.

Acte de baptême de François-Louis d'Azémar, fils de noble René-Marc & de Claudine d'Albignac, né le 3, à Panat.

Expédition authentique, ſignée & ſcellée, français [CCCXLVII.

N° 406. 16 mars 1607.

Obligations de 900 livres par « Jean d'Aſemar, eſcuyer, ſieur de Sueilles », à Guillaume Charrier & Mathurin Gallier, marchands de Lyon. — Autre de 1,100 livres par le même, capitaine de deux compagnies de gens de pied du régiment de Nereſtan, à Raymond de Bompard.

Expédition notariée, papier, français [CCCXLVIII.

N° 407. 19 juin 1767.

Bail emphytéotique par Marc-Antoine d'Azémard, chevalier, ſeigneur de Seuille, mouſquetaire de la garde ordinaire du Roi, Charles-Henri Gallard, auſſi mouſquetaire, & Charles-René Gallard, écuyer, gendarme de la garde ordinaire du Roi, pour Léonarde-Suzanne Gallard, leur femme & pour Marc Gallard, écuyer, interdit, à Moreau, d'une maiſon à Paris, faubourg Saint-Marcel, pour 50 ſols tournois de cens & autres charges.

Expédition notariée, papier, français [CCCXLIX.

N° 408. 8 octobre 1588.

Promeſſe par Fines Adhémarie, veuve de noble Antoine Texier, de ſon vivant juge d'Alby, de payer à François Marette la ſomme pour laquelle Alexandre Texier eſt retenu dans les priſons de l'évêque de Paris.

Original, papier, français [CCCL.

AGOULT

N° 409. Mars 1225.

Donation faite par Bertrand de Mison à Isnard d'Entrevennes (*de Antravenis*), son frère, de tous ses droits sur la succession de Raymond d'Agout, leur père, & de noble Isoarde, leur mère, sauf sur ce qui lui a été attribué par jugement (*in familiarciscunde juditio*), c'est-à-dire le fief de Curban, celui de Valdrôme, deux parts de la vallée de Turène, le château de Bezaudun & le fief de Die, plus 1,000 sols Viennois. Fait à Sault.

Copie collationnée par d'Hozier de Sérigny sur l'original des arch. du duc de Villeroy, en 1758, papier, latin [I.

N° 410. 15 janvier 1256.

Compromis entre noble Bertrand de Mison & noble Arnaud de de Sahune (*de Ansaduna*), au sujet des territoires de Sainte-Jalle (*Sanctæ Gallæ*) et d'Arpavon (*Arpaonis*); ils nomment noble Pierre de Caderousse (*de Chadarossa*), seigneur de Nyons en partie, arbitre de leur différend. Suivi d'une sentence arbitrale qui oblige Arnaud à livrer à Bertrand ses biens & droits de Sainte-Jalle, & surtout la 25e partie du château du lieu & tout le fief de Burlenc, & Bertrand à céder ses biens & droits sur Arpavon audit Arnaud; les habitants de Sainte-Jalle & d'Arpavon conservent leurs droits réciproques de pâturage & de bûcherage.

Copie n. s. du XVIIe siècle, papier, latin [II.

N° 411. 27 août 1272.

Sentence de Matthieu Breva de Lodi, juge de noble Isnard d'Entrevennes, seigneur d'Agout, condamnant Bertrand du Chastel (*de Castello*), chevalier, de Murs, à 60 sols coronats d'amende, pour injures envers Bertrand Revel, bailli dudit Isnard, lors d'un partage entre Bertrand du Chastel & Guillaume Hugues.

Original, parchemin, latin [III.

N° 412. 1er avril 1280.

Vente par Chabert de Beaumont à Isnard d'Agout (*de Agouto*), d'Etienne Fea & de son tènement à Valdrôme, pour 4 livres viennoises. Fait à Beaurières (*apud Beurerias*), devant Guy de Thorane, Pierre Odon, &c.

Original, parchemin, latin, & copie moderne [IV.

N° 413. 13 juin 1329.

Testament de Raymonde, femme de Rostaing Raymond, damoiseau, de Sault, fille de feu Raybaud Achard, de Saint-Lambert, en faveur de son mari.

Original, parchemin, latin [V.

N° 414. 12 janvier 1330 (v. s.).

Quittance par puissant homme Jean de Pontevès, seigneur de Cotignac & de Carces (*Vallium Carcerum*), à dame Galburge d'Agout, dame de Cotignac, veuve de magnifique Foulques de Pontevès, chevalier, tutrice de Folquet de Pontevès, de 241 florins 2 deniers pour joyaux & vases d'argent. Fait à Cotignac, devant Guillaume de La Voulte, seigneur de Saint-Martin, Raybaud de Saint-Paul, &c.

Original, parchemin, latin [VI.

N° 415. 27 juin 1344.

Vente par Pierre Brun, physicien, & Bertrand, son frère, de Luc, à Jean Girin de Jonchères (*de Juncheriis*), d'une terre avec pré aux Roues (*ad Rotas*) sur Jonchères & d'une autre terre à Seysènes, pour 18 florins; ces immeubles relèvent de noble Barral d'Agout, chevalier, seigneur de Jonchères, & la cense payée est d'une demi-livre de cire, sans tasque.

Expédition notariée du temps, parchemin, latin [VII.

N° 416. 9 mars 1345 (v. s.).

Procuration donnée par Saure Rollane, veuve de Guillaume Rolland, de Sault, & par les enfants Raymond à Jacques Raymond, jurifconfulte, pour recouvrer leurs créances, notamment fur magnifique & puiffant Raymond d'Agout, feigneur de la vallée de Sault, Guillaume Auger, fon fils, Louis Rolland, de Sault, &c. Fait à Apt.

Expédition notariée du temps, parchemin, latin [VIII.

N° 417. 1er février 1351.

Tranfcription, par un notaire de Bouc : — des lettres adreffées de Gaète, le 29 décembre 1350, par illuftres princes Louis & Jeanne, roi & reine de Jérufalem & de Sicile, à noble Raymond d'Agout, feigneur de la vallée de Sault & de celle de l'Oule, fénéchal des comtés de Provence & de Forcalquier, pour retirer lui-même ou faire retirer par Ameil Boniface, des mains de Jean Martin, de Marfeille, une boucle d'oreilles (*fibiam*) d'or & de pierres précieufes, gage de 300 florins qui devront lui être comptés; — de la réponfe de Martin, d'après laquelle il lui eft dû plus de 300 florins & la reine lui a défendu de livrer la boucle d'or (*fibulam*), de pierres précieufes & de perles à perfonne fans un figne convenu, figne qu'il n'a pas reçu; — de celle d'Ameil Boniface, annonçant le refus de Martin.

Original, parchemin, latin, & copie moderne [IX.

N° 418. 20 août 1362.

Promeffe faite par Raymond d'Agout à Raymbaude de Cauffols (*de Caufolis*), dame de Cauffols & Ciprières (*Ciperiarum*), fon aïeule, de lui délivrer tous les legs portés au teftament de magnifique & puiffant Raymond d'Agout, feigneur de Trets & de Fort. Raymond eft dit *nepos feu felezenus* de Raymbaude, & c'eft Foulques de Pontevès, feigneur de Cotignac, qui réclame la promeffe.

Original, parchemin, latin [X.

N° 419. 23 août 1364.

Hommage rendu à noble Geoffroy d'Agout, feigneur du château inférieur de la Baume, par noble Bofon de Beauvoir (*de Bellovifu*), feigneur de Camel (*de Camello*), devant Bertrand d'Agout, feigneur de la Baume des Arnauds.

Copie n. f. (XVIIe f.) d'une tranfcription du 4 fept. 1367, papier, latin [XI.

N° 420. 15-20 décembre 1365.

Copie de dix-fept hommages rendus à noble Ifnard d'Agout, feigneur d'Entrevennes, Sault & Valdrôme: le 15 décembre 1365, par Jean Brunet, Pierre Guigon, Arnaud Falavel, des Prés, &c., fes hommes liges; le 16, par Pierre Jaraudan, Richau, Gros, &c., de Valdrôme; le 17, par fes hommes de Saint-Didier; le 20, par Etienne Albert, de Charens, Guillaume & Pons Falavel; le 16, par noble Bernard de Montlion & Jordan, fon frère, pour leur fief de Valdrôme; le 18, par noble Raynaud de Montlion, par nobles François & Jordan d'Aucelon, frères, de Valdrôme; le 3 octobre, par nobles Ifnard & Franconnet Garel, de Valdrôme, &c., &c.

Copie n. f. du XVIIIe fiècle, papier, latin [XII.

N° 421. 1er novembre 1476.

Tranfcription faite par notaire, en 1477, de la vente des châteaux & mandements de Beaurières, Lefches, le Pilhon, la Bâtie, Val-Torane, Valdrôme, les Prés, Manavelles & Charens, par noble & puiffante Albanette d'Agout, dame de Beaurières, Lefches, Curban, Meline, le Pilhon, les Prés, Saint-Auban, &c., à vénérable Antoine Armenet, prévôt de Saint-André de Grenoble, confeiller delphinal, & à Guillaume Armenet, fon frère, au prix de 4,400 florins de 12 gros l'un. Noble Louis d'Agout, père d'Albanette, avait fondé & doté une chapelle, & cette fomme devait payer la dotation.

Expédition notariée de 1736, papier, latin [XIII.

N° 422. 10 avril 1491.

Contrat de mariage de François d'Agout, écuyer ou damoifeau, co-feigneur de la Baume des Arnauds, avec Jamone de Révillafc, fille de feu noble Jacques d'Afpres, affiftée de Géraud de Révillafc, prieur & feigneur d'Afpres, fon oncle, dotée de 1,200 florins & de 400 d'augment.

Copie du temps n. f., papier, latin [XIV.

N° 423. 6 juillet 1504.

Ratification de la vente d'une maifon fife à Grenoble, rue Bethonéfie, au prix de 800 florins, par nobles Charles & Olivier Motet dit *de Mara*, de Grenoble, à noble Jean Civat. Cette maison dépendait de la commanderie de Saint-Jean d'Echirolles, & vénérable François d'Avalon, sacristain du prieuré de Bourg-d'Oisans, mandataire de Jean d'Agout, commandeur, en ratifie l'aliénation.

Expédition notariée du temps, parchemin, latin [XV.

N° 424. 17 août 1527.

Contrat de mariage de Louis d'Agoult, dit de Montauban, seigneur souverain de Sault, baron de Roussillon & de Forcalqueiret, en Provence, & de Beaurières, en Dauphiné, avec Blanche de Ventadour, fille de Gilibert, comte de Ventadour & de Villars, baron de La Voulte, autorisée par son père, Jacqueline du Mas, sa mère, & François-Louis, évêque de Tulle, son oncle, & dotée, pour « tous ses biens paternaulx, maternaulx & fraternaulx », de 18,000 livres tournois de 25 sols l'une, & de 2,000 pour ses habits de noces. Le futur lui donne, en cas de veuvage, la terre de Roussillon, valant 700 livres de revenus, & 2,000 livres de bagues & joyaux. Fait à Lavoulte, devant François de Lévis, évêque de Tulle, Jean de Rebé, abbé de Cruas, Aimar Dupuy, seigneur de Ferrassières, Matthieu Rostaing, juge, &c.

Expédition notariée, papier, français [XVI.

A la suite, consultation au sujet d'une dette du duc de Ventadour au seigneur de Sault.

Du XVIe siècle, papier, français.

N° 425. 28 août 1569.

Lettre « de Janne d'Oultanne [Autane] », à de Gordes, au sujet de Giraud d'Agout, écuyer, frère de feu noble Pierre, lequel « a esté ransonné & blessé à la mort par ceux de l'eglize catholique, sans occasion & sans jamais avoir pancé de porter armes contre le roy »; elle implore la protection du lieutenant-général, ajoutant qu'elle va être forcée de tenir les arrêts au Buis, si elle ne paie pas la cotisation imposée à son mari.

Autographe, papier, français [XVII.

N° 426. 28 février 1574.

Testament de François de Planchette, écuyer, sieur de Piégon, en faveur de Louis, fon fils, avec des legs de 500 écus d'or fol à Scipion de Planchette, à Henri-Charles-Maximilien-Céfar & à Annibal, fes autres enfants, de 50 écus à Lucrèce, fa fille, femme de noble Marin de Coulombaud, outre les 1,000 livres de fa dot, & à Marie de l'Efpine, fa femme, des juridictions de Piégon, Vaffieu & Aureaux, & de la cenfe de Valréas.

Expédition notariée, papier, français [XVIII.

N° 427. 18 juillet 1577.

Quittance de 515 écus de 4 florins pièce par François d'Agout, cofeigneur de la Baume des Arnauds, fils de Barthélemy, à noble Claude, fon père, également cofeigneur de la Baume.

Expédition notariée, parchemin, français [XIX.

N° 428. 10 juin 1589.

Teftament de noble Claude d'Agout, co-feigneur de la Baume des Arnauds, en faveur de Gabriel, fon fils aîné, avec des legs à Françoife de Remuzat, veuve de noble Barthélemy d'Agout, fa mère, à Anne de Sainte-Marie, fa femme & à Polyxène & Jeanne, fes filles.

Expédition notariée, papier, français [XX.

N° 429. 7 mars 1620.

Tranfaction entre Charles, fire de Créquy d'Agoult de Montauban, prince de Poix, comte de Sault, confeiller d'État & du confeil privé, capitaine de cent hommes d'armes des ordonnances du roi, meftre de camp du régiment de fes gardes, fils & héritier bénéficiaire de Chrétienne d'Aguerre, comteffe de Sault, héritière elle-même de Louis d'Agoult-Montauban, fon fils, qui avait été fubrogé aux droits de Laurent Artaud de Mautauban, écuyer, & Charles Artaud-Montauban, fieur de Bellegarde, fils d'Efprit Artaud, fieur de la Roche & Jacques Artaud, fon frère, d'une part, & Jacques d'Urre, feigneur d'Ourches, gentilhomme ordinaire de la chambre du roi, d'autre : la terre de Paunet [Ponet, près Die], acquife de Jean Artaud, eft attribuée à Jacques d'Urre, qui donnera 3,000 livres au fire de Créquy & autant aux fieurs de la Roche & de Bellegarde.

Original, papier, français [XXI.

N° 430. 28 mars 1620.

Tranſport d'une créance de 6,000 livres ſur Charles de la Tour-Gouvernet par Charles, ſire de Créquy d'Agoult de Veſc & de Montauban, prince de Poix, comte de Sault, conſeiller d'État, &c., héritier de Chrétienne d'Aguerre, ſa mère, à Denis Pichon, marchand de Paris.

Original, papier, français [XXII.

N° 431. 18 décembre 1642.

Requête à l'intendant de Dauphiné, de Sève, par noble François d'Agoult, ſieur de Chapaiſſe, au ſujet de l'exemption de tailles des biens qu'il a acquis à l'Eſpine; ſuivie d'un jugement qui le déclare ancien noble, & où ſe trouve mentionné le teſtament de noble François d'Agouſt, ſieur de Chamouſſe, du 8 mai 1625, par lequel il inſtitue héritier Antoine-René, avec un legs à François d'Agoult de Chapaiſſe.

2 copies n. ſ., papier, français [XXIII.

N° 432. 2 mars 1645.

« Réduction de taiſſe [tâche ou taſque] en cenſe vive » par noble François d'Agoult, ſieur de Chapaiſſe, d'Upaix, acquéreur des biens de noble Etienne d'Aiguebelle, ſeigneur de Montgardin, au profit de Baſtian Martin, qui payera déſormais 1 émine 1/2 de blé & 1 denier de cenſe ou canon.

2 expéditions notariées, papier, français, certifiées par Jean-Antoine Flour, ſeigneur de Saint-Genis & Laup Jubeo, vibailli, lieutenant civil & criminel au bailliage de Gap, le 2 août 1753 [XXIV.

N° 433. 1er mai 1645.

Acte de baptême, à Upaix, de François, fils de noble François d'Agoult & de Marguerite (al. Madeleine) de Morges.

2 expéditions authentiques, papier, français [XXV.

N° 434. 16 août 1650.

« Réduction de taiſſe à cenſe annuelle » par noble François

d'Agoult, ſieur de Chapaiſſe, d'Upaix, en faveur de Michel Martin, du même lieu.

Expédition notariée, papier, français [XXVI.

N° 435. 28 avril 1651.

Quittance donnée par noble Céſar de Bardel, ſieur de Serremian, « du lieu de Meruelh », à noble Aymard d'Agoult, co-ſeigneur de la Baume & ſeigneur du château de ce lieu, de la ſomme de 1,120 livres à compte ſur la dot de Louiſe d'Agoult, ſa femme.

Expédition notariée, papier, français [XXVII.

N° 436. 22 juillet 1661.

Procuration donnée à François Flotte de Montauban, ſeigneur d'Aurouſe, par Jean-Guillaume Flotte, pour vendre ſa terre de Montmaur.

Expédition notariée, papier, français [XXVIII.

N° 437. 4 juillet 1662.

Vente par le mandataire de Jean-Guillaume Flotte de Montauban, comte de la Roche, à Uranie de Calignon, dame de Voreppe & Pomiers, femme d'Hector d'Agoult, ſeigneur de Bonneval, Rochebrune, Bénivay, Aulon [Ollon], &c., conſeiller au parlement de Grenoble, de la baronnie de Montmaur en Gapençais, comprenant le village & le villar de Montmaur, Notre-Dame-des-Prés, la Freydière & Brunéol, au prix de 104,000 livres.

Expédition notariée, papier, français [XXIX.

N° 438. 4 juillet 1662.

Ratification de la vente de la baronnie de Montmaur au profit d'Uranie de Calignon, par Jean-Guillaume Flotte de Montauban, comte de la Roche.

Expédition notariée, papier, français [XXX.

N° 439. 23 février 1664.

Vente par Urbain Lambert, avocat, pour lui & pour François de Vins d'Agoult de Montauban de Veſc, chevalier, marquis de Vins, baron de Forcalquier, Caſtelnau, Rouſſillon & Saint-Savournin, Laurent de Vins, Jean de Vins & Antoine de Vins, chevalier de Malte, à Adrien Deſruelles, écuyer, ſecrétaire du roi, maiſon & couronne de France, à Paris, de 1,000 livres de rente annuelle à prendre ſur les terres de Vins, Forcalquier, Rouſſillon, &c., pour le prix de 18,000 livres.

Expédition notariée, papier, français [XXXI.

N° 440. XVIIe ſiècle.

Factum pour François de Bonne de Créqui, duc de Leſdiguières, gouverneur & lieutenant-général en Dauphiné, contre Ferdinand de la Baume, comte de Montrevel, au ſujet de la demande en garantie formée par ce dernier contre le duc, par ſuite de la réclamation de quelques portions de la terre de Savigny, que fait au comte le marquis de Vins ; le rapporteur conclut au rejet de la demande de celui-ci.

Imprimé, papier in-folio, 4 p., papier [XXXII.

N° 441. 3 février 1684.

Vente par noble François d'Agoult à Jeanne Lombard, veuve Surlaud, d'Upaix, de deux terres audit lieu, pour 135 livres.

Expédition notariée, papier, français [XXXIII.

N° 442. 5 novembre 1688.

Jugement de maintenue de nobleſſe pour Balthaſar & Rolland d'Agoult, père & fils, par Claude Bazin de Bezons, intendant de Languedoc, mentionnant les contrats de mariage de Balthaſar, fils de Jean, avec Iſabeau de Sarremejean, du 9 janvier 1651 ; de Jean, ſieur de Valles, fils de François, avec Marie de Villeneufve, du 4 février 1625 ; de François, fils de Foulquet, avec Françoiſe de Caſtellane, du 30 novembre 1576, &c.

Copie n. ſ. du XVIIIe ſiècle, papier, français [XXXIV.

N° 443. 10 juillet 1694.

Lettre du maréchal d'Eſtrées à M. d'Agouſt, commandant les gentilshommes du Dauphiné, pour lui annoncer qu'il l'envoie à la

Châtaigneraie où il fera mieux, & qu'il compte fur lui & fur fes compagnons d'armes. A La Rochelle.

Original, papier, français. [XXXV.

N° 444. 26 novembre 1694.

Contrat de mariage, après la bénédiction nuptiale, de noble François d'Agoult avec Madeleine Amat, dotée de 1,900 livres par noble Etienne Amat, fieur du Vivier, fon frère, & par Jacques Amat, fieur de Bruffet, fon oncle; l'époux lui donne pour augment le tiers denier de la conftitution dotale, & 400 livres pour bagues & joyaux.

Expédition notariée du 22 août 1753, papier, français [XXXVI.

N° 445. 9 novembre 1695.

Acte de baptême, à Upaix, d'Elzéar, fils de noble François d'Agoult & de Madeleine d'Amat.

Expédition authentique du 22 août 1753, papier, français [XXXVII.

N° 446. 30 feptembre 1696.

Vente par noble François d'Agoult à Martin, voiturier, d'Upaix, d'un pré & d'une terre au Clot, pour 200 livres.

Expédition notariée, papier, français [XXXVIII.

N° 447. XVIIe fiècle.

Tableau généalogique des d'Agoult, comtes de Sault, commençant à Raymond, père d'Ifnard, feigneur d'Entrevennes : Ifnard I a de Dozeline de Pontevès Ifnard II; Ifnard II a de Briande Artaud, fille de Guillaume, feigneur d'Aix, Raymond, mari de Léonor de Baux ; Raymond II, iffu de ce mariage, eft père de Raymond, de Jeanne & de Louife qui s'unit à Claude de Montauban, &c.

Copie n. f., papier, français [XXXIX.

N° 448. XVIIe fiècle.

Tableau généalogique des d'Agout de Seillons : François & Marc-Antoine, chevaliers de Saint-Jean de Jérufalem en 1611 & 1616, étaient fils de Joſeph, ſeigneur de Seillons & de Roquefeuil, petits-fils d'Elzéar, &c.

Copie n. ſ., papier, français [XL.

N° 449. 27 janvier 1711.

Lettre du roi au marquis de Chaſte pour recevoir le ſieur d'Agoult comme ſous-lieutenant en la compagnie Daumeſnil, au régiment d'infanterie du Dauphin.

Original, papier, français [XLI.

N° 450. 1er mars 1712.

Lettre du roi au marquis de Chaſte pour recevoir le ſieur d'Agout lieutenant en la compagnie de Chaponay, au régiment du Dauphin; ſuivie d'un ordre de Louis d'Orléans pour le même objet.

Original, papier, français [XLII.

N° 451. 30 mars 1723.

Lettre du roi au ſieur d'Agoult, lieutenant de la compagnie de Bourlamare au régiment Dauphin, appelé en la même qualité à la compagnie Colonelle du même régiment; ſuivie d'un ordre de Louis d'Orléans, dans ce ſens.

Original, papier, français [XLIII.

N° 452. 9 mai 1723.

Commiſſion du roi au ſieur d'Agoult, lieutenant de la compagnie Colonelle du régiment Dauphin, pour prendre & tenir rang de capitaine.

Original, parchemin, français [XLIV.

N° 453. 26 janvier 1725.

Lettre du roi au marquis de Chaſte, pour recevoir capitaine de la compagnie de feu Deſroques le ſieur d'Agoult, lieutenant de la compagnie Colonelle du régiment Dauphin; ſuivie d'un ordre en ce ſens de Louis d'Orléans.

Original, papier, français [XLV.

N° 454. 27 décembre 1731.

Conventions entre l'abbé d'Agoult, chanoine de Paris, & l'abbé Payen, fon confrère, par lefquelles, moyennant une penfion viagère de 382 livres, Payen promet de délivrer à d'Agoult les 425 livres qui lui appartiennent fur les fels & la douane de Sa Majefté à Avignon.

Original, papier, français [XLVI.

N° 455. 17 mai 1738.

Lettre du roi à M. d'Agouft, affocié à l'ordre de Saint-Louis, lui annonçant qu'il fera reçu par le fieur de Vérot, lieutenant à Briançon.

Original, papier, français [XLVII.

N° 456. 7 mai 1744.

Lettres du roi à M. de Maillebois touchant la réception de M. d'Agouft comme capitaine de la compagnie de grenadiers au régiment Dauphin.

Original, papier, français [XLVIII.

N° 457. 5 feptembre 1744.

Certificat de Sauteiron, vicaire-général de l'évêque de Sifteron, établiffant que Mlle Honorée-Angélique-Marianne d'Agoult, fille d'André, baron de Saint-Michel, ancien capitaine d'infanterie, & de Madelaine Dauvet-Grandmaifon, eft dans le cas d'être reçue à Saint-Cyr.

Original, papier, fcellé, français [XLIX.

N° 458. 16 feptembre 1745.

Acte de baptême, à Upaix, de François-Louis, fils de noble Elzéar d'Agoult, capitaine au régiment Dauphin, & d'Anne-Elizabeth-Jeanne de Bonne.

Expédition authentique certifiée par l'évêque de Gap, le 14 avril 1753, papier, français [L.

N° 459. 13 ſeptembre 1753.

Lettre de (d'Hozier) de Sérigny à Mme d'Agoult, à Upaix, pour obtenir d'elle un titre qui donne à François d'Agoult les qualités de mari de Madeleine Amat & de fils d'autre François & de Madeleine de Morges, à l'effet de compléter le doſſier de ſon fils, nommé à l'école royale militaire.

Original, papier, français [LI.

N° 460. 9 octobre 1753.

Lettre de Bonne d'Agoult, d'Upaix, à M. d'Hozier, pour s'excuſer de ne lui avoir pas écrit plus tôt & le remercier de la vérification des titres de ſon fils.

Autographe, papier, français [LII.

N° 461. 26 janvier 1754.

« Procès-verbal des preuves de la nobleſſe de François-Louis d'Agoult, agréé par le roi pour être admis au nombre des gentilshommes que S. M. fait élever dans l'hôtel de l'école royale militaire ». On y mentionne les contrats de mariage d'Elzéar, fils de François & de Madeleine Amat, avec Jeanne-Élizabeth de Lollivier de Bonne, du 17 janvier 1741; de François avec Madeleine Amat, du 26 novembre 1694; de François, ſieur de Chapaiſſe, fils de François, avec Madeleine de Morges, du 25 juin 1628; le jugement de maintenue de l'intendant de Sève, du 18 décembre 1642, pour noble François, ſieur de Chapaiſſe; l'acte de baptême de François-Louis, fils d'Elzéar, du 16 ſeptembre 1745, &c.

Copie n. ſ., papier, français [LIII.

N° 462. 7-13 juillet 1769.

Requête à la chambre des comptes, préſentée par Céſar d'Agoult, conſeiller au parlement, ſeigneur de la Bâtie-Neuve, Auriac, La Rochette, &c., pour avoir des copies des bulles impériales accordées aux évêques de Gap, en 1178, 1184, 1186 & 1238.

Original, papier, français [LIV.

N° 463. 11-13 juillet 1769.

Autre requête du même pour avoir copie de la tranſaction entre le procureur général du Dauphiné & l'évêque de Gap, du 19 août 1513.

Original, papier, français [LV.

N° 464. 1773.

Mémoire pour l'abbé d'Agoult-Bonneval établiſſant ſa deſcendance des d'Agout, princes d'Apt & barons de Sault, & la ſupériorité de ſa maiſon ſur celle de Villeneuve. — Pour le premier point, il affirme que Raymond d'Agout, inveſti de la baronnie de Sault, en 1178, par l'empereur Frédéric Barberouſſe, épouſa Iſoarde, fille d'Iſoard, comte ſouverain de Die, dont il eut deux fils : Iſnard, dit d'Entrevennes, auquel échurent les biens de Provence, & Bertrand, dit de Miſon, héritier des terres de Dauphiné. Artefeuil, Robert, Moréri, Anſelme, Le Laboureur ſont de cet avis; les juges d'armes d'Hozier, Cherin, Lacour & l'évidence des titres le démontrent. — Quant au 2e point, l'antiquité des d'Agoult plus haute que celle des Villeneuve & leur illuſtration, le rendent indiſcutable.

Copie n. ſ., papier, français [LVI.

N° 465. 10 novembre 1776.

Acte de baptême de Charles-Céſar-Marie, fils de Charles-Céſar, comte d'Agoult, lieutenant des vaiſſeaux du roi, & de Marie-Catherine-Anne de Montmejean.

Copie authentique, ſcellée, papier, français [LVII.

N° 466. 7 mars 1779.

Commiſſion du grand-maître des ordres du Mont-Carmel & de Saint-Lazare pour l'enquête ſur les vie & mœurs du chevalier d'Agoult.

Original, parchemin, français [LVIII.

N° 467. 1779.

« Extrait des titres produits par Louis-Annibal d'Agoult, meſtre de camp de cavalerie, lieutenant aide-major général des gardes du corps du roi, nommé chevalier des ordres royaux militaires & hofpitaliers de Notre-Dame du Mont-Carmel & de Saint-Lazare de Jérufalem, pour les preuves de fa nobleffe. » On y mentionne : l'acte de baptême de Louis-Annibal, fils d'André, feigneur de Saint-Michel, & de Madeleine Dauvet de Grandmaifon, du 22 février 1747 ; le contrat de mariage de fes père & mère, du 22 février 1727 ; l'acte de baptême d'André, fils d'Antoine, feigneur d'Angles & de Madeleine Défidery, du 10 novembre 1693 ; les contrats de mariage d'Antoine avec Madeleine Défidery, d'Aix, du 2 novembre 1683 ; de Jean, fils de Balthafar, avec Melchionne de Marin, du 3 mars 1633 ; de Balthafar, fils de François, avec Anne d'Agulhier, du 25 avril 1594 ; de François, fils de Faulquet, avec Françoife de Caftellane, &c.

Armes : « d'or au loup raviffant d'azur, armé & lampaffé de gueules, au collier d'argent, armé de pointes ».

Original, fcellé, papier, français [LIX.

N° 468. 17 juin 1779.

Information fur les vie & mœurs du chevalier d'Agoult, par le chevalier de la Ferrière & le marquis d'Hallot.

Original, papier, français [LX.

N° 469. 4 feptembre 1786.

Procès-verbal des preuves de nobleffe faites par Charles-Céfar-Marie d'Agoult, admis aux écoles royales militaires, mentionnant : l'acte de baptême dudit Charles-Céfar-Marie [n° 465] ; le mariage de fes père & mère, celui d'André, fils d'Antoine, avec Madeleine Dauvet de Grandmaifon, du 22 février 1727, &c.

Armes : « d'or, au loup d'azur rampant, langué & onglé de gueules ».

Original, parchemin, enluminé, figné par d'Hozier de Sérigny, français [LXI.

N° 470. 3 décembre 1789.

Conftitution de rente par les mariés Allirot & Seriziat, de Vaize fur Ecully, au profit de François-Henri-Jofeph, comte d'Agoult, feigneur de la Baume des Arnauds, demeurant à Lyon, & d'Yves, abbé & comte de Pellevé.

Expédition notariée, parchemin, français [LXII.

N° 471. XVIIIe fiècle.

Armes de noble Étienne-Antoine d'Agoult, de Jeanne-Élizabeth de Lollivier, fa mère, & de Madeleine de Morges, fa bifaïeule. D'Hozier ne trouve pas conformes à l'*Armorial* celles des Lollivier : « d'or au lion de gueules, tenant de fes quatre pattes une branche d'olivier de finople, pofée en bande & recourbée. »

Papier [LXIII.

N° 472. XVIIIe fiècle.

Etat des titres envoyés à Paris par noble Étienne-Antoine d'Agoult, mentionnant : un brevet de capitaine donné à M. de Chapaiffe par le duc de Lefdiguières, en janvier 1626 ; le contrat de mariage de noble François avec Madeleine de Morges, du 25 juin 1628 ; le jugement de l'intendant de Dauphiné, de Sève, qui le déclare noble, du 18 décembre 1642, &c.

Copie, papier n. f., français [LXIV.

N° 473. XIXe fiècle.

Notes de Moulinet & d'autres perfonnes fur la famille, mentionnant une vente, du 5 février 1328, par noble Pons de Fourcinet, fils de Raynaud, à Culharier de Rochebriane près Lefches, de toutes fes cenfes & directes de Lefches, fauf les droits de noble Bertrand d'Agout, dit de Mifon; un affranchiffement de tailles, du 28 mars 1375, en faveur de noble Antoine Beroard, dit d'Agout, de Die, par magnifique & puiffant Bertrand d'Agout, feigneur de Beaurières & Val de Torane; un albergement, du 10 mars 1532, par le prieur de Lus & du Villar, oncle & procureur de Louis d'Agoult, dit de Montauban, feigneur de Sault, à Laget, d'une terre à Beaurières pour 1 émine de rente & le vingtain des grains, &c.

Copie n. f., papier, français [LXV.

ALLARD

N° 474. 17 mars 1606.

Arrêt du parlement de Grenoble, maintenant noble & exempte de tailles Claude Doncieu, veuve de Balthasar d'Allard, comme mère & tutrice d'Annet, & défendant aux consuls de Montvendre de la cotiser aux tailles, elle & ses enfants.

Copie n. s. du XVIII° siècle, papier, français [I.

N° 475. 10 août 1606.

Quittance par Pierre Allard, contrôleur extraordinaire des guerres, à Pierre Le Charron, trésorier général de l'extraordinaire des guerres, de 30 livres, pour avoir assisté aux montres & revues des gens de guerre des citadelles d'Amiens & Calais, & avoir tenu le registre de contrôle.

Original, parchemin, français [II.

N° 476. 3 octobre 1615.

Accord entre Nicolas Allard, gouverneur des pages de la petite écurie du roi, demeurant à Neuilly & à Paris, & Antoine Marchand, un des 120 chevaucheurs & privilégiés de la grande écurie de Sa Majesté, par lequel Allard cède son emploi à Marchand & s'engage à l'y faire admettre à ses frais; de son côté Marchand lui cède le sien & lui donne 1,200 livres tournois.

Original, papier, français [III.

N° 477. 1er juin 1627.

Compromis entre haut & puissant seigneur Esprit Allard, seigneur d'Esplun, marquis de Gounault, conseiller du roi en ses conseils, grand maréchal des logis de service, demeurant à Paris, & Christophe Hébert, surintendant & commissaire général des vivres de France, nommant Leclerc, surintendant des vivres, & Bourlon, trésorier général de la vénerie & fauconnerie de France, arbitres de leur différend au fujet des fortifications de Meulan ayant coûté 6,000 livres tournois.

Original, papier, français [IV.

N° 478. 7 feptembre 1634.

Défaut à Anne de Guinolle, veuve de Jean Allard, de fon vivant confeiller du roi & receveur général de fes finances en la généralité de Lyon, tutrice de fes enfants, contre Pierre Allard, lieutenant particulier au bailliage de Forez, à Montbrifon.

Original, parchemin, français [V.

N° 479. XVIIe fiècle.

Pièce de procédure pour Roffignol, procureur de Paul Allart, contre Dupré, fon créancier, en élargiffement de fa perfonne. Faite à Paris.

Original, papier, français [VI.

N° 480. 9 novembre 1668.

Certificat de François Dugué, conftatant que nobles Balthafar & Laurent d'Allard, frères, pourfuivis par Tiger, ont repréfenté leurs titres & fuffifamment prouvé leur nobleffe.

Copie n. f. du XVIIIe fiècle, papier, français [VII.

N° 481. 6 juillet 1677.

Extrait du procès-verbal des preuves de la nobleffe paternelle & maternelle de Gabriel Gazeau, pour être reçu chevalier de Malte : il y eft fait mention d'un partage, du 7 février 1584, entre Marguerite Alard, veuve de Pierre Tingui, écuyer, fieur de la Garde, & Judith-Elizabeth Alard, de la fucceffion d'Anne de la Bruère, leur mère, du confentement d'Amaury Alard, leur père, écuyer, fieur de Bois-Imbert ; & d'un arrêt du parlement de Paris, du 9 juillet 1558, au profit d'Amaury Alard, écuyer, autorifé par François Alard, fon père.

Copie n. f. du XVIIIe fiècle, papier, français [VIII.

N° 482. 28 janvier 1698.

Jugement de maintenue de nobleſſe en faveur de Jean-Baptiſte d'Allard, rendu par Nicolas de Lamoignon, intendant de Languedoc; il y eſt fait mention d'un certificat du ſecrétaire de l'arrière-ban pour noble Gaſpard d'Allard, en 1636; d'une donation de Marguerite de Mazuyer, veuve de Gaſpard, à noble Guillaume, ſon fils, du 28 novembre 1586; du mariage de Guillaume avec Gilberte de Boſt, du 26 octobre 1587, &c.

Copie n. ſ. du XVIIIe ſiècle, papier, français [IX.

N° 483. 20 février 1702.

Extrait baptiſtaire d'Antoine-Pierre d'Allard, fils de Marc-Antoine-Laurent, chevalier, ſeigneur de Chatou, gentilhomme ordinaire du duc d'Orléans, écuyer ordinaire du roi, &c., & de Marie-Madeleine Dufreſne, demeurant à Paris.

Expédition authentique du 9 juin 1756, français [X.

N° 484. 21 novembre 1731.

Sentence du bureau de l'élection de Tours, qui défend de porter aux rôles des tailles Marc-Antoine-Laurent d'Allard, ſeigneur de la Crouzilière, capitaine d'infanterie au régiment Limouſin, en ſa qualité de ſeigneur de la Crouzilière, dans la paroiſſe de Joué; il y eſt fait mention du mariage dudit Marc-Antoine-Laurent, du 16 ſeptembre 1728, & d'un certificat de production de titres devant Dugué, du 9 novembre 1668.

Copie n. ſ. du XVIIIe ſiècle, papier, français [XI.

N° 485. Mars 1739.

Tableau généalogique de la famille d'Allard, commençant à Gabriel, marié avec Cécile de la Perrière & avec Blanche d'Urre, & père: 1°, de Gaſpard, qui ſuit; 2°, de Jean, ſeigneur de Beauchêne, tué au ſiége de Poitiers en 1584; & 3°, de Balthaſar, tige de la branche dont ſortait Marc-Antoine-Laurent, ſeigneur de la Crouzilière. Gaſpard eut de Marguerite Maſuere, Guillaume qui continua la poſtérité.

Papier, français [XII.

N° 486. xviiie ſiècle.

Placet au roi par Marc-Antoine-Laurent d'Allard, ſeigneur de la Crouzilière, Leſpan & Rioffet, co-ſeigneur des baronnies & comtés de la Tournerie, Teffé, Corflux, Chedonet, Ournes, Voncq, Mery, Villers-Compſard & Boulainvilliers, chevalier de juſtice de l'ordre de Saint-Lazare, &c., pour remplacer le ſieur Deſeſpinay dans ſa charge d'écuyer ordinaire du roi; il ſe dit fils de Laurent, lieutenant-général d'artillerie, qui l'était de Balthaſar, capitaine au régiment de Piémont, qui deſcendait lui-même de Pierre, maréchal de bataille & fils de Balthaſar, lieutenant de la compagnie des carabins de la garde du roi Henri III.

Copie du temps n. ſ., papier, français [XIII.

N° 487. xviiie ſiècle.

Tableau généalogique de la famille d'Allard: Gabriel, écuyer, épouſe Blanche d'Urre de Brette & a Balthaſar; celui-ci eſt père de Pierre & Pierre de Laurent, maintenu noble par Dugué le 8 novembre 1668, &c.

Copie, papier, français [XIV.

N° 488. xviiie ſiècle.

Tableau généalogique des familles d'Allard, de Provence & de Paris. Pierre anobli par Louis II, comte de Provence, en 1383 ou 1386, a Antoine, mari de Jeanne Coſte & père de Charles; celui-ci teſte, en 1480, en faveur de Céſar & Nicolas, ſes fils; Nicolas a une poſtérité & Balthaſar, un de ſes deſcendants, eſt maintenu noble le 3 novembre 1668. Jean d'Allard, conſeiller au parlement de Paris en 1383, fut père de Guillaume, légitimé & anobli en février 1392. On trouve un Jean, ſieur de Vignolle en Brie, mort en 1524. Guillaume, contrôleur en Bretagne, argentier du roi, laiſſe une poſtérité.

Copie n. ſ., papier, français [XV.

ALLEGRET

N° 489. XVIIIe siècle.

Notes sur la famille, portant que Balthasar d'Allegret, anobli pour ses services militaires en avril 1654, habitait Entre-deux-Guiers & qu'il obtint jugement de maintenue de Dugué, intendant, le 11 août 1667, à l'âge d'environ 55 ans.

Papier n. s., français [I.

ALLEMAN

N° 490. 13 août 1292.

Hommage de Sibille d'Aix (*de Aquis*), dame de Sainte-Jalle, veuve de noble Odon Alleman (*Alamandi*), seigneur de Champs (*de Campis*), tutrice de Gilet, son fils, à Guigues Alleman, chevalier, seigneur de Valbonnais (*de Valbones*); elle reconnaît son fils homme lige de Guigues, par suite de la donation qu'Humbert, dauphin, et Anne, son épouse, ont faite à ce dernier. Fait à Claix.

Original, parchemin, latin [I.

N° 491. 27 mai 1295.

Lettres de frère Jean, évêque de Valence & Die, à noble Sibille, veuve d'Odon Alleman, lui ordonnant de rendre le château de Foilans à Guigues Alleman, lorsqu'elle aura été payée : Saure, fille de Sibille, avait une obligation sur ce château. Données à Valence.

Insérées dans l'acte du 13 octobre 1295 [II].

N° 492. 13 octobre 1295.

Quittance de 100 livres viennoises par Sibille d'Aix, dame de Sainte-Jalle, à Guillaume Alleman, seigneur de Valbonnais : Guillaume

Artaud, ſeigneur d'Aix, devait cette ſomme à cauſe du fief de Foilans. Fait à Gap, devant Bertrand de Charſe, commandeur de Saint-Jean en Trièves, &c.

Original, parchemin, latin [II.

N° 493. 29 juin 1309.

Déclaration faite par Odon Guiffrey (*Hodo Guiffredi*), fils de Jean, *de Sayllia*, à noble Siboud Alleman (*Alamanni*), ſeigneur du château de Revel, par laquelle il lui abandonne tous ſes droits ſur la ſucceſſion d'Émeric Guiffrey, de Moreſtel, dans le mandement de Revel & les poſſeſſions du comte de Genève au Graiſivaudan, & déclare en avoir reçu paiement intégral. Cet acte, fait à Goncelin, approuve auſſi la vente de quelques uſages (*uſſagiis*) & ſervices, conſentie par Peronet Guiffrey à Siboud Alleman.

Original, parchemin, latin [III.

N° 494. 15 janvier 1309 (v. ſ.).

Contrat de mariage de noble Jean, ſeigneur de Sahune (*de Aſſeduna*), avec Saurette, fille de feu Odon Alleman, ſeigneur de Champs, & de Sibille d'Aix (*de Aſio*), dame de Sainte-Jalle pour la plus grande partie, dotée par ſa mère & par Gilet, ſon frère, de 3,000 livres, petits coronats de Provence. Fait à Sainte-Jalle, dans le fort, devant noble Montalin de Montferrand, Roſtaing de Sainte-Jalle, juriſconſulte, &c. Le notaire eſt autoriſé par Alemand de Saint-Ferréol, prieur de Saint-Marcel de Die.

Original, parchemin, latin [IV.

N° 495. 27 février 1339.

Procuration paſſée par Hugues Alleman, ſeigneur de Valbonnais, à Guillaume Artaud, ſeigneur d'Aix & de Bellegarde, pour contracter mariage en ſon nom avec Sibille de Châteauneuf. Donnée à Grenoble, devant Amblard, ſeigneur de Beaumont, Amédée Alleman, prieur de Saint-Laurent de Grenoble, &c.

Inférée dans l'acte du 23 mars ſuivant [V].

N° 496. 8 mars 1339.

Procuration donnée au même par le dauphin Humbert. Fait au

Pont-de-Sorgues, en préfence d'Henri de Villars, évêque de Valence & Die, Jean de Cors, évêque de Tivoli, confeffeur & chancelier du dauphin, Jean de Gigny, abbé de Saint-Rambert, Amédée Alleman, prieur de Saint-Laurent de Grenoble, Guy de Grolée, feigneur de Neyrieux, François de Theys, feigneur de Thorane, chevaliers.

Inférée dans l'acte du 23 fuivant [v].

N° 497. 23 mars 1338 (v. f.)

Contrat de mariage de noble & puiffant Hugues Alleman (*Alamandi*), feigneur de Valbonnais, avec Sibille de Châteauneuf, fille de feu Jafpert, vicomte de Châteauneuf, dotée par Jacques, roi de Majorque, de 10,000 réaux d'or. Humbert, dauphin de Viennois, duc de Champfaur, comte de Vienne & d'Albon, fe porte garant de la reftitution de la dot de Sibille, avec Adémar de Poitiers, comte de Valentinois & Diois, Adémar, feigneur de Rouffillon, Girard, feigneur d'Anjou, Guillaume, feigneur de Tournon, Jean Pagan, feigneur de Mayn, Aymard d'Anjou, feigneur de Montbreton, & Giraud, feigneur de Cruffol. Fait au château de Perpignan, dans la chambre du roi.

Original, parchemin, latin [V.

N° 498. 24 mars 1349.

Procuration donnée par noble & puiffant Hugues Alleman, chevalier, feigneur de Valbonnais & de Claix, à noble Raymond Bertrand, chevalier, noble Guigues d'Auris, damoifeau, Jean d'Auris, de Varces (*de Varfia*), Vérier & Mofnier dit Buffa, notaires, Mote & Viron, pour adminiftrer fes biens de Sainte-Jalle & Rochebrune, recevoir hommages, terminer procès, &c. Fait à Claix.

Original, parchemin, latin [VI.

N° 499. 23 janvier 1357 (v. f.).

Lettres de Charles, « ainfné filz du roy de France, dauphin de Viennois », qui rappellent que « meffire Hugues Alamant, fire de Vaulbonoys, chevalier », en compenfation de 4000 florins pour la ceffion « du chaftel, ville & mandemant de Ermence » & 1000 pour les fervices de feu « Humbert Alemant, feigneur d'Aubone », avait reçu du comte de Valentinois, lieutenant en Dauphiné, « le chaftel

& chaftellanie » de Briançon, & que ces revenus lui avaient été enlevés, fous prétexte qu'il n'y tenait point « fon hoftel & famille »; le prince ordonne que la reftitution foit faite felon la teneur des lettres du comte de Valentinois. Données à Paris.

Entérinées par les lettres du 4 avril 1358 [VII]

N° 500. 4 avril 1358.

Lettres de Guillaume de Vergy, feigneur de Mirabel, lieutenant du dauphin de Viennois, pour l'exécution de l'ordre du prince touchant la reftitution à Hugues Alleman, des chaftel & chaftellenie de Briançon. Données à Grenoble.

Original, parchemin, latin [VII.

N° 501. 16 feptembre 1364.

Teftament de Hugues Allemand (*Alamandi*), chevalier, feigneur de Valbonnais, en faveur de Jean de la Balme (*de Balma*), fils de Conftance Allemand & de Guillaume de la Balme, & à fon défaut, de Guigues Allemand, avec fubftitution au profit de Béatrix, fa fœur, d'Aimar de Beaumont, fils de Béatrix, &c.; les exécuteurs teftamentaires font Guigues Allemand, Siboud Allemand, feigneur d'Uriage, Gilet Benoît, chevalier, & frère Pierre d'Eybens, francifcain. Fait à Tarafcon, diocèfe d'Avignon.

Original, parchemin, latin [VIII.

N° 502. 13 août 1372.

Contrat de mariage de noble & puiffant Henri Alamand, chevalier, feigneur de Séchilienne (*Sechillinæ*), avec Catherine de Revel, dotée de tous fes biens; fi elle devient veuve, elle aura la maifon forte de La Balme & la moitié des cenfes & revenus des biens de La Mure; l'augment de fa dot eft de 400 florins. L'acte eft reçu à Allières par Armuet, notaire, en préfence de Siboud Alamand, feigneur d'Uriage, de Revel & de La Motte, de Raynaud Alamand, chevalier, &c.

Original, parchemin, latin [IX.

N° 503. 7 novembre 1375.

Albergement par noble & puiffant Siboud Alamand, chevalier,

ſeigneur de Revel, à Jean & Guillemette Marjat, enfants de Berthon Marjat, ſon homme lige, dont les biens lui ont fait retour par ſucceſſion de main-mortable (*deſomenamenti*), de tout ce que poſſédait Berthon depuis le rif de Villar juſqu'en Volatel, &c., ſous les cens accoutumés & 9 florins d'introges. Fait à la Combe-de-Lancey.

Original, parchemin, latin [X.

N° 504. 7 août 1425.

Tranſaction entre nobles Eynard de Beaumont, mari & mandataire d'Aimonette Allemand, fille de Guigues, ſeigneur d'Uriage, & d'Anne de Châteauneuf, & Jean, ſon frère, ſeigneur d'Uriage, ménagée par nobles Antoine de Saſſenage, vicomte de Tallard, Charles de Clermont, ſeigneur de Vauſſerre, Humbert de Grolée, ſeigneur d'Illins, & Étienne Guillon, docteur. Il y eſt réglé que le ſeigneur d'Uriage pourſuivra la reſtitution de toute la baronnie de Châteauneuf & de Saint-Quentin, actuellement aux mains du gouverneur de la province; qu'il remettra à Aimonette le château de Saint-Quentin & ſera libéré du reſtant de ſa dot. François de Châteauneuf, frère d'Anne, était mort inteſtat, ſans enfants, & ſa nièce Aimonette devait lui ſuccéder par moitié. D'autre part, Bertrand de Châteauneuf, aïeul maternel d'Aimonette, avait teſté en ſa faveur & en celle de Jean, ſon frère. Des arbitres avaient été choiſis pour terminer le débat : c'étaient Soffrey d'Arces, chevalier, Antoine Allemand, ſeigneur de Saint-Georges, Eynard de Bellecombe, ſeigneur du Touvet, & François de Beaumont, ſeigneur de la Frette (*Frayte*).

Expédition notariée du temps, parchemin, latin [XI.

N° 505. 13 octobre 1438.

Quittance par noble & puiſſant Jean Alamand, ſeigneur d'Uriage, pour lui & comme adminiſtrateur de Soffrey, ſon fils, à noble Jean Grinde, ſeigneur de Miribel, Châteaubernard & manſe du Molard (*de Molario*), de 500 florins d'or & 2 écus au coin du roi de France, de 64 au marc, valant 3 florins, pour la dot de Claudie de Grinde, femme dudit Soffrey. Fait à Revel, devant nobles Jacques Bonpar, Gonin Marc, &c.

Original, parchemin, latin [XII.

N° 506. 20 décembre 1457.

Contrat de mariage de noble & puiffant Jean Artaud, feigneur de Roche-fur-Buis, avec Marie Alamand, fille d'Aymon, feigneur de Champs, dotée de 3,000 florins de 12 gros chacun, outre 200 florins pour fes habits ; en cas de veuvage, le lieu de la Roche-fur-Buis lui eft affigné pour douaire ; elle reçoit 400 florins pour fes joyaux de noces. Fait à la Motte, en préfence de nobles Jean Artaud, feigneur d'Aix, Jacques Eynard, feigneur de Chalancon, Raymond de Montauban, feigneur de Saint-André, Antoine d'Alauzon, co-feigneur de Rozans, &c.

Minute de notaire, fignée, papier, latin [XIII.

N° 507. 23 avril 1462.

Contrat de mariage de noble Guigues Alleman, feigneur d'Uriage, avec Marie Grinde, fille de noble Jean & de Polie de Brine (*de Brina*): la dot de la future comprend le château du Mollard (*de Mollario*) & la maifon forte de Seyffins (*de Seyffino*). Parmi les témoins de l'acte figurent Jean de Montluel (*de Montelupello*), confeiller delphinal, François de Cizerin, docteur, Guichard de Morges, Eynard Guiffrey, Raymond Sauret, feigneur d'Afpremont, &c.

Expédition du temps, parchemin, latin [XIV.

N° 508. 20 mars 1464.

Tranfaction entre noble & puiffant Jean Alleman (*Alamandi*), feigneur de Rochechinard, repréfenté par Pierre Alleman, fon fils, & les héritiers de feu Jean Chalvet, notaire, au fujet d'un paffage d'eau à travers fon pré qui eft cédé auxdits héritiers, fous le cens de deux poules, & d'un chemin pour aller à la maifon forte de Chourières (*de Choureriis*) par le pré des mêmes hoirs.

Expédition du temps, parchemin, latin [XV.

N° 509. 1er mars 1469.

Quittance de Guigues Boyeffe (*Boyeffii*), gardien du couvent des Francifcains de Grenoble, & Antoine Coquet à noble Soffrey Alleman, chevalier, feigneur de Châteauneuf, Tullins & Uriage, de la fomme de 450 florins d'or. Jacques d'Hoftun, chevalier, feigneur de Claveyfon, & Jean, fon frère, feigneur de la Baume d'Hoftun, avaient donné cette fomme au couvent, & Soffrey agit comme procureur de Clauda d'Hoftun, veuve de Boniface Alleman, feigneur d'Uriage. Le couvent devra faire réparer le chœur (*presbyterium*) de fon églife, & de la chapelle des prédéceffeurs de Soffrey & de Jean, fon père; ils feront auffi une épitaphe avec les armes dudit Soffrey. Fait à Tullins, devant noble François de Viennois, Jean Velleton, &c.

Original, parchemin, latin [XVI.

N° 510. 2 mars 1474.

Contrat de mariage de noble Jean de Seyffel, feigneur d'Aiguebelette & Caftilionet, en Bugey, avec Louife Alleman, fille de Soffrey. Raynaud du Châtelet, feigneur de Châteauneuf, lieutenant & maréchal du Dauphiné, mari de Charlotte Alleman, fœur de la future, donne à Louife 10,000 florins de dot; l'augment eft de 5,000 florins, outre 500 réaux pour les bijoux; ces deux fommes proviennent des libéralités de Pierre de Seyffel, protonotaire apoftolique, chanoine de Belley, repréfenté par Jean Chabod, feigneur de Lefcherène (*Efcherene*). Fait à Voiron, chez noble François de Vourey, devant Jacques de Montbel, Antoine Bollier, avocat fifcal de Savoie, Jacques de Clermont, feigneur de Vaufferre, Jacques de Beaumont, feigneur de Saint-Quentin, Antoine de Grolée, feigneur de Serre, Jacques de Theys, feigneur de Sillans, &c.

Expédition notariée du temps, parchemin, latin [XVII.

N° 511. 15 décembre 1475.

Ceffion de tous leurs droits patrimoniaux, moyennant une penfion annuelle de 14 florins, confentie par Pollie & Clauda de Beaumont, filles d'Aimonette Alleman, religieufes de Soyons, à Jacques de Beaumont, leur frère, feigneur de Saint-Quentin. Lionette de Cruffol, abbeffe de Soyons, autorife les deux religieufes.

Original, parchemin, latin [XVIII.

N° 512. 7 janvier 1497.

Tranfaction ménagée par Laurent Alleman, évêque & prince de Grenoble, François Dupuis (*de Puteo*), official de Grenoble, Jean de

Chaponay, auditeur en la chambre des comptes, & François Marc, docteur en droit, entre noble & puiſſant Soffrey Alleman (*Alamandi*), ſeigneur d'Uriage, Félix Alleman, ſeigneur de Revel (*Revelli*), & Louis Alleman, prieur commandataire de Saint-Nizier (*Sancti-Nizetii*), tous les trois fils de Guigues : elle porte que la baronnie d'Uriage appartiendra à Soffrey, en payant deux parts des dettes de la ſucceſſion ; que Félix aura Revel, Saint-Jean-le-Vieux, Saint-Maurice, Montémont (*Montis Aymonis*) & la Combe-de-Lancey, avec un tiers des dettes ; enfin que la penſion de Louis ſera portée à 300 florins.

Expédition, parchemin, latin [XIX.

N° 513. 1er février 1515 (v. ſ.).

Quittance par noble Jeanne (*Jana*) de Saint-Prieſt, veuve de noble Soffrey Alemand, ſeigneur d'Uriage (*Huriatici*), chevalier, lieutenant en Dauphiné, à noble Antoine de Saint-Prieſt, de la ſomme de 5,103 livres, montant de la dot d'Antoinette de Saint-Prieſt, femme de noble Aymond Alemand, ſeigneur de Revel. Fait à Lyon.

Expédition notariée du temps, parchemin, latin [XX.

N° 514. 30 juillet-6 août 1529.

Tranſaction entre noble Gaſpard Allamand, ſeigneur de Revel, d'une part, & Jeanne de Saint-Prieſt (*de Sancto-Prejecto*), veuve de Soffrey Allamand, & Iſabelle & Marguerite, filles du même Soffrey. Elle porte que Jeanne de Saint-Prieſt, Iſabelle & Marguerite, ſes filles, cèdent à Gaſpard Allamand les légitimes, ſommes d'argent & droits à elle adjugés par arrêt du 23 décembre 1527, ſauf le douaire & l'habitation mentionnés audit arrêt ; que Gaſpard leur payera 1,450 écus de 40 ſols tournois chacun, & 208 livres à Jeanne pour ſon douaire, chaque année ; que les biens acquis par Soffrey, hors de la ſeigneurie d'Uriage, demeureront auxdites dames ; que Gaſpard entrera immédiatement en poſſeſſion d'Uriage, &c. — D'après cet acte, François Richard, dit de Saint-Prieſt, avait épouſé Iſabelle Allamand, & Marguerite était veuve de Jacques de Saſſenage, ſeigneur de Vourey & la Bâtie-Champrond ; Gaſpard Allamand était fils de Félix, frère de Soffrey.

Expédition notariée, papier, latin [XXI.

N° 515. 1er juillet 1547.

Autorisation donnée par Gaspard Allemand, fils de Félix, seigneur de Revel, à Louis, son fils aîné, de poursuivre la substitution stipulée dans le testament de Soffrey, seigneur d'Uriage, fait en 1512 en faveur de Félix, au cas où Philibert & Guillaume, enfants du testateur, mourraient sans postérité masculine. Acte fait à Grenoble, devant noble Jean Armuet, seigneur de Bonrepos, Gaspard Brutin [Brotin] de Paris [Petit-Paris] en Diois, protonotaire apostolique, &c.

Copie n. s., papier, français [XXII.

N° 516. 6 février 1560.

Contrat de mariage « de Phelippes Alemend », chevalier, seigneur de Champs & de Taulignan, avec Jeanne d'Ancesune, veuve d'Hector de Poitiers, seigneur d'Allan ; le futur est assisté de Justine de Tournon, sa mère, & la future, de la dame de Vénejean, sa sœur. En cas de survie à Philippe, le douaire de la future sera formé du château de Taulignan ; sa dot comprend tous ses biens ; elle reçoit, de plus, 600 écus pour ses joyaux & 600 livres tournois d'augment. Fait à Montélimar, chez Jean de Poitiers, en présence de Félix Bourjac, sénéchal, Sébastien de Vesc, seigneur de Comps, Antoine de Pracomtal, doyen de Sainte-Croix, Josserand Seytres, écuyer, sieur de Noveysan, &c.

Copie n. s., papier, français [XXIII.

N° 517. 24 juin 1576.

Procuration de noble Antoinette de Torchefelon, dame de Demptésieu & de Montcarra, héritière bénéficiaire d'Henri, son frère, à Gaspard Allemand, son fils, pour traiter avec nobles Gaspard de Vallin & Benoît de Raches, seigneur de Chabodière, près Montferrat. Fait à Montcarra, devant nobles Balthasar de Disimieu & Pierre de Foissin.

Insérée dans l'acte du 30 juin 1576 [XXIV].

N° 518. 30 juin 1576.

Transaction entre Gaspard Allemand, seigneur de Demptésieu, Benoît de Raches, légataire de Montferrat, & Gaspard de Vallin. Ce dernier réclamait les biens de noble Henri de Torchefelon, ſeigneur de Montcarra, en vertu de ſon teſtament de 1564, à Antoinette de Torchefelon. Il eſt convenu que le ſeigneur de Vallin cèdera au ſeigneur de Raches tous ſes droits ſur Montferrat, donnera à Antoinette de Torchefelon & à Gaſpard Allemand, mille livres tournois, dues par le ſeigneur de Torchefelon, & leur cèdera tous ſes droits réſultants du teſtament de 1564. De ſon côté, le ſeigneur de Demptéſieu, pour lui & ſa mère, abandonne à Gaſpard de Vallin la maiſon noble des Eſpineis, « membre de l'hoirie » du ſeigneur de Torchefelon. Fait à Grenoble, chez Gaſpard Baro, lieutenant particulier au bailliage de Graiſivaudan, devant nobles François de Corbeau, ſeigneur de Vaufferre, Antoine d'Hures [Ure], ſieur de Charancieu, Claude de Raches, ſieur de Vernatel, &c.

Expédition notariée, ſignée & ſcellée, parchemin, latin [XXIV.

Nº 519. 9 avril 1589.

Echange d'immeubles entre noble Gaſpard Alemand, ſeigneur de Montmartin, Pierre de Fillion, conſeiller au parlement de Grenoble, & Melchior de Fillion, juge royal de Vienne : Gaſpard cède un demi-journal de terre à Biol, une ſétérée de terre & pré au Verney-ſur-Biol, & les frères Fillion abandonnent un journal de terre aux Gayères, &c.

Expédition notariée, papier, français [XXV.

Nº 520. 2 ſeptembre 1593.

Teſtament de haute & puiſſante dame Gaſparde de Bombeyn, veuve d'André Allemand, ſeigneur de Paſquiers & la Cluze, chevalier de l'ordre du roi ; elle veut être inhumée à Notre-Dame de Grenoble ou aux Ayes, ſi elle y meurt, dans l'égliſe de l'abbaye.

Copie (incomplète), papier, français [XXVI.

Nº 521. 22 janvier 1600.

Bail à ferme par noble Pierre Allemand de Puvelin, prieur de Saint-Roman & Saint-Nizier près d'Uriage, à Claret Molar, châtelain d'Uriage, des dîmes & rentes de Saint-Nizier, pour 3 ans & 55 écus des dîmes, 16 des rentes, 20 livres de lin, 6 ſétiers de blé, 18 de méteil aux consuls du lieu pour les pauvres & 15 de blé au prêtre faisant le service.

Expédition notariée, papier, français [XXVII.

N° 522. 3 septembre 1605.

Contrat de mariage de noble Jean Allemand, sieur du Bouchet, fils de Jean-Claude, baron d'Uriage, avec Isabeau de Thivolley, fille de défunt Claude de Miribel, dotée par « Marguerite de Poultrelat », sa mère, de 700 livres tournois, outre les 300 livres « des robbes nuptialles » & ses biens présents & à venir ; le futur lui donne 600 livres pour ses joyaux & 500 livres d'augment, & Catherine de la Baume, dame d'Uriage, 300 livres. Fait à Uriage, dans la chambre peinte.

Original, papier, français [XXVIII.

N° 523. 7 mars 1606.

Procédures pour noble Jean Allemand, seigneur de Bouchet, contre le curateur de l'hoirie David, en payement d'une créance de 3 écus, 36 sols.

Original, papier, français [XXIX.

N° 524. 24 avril 1606.

Procuration donnée par noble Claude Allemand, seigneur du mandement de Chatte, à noble Jean Allemand, sieur du Bouchet, à Uriage, pour assister au mariage d'Aimar Allemand, son fils, sieur de Puvelin, avec Eléonor de Bron, fille d'Antoine, baron de la Liègue, & lui donner la moitié de ses biens, sous la réserve viagère de l'usufruit.

Expédition notariée, certifiée par Antoine Garagnol, vi-bailli de Saint-Marcellin, papier, français [XXX.

N° 525. 14 mai 1611.

Transaction entre noble Gaspard Allemand, seigneur de Demptésieu & Montcarra, & noble Henri de Torchefelon, seigneur de Mornas & Vaux, au sujet d'une rente indivise entre eux. Gaspard obtient 21 sétiers, 1 bichette, 3 coupes de blé, &c., sur 136 emphytéotes de Cessieu, mandement de la Tour-du-Pin, d'autres redevances sur 11 tenanciers de Fossas, 7 des Roches et Thullin, 15 de Sainte-

Blandine, 15 de Montagnieu, 7 de Saint-Jean de Soudin, 5 de Saint-Didier, 61 de Sérezin, s'élevant ensemble à 41 sétiers de blé, 13 de seigle, &c.; Henri, de son côté, reçoit les censes de 25 emphytéotes à Nivolas, 34 à Saint-Victeur de Châteauvilain, 25 à Sucieu, 68 à Biol, &c.

2 expéditions notariées, papier, français [XXXI.

N° 526. 14 avril 1615.

Cautionnement donné à nobles Gaspard Allemand, père & fils, seigneurs de Champier & de Montmartin, par noble Pierre de Fillion, conseiller au parlement de Grenoble, envers Jean-Claude Marnais, bourgeois de Grenoble, auquel les Allemand devaient une pension annuelle de 288 livres, au capital de 4,492.

Expédition notariée, papier, français [XXXII.

N° 527. 20 novembre 1629.

Reconnaissances de censes par François Clapasson, procureur, à noble Jean Allemand, sieur du Mollard; pour un bois châtaigner à Villeneuve, il doit la moitié d'une poule, &c.

Expédition notariée, papier, français [XXXIII.

N° 528. 8 octobre 1634.

Nomination de David, curé de Seyssins & Seyssinet, comme recteur de la chapelle Saint-Georges à Seyssins, faite par Méraude Advenier, veuve de noble Charles Allemand, seigneur de Montrigaud & Seyssins & coseigneur de Parizet, & par noble Louis de Montrigaud, son fils.

Original, papier, français [XXXIV.

N° 529. 15 septembre 1673.

Enquête sommaire faite par Bonardon, notaire, au nom de Matthias, Ennemonde, Louise, Madeleine & Marguerite Allemand, frère & sœurs, d'Uriage, d'après laquelle la veuve du seigneur de Montrigaud, demeurant à Grenoble chez les Dominicains, était fort pauvre, recevait des pensionnaires pour payer son loyer & faisait travailler ses enfants pour subsister.

Original, papier, français [XXXV.

N° 530. 22 janvier 1720.

Quittance par dom Claude Savey, procureur ſyndic du couvent des Chartreux de Silve-Bénite & dom Bruno Maſclary, coadjuteur, à Jeanne de Beaumont, douairière d'Abel Allemand de Champier, marquis de Vaux, de la ſomme de 2,000 livres, capital d'une penſion ou rente conſtituée le 7 novembre 1671 par Claude-Jérôme Allemand, père du marquis.

Expédition notariée, papier, français [XXXVI.

N° 531. 5 octobre 1767.

Certificat donné par Joſeph-Abel Allemand de Champier, chamarier de l'Égliſe de Lyon, & Louis-François de Poix de Mareſcreux, auſſi chanoine & comte de Lyon, aux dames chanoineſſes-comteſſes de Neuville, des preuves de la nobleſſe de Marie-Xavier-Sophie d'Amédor de Molans. Il y eſt fait mention de l'acte de baptême de ladite demoiſelle, fille de Claude-François-Madeleine, comte de Molans, & de Joſéphine-Clémentine-Marie, baronne de Planta, le 7 décembre 1757; du contrat de mariage de ſes père & mère, du 14 octobre 1746; de celui de Charles-Guillaume de Planta Wildenberg, capitaine-lieutenant au régiment des Griſons, avec Marguerite-Joſèphe-Cunégonde de Terriz, du 15 décembre 1714, &c.

Copie n. ſ., papier, français [XXXVII.

N° 532. (XVIIe ſiècle.)

Notes généalogiques ſur la famille Alleman: il y eſt rapporté que Joſſelin Allemand, baron de Châteauneuf de l'Albenc, cadet d'un Allemand, ſouverain du Faucigny, fit le voyage de Terre-Sainte, & que Jean, bâtard de Jean-Claude, forma la branche des ſeigneurs de Montrigaud.

Papier, français [XXXVIII.

N° 533. (XVIIIe ſiècle.)

Généalogie des Alleman de Puvelin. — Elle commence avec Guillaume Alleman, comte ſouverain de Vienne, baron de Châteauneuf, père de Joſſelin, en 1060; Joſſelin épouſe Féliſe, fille du comte de Provence & de Barcelone, apporte le corps de ſaint

Antoine & meurt ſans enfants en 1070. Guigues Didier, proche parent de Joſſelin, eut trois fils, dont les deſcendants furent maîtres de Saint-Antoine.

On y trouve auſſi les Alleman, barons de Faucigny, depuis 1126 juſqu'à 1305 ; les Alleman de Rochechinard, commençant en 1364 avec Jean, mari de Margaronne Dumas. D'eux naquirent : Aimar, continuateur de la branche de Rochechinard, Jean, ſeigneur d'Uriage, Revel, &c., & Pierre, auteur de la branche de l'Arbent en Bugey. Aimar, fils de Jean, laiſſa de Jeanne de Boczoſel entre autres enfants : Claude, tige des ſeigneurs de Puvelin ; Annequin, ſeigneur de Rochechinard ; Antoine, évêque de Cahors ; Charles, grand-prieur de Saint-Gilles ; Barrachin, ſeigneur de Rochechinard, &c.

Papier, français [XXXIX.

N° 534. (XVIIIe ſiècle.)

Relevé ſommaire des titres de la maiſon Alleman, branches des ſeigneurs d'Uriage, Revel, la Combe-de-Lancey, &c. — Le 1er eſt le teſtament de Guigues en faveur de François pour Uriage, de Jacques ou Jacquemet pour les autres terres, avec des legs à Aymon, Peronet, Guyonet, Catherine, Bérengère, Béatrix, Agnès & Angliſe, du 27 juin 1275. — Le 2e eſt le teſtament de Siboud, ſeigneur de Revel, en faveur de Jeannet, avec des legs à Alix & Bérengère, ſes filles, du 1er mars 1307. — Le 3e eſt le teſtament de François, ſeigneur d'Uriage, en faveur de Jacques, ſon frère, du 4 octobre 1309. — Le 4e eſt un teſtament du ſeigneur d'Uriage en faveur de Jean Alleman, ſeigneur de Revel, ſon couſin, du 4 juillet 1320. — Le 5e eſt un codicille de Jacques Alleman, ſeigneur d'Uriage, du 5 mars 1327. — Le 6e eſt le teſtament d'Odon, ſeigneur d'Uriage, en faveur de ſon fils Antoine, avec un legs à Humilie de Grolée, ſa femme, du 26 août 1350. — Le 7e eſt le teſtament de Guigues, ſeigneur d'Uriage & de Revel, du 28 juillet 1394 ; il fait héritier univerſel Jean, ſon fils, pour Uriage, la Combe-de-Lancey, Saint-Muris-de-Montémont ; lègue Revel à Guigues, ſon autre fils ; il nomme Anne de Châteauneuf, ſa femme, &c.

Copie n. ſ., papier, français [XL.

N° 535. (XVIIIe ſiècle.)

Notes de Moulinet ſur la famille Alleman, rappelant des hommages aux dauphins : en 1328 par Jean, ſeigneur de Revel & d'Uriage ; en 1334 par Siboud ; en 1337 par Guigues ; en 1389 par Jean, &c. ; & une déclaration de Pierre-François Allemand de Champier, ſeigneur de Bouchet, qui conſent à ce que Antoine-Joſeph Allemand, étudiant en Sorbonne, ſe qualifie ſon parent.

Papier, français [XLI.

N° 536. (XVIIIe ſiècle.)

Inventaire des titres d'Amédée Allemand, pour être admis aſpirant garde marine : acte baptiſtaire de Joſeph Allemand de Montrigaud, fils de Matthias & de Jeanne Chapuis du Fay de la Roche, à Saint-Pierre-de-Fétigny, le 25 août 1721 ; contrat de mariage de ce Joſeph avec Innocente Siland, le 28 décembre 1745 ; acte de baptême de Louis, fils de Jean-Claude & d'Anne de Buſſoud [Buſſod], du 11 juin 1645 ; teſtament de ce Louis en faveur de Matthias, ſon frère, du 10 mars 1667 ; contrats de mariage de Matthias avec Marie-Marguerite de Vachon, veuve de Chriſtophe de Saillans, du 12 janvier 1685, & enſuite avec Jeanne Chapuis du Fay de la Roche, du 8 ſeptembre 1719, &c.

Papier, français [XLII.

N° 537. (XVIIe ſiècle.)

Tableau généalogique des Alleman d'Arbent, copié ſur un manuſcrit de Du Fourny, commençant à Pierre, ſieur de Mongeſſon, en 1340, mari de Pétronille de Chatard & grand-père de Louis, cardinal archevêque d'Arles, en 1450.

Copie n. f., papier, français [XLIII.

ALLÉOUD

N° 538. 5 juin 1501.

Vente par noble Jacques Lavagnier (*Lavagnierii*), de la paroiſſe de la Buiſſe, pour lui, Claude, ſon frère, & Bonne Garcin, leur mère, à noble Jean Alléoud (*Alliodi*), d'une cenſe en franc alleu de un bichet de blé à lui due par Martel, d'Eſcoublain (*Scoblanini*) ſur divers fonds, moyennant un écu d'or ſol. L'acte mentionne Marguerite Eynard, femme de Claude Alléoud & belle-fille (*filiaſtre*) de noble Jean Alléoud. Faite à Voiron, devant noble Antoine Jullian, &c.

Expédition notariée, parchemin, latin [I.

ALLOIS

N° 539. 18 octobre 1786.

Lettre de Mme des Adrets, douairière d'Herculais, au gendre de MM. Cerfbeer & fils, entrepreneurs des fourrages du roi en Alſace, leur offrant 3,000 livres ſur les 3,450 de capital & 450 d'intérêts dus par ſon fils qui s'eſt expatrié, « après avoir conſommé ſa légitime & beaucoup au delà ». Le cachet préſente deux écuſſons accolés : l'un écartelé au 1 & 4 de ....., au chevron de ....., au chef d'azur chargé d'une croiſette de ..... (Allois) ; au 2 & 3 d'azur à trois tours poſées 2 & 1; l'autre d'azur au chevron de ...., accompagné de 3 fleurs de lys ? de .....

Original, ſigné, papier, français [I.

ALPINAC

Nº 540. (XVIIIe siècle.)

Tableau généalogique de la famille Alpinac, commençant à Charles, sieur de Saint-Muris, qualifié noble dans des quittances d'arrière-ban, de 1502 à 1510, & dans d'autres quittances à sa sœur Eléonore, en 1538 & 1541, mari d'Isabelle Cognoz & père de Pierre. Celui-ci eut de Justine de Solignac Charles & Pierre; Marguerite Bombarbier, veuve du dernier, fut maintenue noble par de Sève, le 23 août 1641.

Copie n. s., papier, français [I.

ALRICS

Nº 541. (XVIIIe siècle.)

Tableau généalogique de la famille des Alrics. Le premier noble connu est Astorge, marié, le 20 avril 1494, avec Françoise Diez, fille de Ferrand, seigneur du Pègue. René, chevalier, mentionné dans le testament de son père, du 10 mars 1520, fut seigneur de Rousset & épousa, le 12 janvier 1541, Honorée d'Urre, dame de la Baume-Cornillane. Charles, né de ce mariage, s'unit, le 25 juin 1580, à Marguerite de Grolée-Viriville, & laissa Jacques, maintenu noble par Dugué, le 16 décembre 1641, & Charles, seigneur de Vinsobres.

Copie n. s., papier, français [I.

AMAT

N° 542. 1667.

Copie de titres de la maifon Amat & notamment : — 1° teftament de noble Louis Amat, damoifeau, feigneur du Puget, de Puyvert & cofeigneur de Lauris, en faveur de Bernard, fon fils, avec des legs à Agnès, fa fille, femme de noble Henri de Morières, feigneur de Châteaurenard, à Raymond, fon fils, à Jeanne, fa fille, à Annefie, fa femme, du 20 mars 1280 ; — 2° teftament de noble Ferrare Amat, feigneur du Puget, cofeigneur de Lambefc, Lauris, Puyvert, en faveur de Pierre, avec des legs à Arnaud & Robert, fes fils, à Plaifance, fa fille, & à Lucrèce de Cucuron, fa femme, du 7 mars 1392 ; — 3° teftament de noble Jacques Amat, feigneur de Bonlieu & Lazer, au diocèfe de Gap, en faveur de Pierre & Etienne, fes fils, avec legs à Catherine de Mouftiers, fa femme, du 30 feptembre 1511 ; — 4° fentence arbitrale, du 5 novembre 1510, rendue fur le différend de la commune de Lazer avec noble Jacques Amat, au fujet des tailles, dans laquelle font rappelés le teftament de noble Louis, de 1280, le mariage de Bernard avec Lucrèce de Dorbes, en 1299; le mariage de Ferrare, fils de Bernard, avec Lucrèce de Cucuron, en 1352 ; le mariage de Pierre, fils de Ferrare, en 1421 ; celui d'Etienne, fils de Pierre, avec Claire d'Agout, en 1479 ; celui de Jacques, fils d'Etienne, avec Catherine de Mouftiers ; — 5° contrat de mariage de noble Etienne, fils de Jacques, avec Marguerite de Clari, fille de noble Pierre, feigneur de Ventavon, dotée de 800 florins, du 14 mai 1531 ; — 6° teftament de noble Etienne, fieur de la Palud, en faveur de Jacques & Jean, fes fils, avec legs de 200 florins à Claude, du 1er février 1578.

Copie n. f , papier, latin & français [I.

N° 543. 12 avril 1667.

Ordonnance des commiffaires généraux du confeil députés pour la recherche des ufurpateurs du titre de noble, renvoyant à un commiffaire rapporteur la collation avec les originaux des titres préfentés par Amat, confeiller au parlement de Metz, pour fervir à Alexandre

Amat, ſieur du Plan, cadet de la maiſon Amat, & être préſentés à Dugué, intendant.

Copie n. ſ., papier, français [II.

N° 544. 1725.

Notes généalogiques ſur la famille Amat. Claude, mari de Claudine Grimaud, eut pluſieurs enfants, entre autres : Jacques, baron du Poet ou Puget, fermier général des gabelles, auteur de la branche aînée; André, ſeigneur de Coſta-Giraud, tige de la deuxième branche; Benoît, ſeigneur de Sigoyer, qui forma la troiſième. La poſtérité de Jacques s'éteignit à la deuxième génération ; celle d'André exiſtait encore en 1685 & celle de Benoit en 1724.

Copie n. ſ., papier, français [III.

N° 545. 1725.

Inventaire de titres de la famille Amat, rappelant : — le contrat de mariage de Louis-Balthaſar Amat, chevalier, ſeigneur du Puget ou du Poet & de Montauquier, fils de Claude-Noël & de Catherine Lemaire, avec Louiſe-Eliſabeth de Thirement, fille de Louis, receveur des conſignations à Paris, par lequel Angélique Amat, femme d'André Choart, donne au futur 34,000 livres ſur les ſucceſſions de Jacques, fermier général des gabelles, & de Claude-Noël ; — le mariage de Claude-Noël, baron du Poet, avec Eliſabeth Lemaire, le 23 août 1678 ; — le teſtament d'Iſabeau de Souchon de Bellevue, du 10 décembre 1662, en faveur de Claude-Noël, ſon fils aîné.

Copie n. ſ., papier, français [IV.

AMBEL

N° 546. 5 juin 1365.

Partage entre noble Henri d'Ambel, fils de Raymond, & noble Jean Gras, fils de François & mari de Quoquette, des biens de noble Henri Gras, ſitués au Valgaudemar.

Original, parchemin, latin [I.

N° 547. 16 février 1366 (v. f.).

Déclarations faites par les hommes liges de nobles Raymond d'Ambel & de Henri, fon fils ; de Jean Gras, mari de noble Lantelmette dite Quoquette, cohéritière de noble Henri Gras, de fon vivant co-feigneur majeur de la terre de Valgaudemar, & mandataire des héritiers de feu noble Pierre des Herbeys; de Raymond de Laye, dit d'Aubeffagne, mari de noble Françoife ; de Pierre Lobet, bailli de Dominique Bonjean, prieur de Saint-Bonnet, & de Pierre Roux, vibailli de Bernard de Granholières, prieur de Saint-Michel de Connexe, tous co-feigneurs du Valgaudemar, au fujet de la véritable place des fourches patibulaires de la feigneurie. Après avoir retrouvé les traces des anciennes, de nouvelles font dreffées au col de Menuhon, à l'entrée du Valgaudemar.

Original, parchemin, latin, & traduction françaife du XVIIIe fiècle, papier [II-III.

N° 548. 11 décembre 1367.

Procès-verbal des affifes tenues à la tour du Valgaudemar, au nom de nobles Raymond & Henri d'Ambel, père & fils, co-feigneurs, par leur juge, Jean Barthélemy, docteur ès-lois. Guigonne & Pierre Garcin, mariés, accufent Jean Garcin d'avoir jeté des pierres à leurs vaches dont une a péri, & à leur fils; mais, faute de preuves, l'accufé eft abfous & les accufateurs condamnés aux dépens. Jean Martin fe plaint de Pierre Martin & de Guigonne, fa femme, qui ont géré fes biens pendant fa minorité ; ils font condamnés à rendre compte, à reftituer & à 10 fols d'amende chacun. Guigonne, femme Garcin, accufée d'avoir reproché à Fayfor de détenir injuftement le tiers des biens d'un autre Fayfor, eft abfoute & l'accufateur condamné aux dépens. Les autres accufés font Jacob & Vernin Laye, qui n'ont pas réparé les chemins vis-à-vis de leurs fonds : 7 & 12 fols d'amende ; Grand, Garcin, des Prahils, pour refus de payement de cens au feigneur : 5 fols d'amende chacun, &c.

Original, parchemin, latin, & traduction françaife du XVIIIe fiècle, papier [IV-V.

N° 549. 27 juillet 1424.

Vente par noble Aimar d'Ambel, feigneur de Creyers (*de Creeriis*), à Giroud, prêtre de Notre-Dame de Die, de l'ancienne maifon de Creyers & de fon franc alleu, fife à Châtillon, voifine de celle de magnifique Pierre Claret, chevalier, feigneur de Trefchenu (*de Tribus Chanutis*), pour le prix de 100 florins. Cette maifon eft enfuite donnée à bail emphytéotique au même Aimar par le procureur de l'églife de Die, fous la redevance annuelle de 10 fetiers de blé.

Original, parchemin, latin [VI.

N° 550. 4 novembre 1440.

Revente par Étienne Guillon, docteur ès-lois, à noble Aimar d'Ambel, feigneur de Creyers, co-feigneur de Valgaudemar, de 22 livres de cenfes, 16 fetiers de blé, 6 fetiers de vin, 60 fetiers de feigle, 20 d'avoine, 28 poules, avec les lods & ventes, pour 1,200 florins d'or, 2 écus d'or valant 3 florins : le tout réduit en blé équivalait à 118 fetiers de blé, mefure de Pellafol, en comptant 10 fols pour 1 fetier de blé, 1 fetier de blé pour 1 de vin, 3 de feigle pour 2 de blé, 2 d'avoine pour 1 de blé & 14 poules pour 1 de blé. Fait à Grenoble, rue de la Porte-Troyne, dans la maifon Guillon, devant noble Jean de Saint-Germain, prévôt de l'églife Saint-André. — Ces cens avaient été vendus par Aimar d'Ambel à Guillon, le 15 mars 1432, avec faculté de rachat.

Expédition notariée du temps, parchemin, latin [VII.

N° 551. 13 décembre 1441.

Quittance par Nicolas Erland, tréforier delphinal, à Aimar d'Ambel, de 56 florins 3 gros pour 1,013 florins 2 gros de la part du roi.

Inférée dans l'acte du 4 novembre 1440 [VII].

N° 552. 5 mai 1442.

Inveftiture par Raoul de Gaucourt & le confeil delphinal des cens vendus à Aimar d'Ambel par Etienne Guillon.

Inférée dans l'acte du 4 novembre 1440 [VII].

N° 553. 19 octobre 1471.

Tranfaction entre les procureurs des meffes & anniverfaires de l'églife de Die, noble Raymond de Montauban, feigneur de Valgaudemar, héritier pour un quart des biens de noble André d'Urre, fils de Coquette d'Ambel, fœur d'Aimar, & noble Jean d'Urre, aux noms de Catherine, fœur d'Etienne d'Ambel, & de Marguerite, fille de Catherine, obligeant lefdits Raymond de Montauban, Jean d'Urre, Catherine d'Ambel & Marguerite, fa fille, à payer diverfes penfions annuelles pour meffes & anniverfaires & les arrérages dus par Aimar d'Ambel. Parmi les prêtres de l'églife de Die fe trouvent Jean Ripert, Privat Illaire, Guillaume Reynier, &c.

Expédition notariée, parchemin, latin [VIII.

N° 554. 16 août [1472?].

Homologation par Catherine d'Ambel & Antoine Cornillon, père de Jeanne, de l'accord précédent, devant Pierre de Murat, prieur de Guignaife.

Inférée dans l'acte du 19 octobre 1471 [VIII].

N° 555. (XVIIIe fiècle.)

Tableau généalogique de la famille d'Ambel, commençant à Aimar, cotifé parmi les autres nobles du Trièves pour la conftruction du pont de Cognet, le 8 février 1507, & continuée jufqu'à Gafpard & Antoine, en 1667. En 1448, des membres de la famille figurent dans la révifion des feux de la province à Saint-Sébaftien en Trièves &, en 1473, Conftantin eft témoin d'une tranfaction entre Aimar & Ifabelle de Poitiers.

Copie n. f., papier, français [IX.

AMBROIS

N° 556. (XVIIIe fiècle.)

Tableau généalogique de la famille des Ambrois, commençant à Antoine & Perceval, nobles du bailliage de Briançon, en 1424, & finiffant à Louis, dit l'Étoile, demeurant à Bardonnèche, marié, le 19 février 1629, à Jeanne Beraud, qui obtint certificat de Dugué de repréfentation de fes titres nobiliaires, le 7 feptembre 1669.

Copie n. f., papier, français [I.

ANCEZUNE

N° 557. 11 avril 1619.

Contrat de mariage de noble Balthafar d'Ancezune, fils de feu noble Aymard & d'Emonde de Chambeaud, avec Lucrèce du Colombier, fille d'Odet & de Florie de Melat, dotée de la métairie de Simandres, de 1,500 & de 300 livres de linge; le futur lui donne 1,800 livres d'augment. Fait à Saint-Symphorien d'Ozon.

Une note affure que le domaine dotal ci-deffus ne fut tiré des tailles que par le mariage de Louife du Colombier avec noble André de Giraud, en 1628.

Expédition notariée, papier, français [I.

ANGELIN

N° 558. (XVIIIe fiècle.)

Tableau généalogique de la famille Angelin, dont le premier membre connu eft Jean d'Angelin, dit Affali, infcrit comme noble fur les rôles de l'arrière-ban en 1436 & maintenu noble par le parlement en 1490 ; Jean, le deuxième du nom, tefte, le 26 avril 1524, en faveur de Pierre; ce dernier a Antoine, marié, le 19 février 1574, à Benoîte de Chavez, &c. Symphorien demeurait à Faverges & fut maintenu noble, le 17 feptembre 1669, ainfi que Jean, fon frère.

Copie n. f., papier, français [I.

ANGÈRES

N° 559. (XVIIIe siècle.)

Tableau généalogique de la famille Angères. Noble Jacques d'Angères fut père d'Hector, seigneur de Saint-Bonnet & de Brufon, qui, le 31 juillet 1514, s'unit avec Françoise Arnulfe de Glatans. Imbert, fils d'Hector, chevalier de l'ordre du roi, testa, le 17 juin 1579, en faveur de Marguerite d'Albenas; Annet, frère d'Imbert, continua la postérité. Louis, Charles & Jean furent maintenus nobles les 27 août 1668 & 28 juin 1669.

Copie n. s., papier, français [1.

ANJOU

N° 560. (XVIIIe siècle.)

Extrait des notes de Moulinet. — En 1254, Hugues d'Anjou se rend caution de Guillaume de Beauvoir, chevalier, pour l'exécution d'un compromis avec Albert de la Tour. Guigues est aussi garant de Guillaume de Roussillon, évêque de Valence & Die, envers Guigues Alleman, & Aimar cautionne la dot de Sibille de Châteauneuf, femme d'Hugues Alleman.

Papier, français [1.

ARBALESTIER

N° 561. (XVIIIe siècle.)

Tableau généalogique de la famille Arbaleftier, mentionnant Eftevenot l'Arbaleftier, fervant le roi au camp de Bouvines, en 1339 & 1341, avec huit écuyers du pays de Bourgogne ; Colin l'Arbaleftier, gendarme de la compagnie d'Henri de Bar, en 1346 ; Geoffroy Arbaleftier, fergent d'armes du roi, en 1351 ; Jean, fecrétaire du duc de Berry, en 1413, &c., fans les rattacher à la famille dauphinoife de même nom. Elle commence avec Guigues, en 1275, exécuteur teftamentaire de Guigues Alleman, d'Uriage ; Pons habite Châteaudouble en 1332. Les derniers font Alexandre, Charles & Paul : Alexandre eft page du roi, puis capitaine & meftre de camp de cavalerie vers 1657 ; les deux autres font auffi officiers. La branche de Beaufort remonte à Louis, fils de Jean, qui vivait en 1447.

Copie n. f., papier, français [I.

N° 562. 1787.

Extrait du teftament de Pierre-Olivier-Vincent Mazade, dans lequel il lègue à fa femme tout fon mobilier & inftitue fes frères héritiers.

Copie n. f., papier, français [II.

N° 563. 13 juin 1787.

Ordonnance du préfidial de Valence, rendue fur l'expofé fait par le procureur du roi, enjoignant à Marie-Claudine de Bovet de fe trouver au domaine de Vercors & au fief de Merez pour la vérification des immeubles de la fucceffion de noble Pierre-Olivier de Vincent de Mazade, échue par fubftitution aux enfants mâles de M. de Saint-Vincent.

Expédition fignée, papier, français [III.

N° 564. 4 frimaire an VIII (1799).

Procuration donnée par Paul-Ifaac d'Arbaleftier-Montclar, de Loriol, pour réclamer les gages des domeftiques de feue Marie-Claudine Bovet, veuve Mazade, dont moitié de la fucceffion a été acquife à la République.

Original, papier, français [IV.

N° 565. 4 frimaire an VIII (1799).

Lettre de M. d'Arbaleftier-Montclar, expliquant ce qui lui eft dû par la nation dans l'hoirie de Mme veuve Mazade, dont le total eft de 2,007 livres.

Autographe, papier, français [V.

ARBON

N° 566. (XVIIIe fiècle.)

Tableau généalogique de la famille d'Arbon. L'auteur, fans les rattacher à celle de Dauphiné, cite plufieurs perfonnages des XIVe, XVe & XVIe fiècles, comme Jean, de Châtillon en Lyonnais, qui fervait le roi avec fix écuyers en 1340, un autre Jean, écuyer du comté de Savoie, en 1355; un gendarme du duc de Bourgogne, en 1420, &c. Les d'Arbon du Dauphiné commencent avec Telmon, qui vivait en 1444; il époufa Alix de Bénéfice de Cheylus & fut père d'Antoine. Parmi leurs defcendants, Balthafar, feigneur d'Efpenel, fut maintenu noble par l'intendant de Sève & mourut en 1637, laiffant Charles, Alexandre & Céfar, dont Dugué reconnut la nobleffe, le 24 avril 1669.

Copie n. f., papier, français [I.

N° 567. (XVIIIe fiècle.)

Jean d'Arbon, intendant de Le Tellier, fecrétaire d'Etat, fut anobli par lettres de février 1650, enregiftrées en 1655 & 1660, & confirmées en décembre 1664 & juillet 1665; il eut plufieurs enfants au fervice de Louvois.

Copie n. f., papier, français [II.

ARCES

N° 568. 19 septembre 1345.

Conventions entre nobles Artaud & Soffreyon d'Arces, damoiseaux, fils de feu Soffrey, portant donation réciproque de tous leurs biens meubles & immeubles, au cas où l'un d'eux mourrait sans enfants mâles. S'il laissait une fille, le frère héritier de l'autre frère serait tenu de la marier ou de la conduire au couvent (*seu in ordinem conducere*), au moyen d'une dot de 500 florins d'or. Saramande, leur mère, aurait une existence assurée & convenable, & si Soffreyon revenait de son voyage, les conventions seraient de nul effet.

Original, parchemin, latin [I.

N° 569. 6 janvier 1384.

Lettres de Charles de Bouville, gouverneur du Dauphiné, donnant ordre au châtelain de Voreppe de faire renouveler les reconnaissances du roi dauphin. Données à Grenoble.

En tête de l'acte du 4 janvier 1385 [II].

N° 570. 4 janvier 1385.

Reconnaissances de censes par noble & puissant Artaud d'Arces, chevalier, au roi de France, dauphin de Viennois : 7 bichets de blé dus par Charrière & les mariés Peilhon pour terres à Voreppe, 14 sols pour terres voisines de celles qu'ils tiennent du prieur de Voreppe & du Chalais, &c.; Artaud possède ces censes par suite d'un échange avec Didier de Brène, chevalier, & il est tenu à réquisition de fournir au roi dauphin la moitié d'un homme armé.

Original, parchemin, latin [II.

N° 571. 1458.

Extrait de la révision des feux dans le Trièves, signalant à Saint-Guillaume des hommes de nobles Claude d'Arces, Raymond Armand, de la paroiſſe de Saint-Paul, & Claude Ricon (*Riconis*), de Saint-Andéol.

Copie authentique, papier, latin [III.

Nº 572. 26 juin 1495.

Teſtament de noble Françoiſe de Paladru, femme de noble Philibert d'Arces, ſeigneur de la Bâtie, en faveur d'Antonie de Paladru, ſa ſœur, femme de Rodolphe de Theys, ſeigneur de Sillans, avec ſubſtitution pour Aimar & Claude de Theys, ſes fils. Elle lègue à ſon mari 200 florins & l'uſufruit de l'augment de ſa dot, veut être enſevelie à Condrieu & donne 200 florins pour l'entretien de la chapelle du lieu, &c. Fait à Sillans.

Expédition notariée du temps, parchemin, latin [IV.

Nº 573. 21 novembre 1520.

Échange entre Brunet, châtelain de Saint-Maurice-en-Trièves, mandataire de noble & puiſſant Philibert d'Arces, ſeigneur du mandement de Saint-Maurice, & Guigues Romain ; ce dernier cède ſon moulin, dit de Galand, & Brunet une terre à Chambon & une autre en Vuol. — Suivis d'actes entre particuliers du Trièves : Amalric, Perin, Oddoz dit Boniod, Targe, &c.

Minute du notaire Perrin, cahier de 11 ff., papier, latin [V.

Nº 574. 18 décembre 1531.

Approbation donnée par Antoine d'Arces, curé de Réaumont, « accenſeur des cenſes de noble Humbert d'Arces », à l'échange d'immeubles paſſé entre Pogier, notaire de Domène, & Victet ; ce dernier avait eu une maiſon de la directe ſeigneurie d'Humbert d'Arces.

Expédition notariée du temps, parchemin, français [VI.

Nº 575. 24 mai 1541.

Bail emphytéotique paſſé par Antoine d'Arces, curé de Réaumont, au nom d'Humbert d'Arces, écuyer, ſeigneur de Réaumont, à Guichon, de Lumbin, de 12 ſetérées « de gleyres & layſées de l'Iſère », aux Iles de Lumbin, ſous le cens annuel de 3 quartes d'avoine & moyennant 12 florins d'introges.

Expédition notariée du temps, parchemin, français [VII.

N° 576. 21 juillet 1549.

Proviſions de l'office de juge de Licieu, données à Mellier, licencié ès-lois, par Jean d'Arces, ſeigneur de la Bâtie & de Licieu, aux gages, droits & profits accoutumés.

Original, parchemin, français [VIII.

N° 577. 5 juillet 1556.

Teſtament de noble & puiſſant Humbert d'Arces, ſeigneur de Réaumont & Montagnieu, par lequel il inſtitue héritier univerſel ſon fils Jean, lègue la maiſon forte de Montagnieu & ſes meubles à Louiſe de la Poype, ſon épouſe, avec les revenus du château de Réaumont & d'une maiſon forte près de Grenoble; donne la maiſon forte de Domène à Chriſtophe, ſon fils, 200 livres tournois à Claude, ſon autre fils, qui a beaucoup dépenſé pour ſes études & pour ſes bénéfices à l'Ile-Barbe, Vizille & Saint-Chef; aſſure 120 livres à Jeanne, ſa fille, religieuſe à Saint-Paul, 50 à Louiſe, religieuſe à Sainte-Claire de Vienne, & 200 livres à Catherine, ſon autre fille, mariée à noble Gabriel de la Poype, ſeigneur de Saint-Jullin, &c.

Expédition du XVIIe ſiècle n. f., papier, français [IX.

N° 578. 8 février 1565.

Donation entre vifs par Joffrey d'Arces, doyen de Saint-Maurice de Vienne, à noble Jean d'Arces, ſeigneur de Réaumont, ſon neveu, « en conſidération des curialites, plaiſir, chouſes & merites agreables que luy ſont faicts continuellement », de tous ſes biens, droits & actions ſur les ſucceſſions de Louis d'Arces & Catherine Machy, ſes père & mère, & d'Humbert d'Arces, ſon frère.

Expédition notariée, parchemin, français, ſignée par Baro, juge du Graiſivaudan, & d'Arzag, vi-bailli de St-Marcellin, en 1565 [X.

N° 579. 20 décembre 1574.

Arrêt du parlement de Grenoble, rejetant l'appel interjeté par

Catherine d'Arces, dame de Réaumont, pour Alix d'Eſtoard, veuve de Chriſtophe d'Arces, du jugement du vi-bailli de Graiſivaudan, qui condamne ladite Alix à payer 102 écus dus par obligation du 20 ſeptembre 1568 à Sébaſtienne Pilla, veuve de noble Jacques de Francoz.

Expédition authentique du temps, parchemin, français [XI.

N° 580. 4 mai 1576.

Sentence arbitrale rendue par nobles André Porte, ſeigneur de l'Arthaudière et Saint-Lattier, Gaſpard de Vallin, ſeigneur de Château-vilain, Artus Saurel, ſeigneur de Verdache, Mes Zacharie Firmin, auditeur aux comptes, Antoine A...oud, ſeigneur de Seyſſins, Hugues de Vallambert, Claude Chappuis, ſieur de Bergondières, & Jean Acquin, docteur; ils obligent Gabriel de la Poype, ſeigneur de Saint-Julien, lieutenant de 50 hommes d'armes de Maugiron & mari de Catherine d'Arces, dame de Réaumont, à payer le huit et tiers pour cent d'une ſomme de 2,200 livres tournois à Jean & Lévy d'Arces, & ceux-ci, ainſi que Françoiſe de Bologne, leur mère & tutrice, veuve de Claude d'Arces, à ſe déſiſter du procès commencé au ſujet du fidéicommis ſtipulé au teſtament de Louis d'Arces, du 24 juillet 1500, & à abandonner leurs droits au ſieur de Saint-Julien.

Expédition notariée, parchemin, français [XII.

N° 581. 7 mai 1576.

Requête au parlement de Grenoble par Gabriel de la Poype, pour avoir homologation de l'accord précédent.

Papier ſigné, français [XIII.

N° 582. 7 mai 1576.

Arrêt du gouverneur du Dauphiné, portant homologation de l'accord du 4 mai 1576.

Expédition authentique, parchemin, français [XIV.

N° 583. 29 mai 1592.

Autre arrêt du même parlement, déclarant bien intervenues « les forcluſions à faute de produire » obtenues par noble Jean d'Arces, demandeur en entérinement de lettres royaux, contre Gabriel de la Poype, ſeigneur de Saint-Jullin, capitaine de 50 hommes d'armes, au ſujet de l'ouverture de la ſubſtitution ſtipulée dans le teſtament de noble Louis d'Arces.

Expédition du temps, parchemin, français [XV.

N° 584. 17 mars 1593.

Autre arrêt du même parlement, déclarant ouverte la ſubſtitution portée au teſtament de noble Louis d'Arces, du 24 juillet 1506, au profit de noble Jean d'Arces, par ſuite du décès ſans enfants de nobles Jean & Chriſtophe d'Arces ; ce même arrêt condamne noble Gabriel de la Poype, ſieur de Saint-Jullin, à lui délivrer les biens ſujets au fidéicommis, malgré la tranſaction du 5 mai 1576, d'après laquelle Françoiſe de Bologne, mère & tutrice de Jean d'Arces, avait renoncé au procès de la ſubſtitution, moyennant 2,200 livres. Il y eſt fait mention d'une autre tranſaction, du 3 mai 1565, entre Claude d'Arces & Jean & Chriſtophe d'Arces ; du mariage de Claude d'Arces avec Françoiſe de Bologne, du 12 octobre 1561 ; du teſtament de Claude en faveur de Jean & Louis d'Arces, du 19 août 1566, &c.

Expédition notariée du temps, parchemin, français [XVI.

N° 585. 7 juillet 1593.

Autre arrêt du même parlement, qui ordonne la miſe en poſſeſſion des biens adjugés à noble Jean d'Arces, par l'arrêt du 17 mars 1593 [n° 584].

Expédition du temps, parchemin, français [XVII.

N° 586. 9 juin 1595.

Autre arrêt dudit parlement, qui renvoie nobles Jean d'Arces & Gabriel de la Poype, ſieur de Saint-Jullin, devant le roi, « pour rapporter déclaration de ſon bon playſir & intention » touchant ſes lettres & édit. Gabriel de la Poype avait obtenu de Sa Majeſté, le 14 février 1595, des lettres qui lui permettaient de jouir des déclarations faites à propos de la réduction des villes de Paris, Rouen, Orléans, &c., en faveur de tous abſents du parti contraire n'ayant pu défendre leurs cauſes en temps opportun. Il y eſt fait mention d'un traité conclu entre Leſdiguières, lieutenant général en l'armée de Dauphiné, affifté du préfident de Buffevent & du confeiller de Virieu, d'une part, & le fieur de Saint-Jullin, capitaine de 50 hommes d'armes, commandant de Quirieu, Crémieu & Moreftel; de mémoires de Gabriel expliquant fa conduite: le motif qui l'avait porté à prendre le parti du duc de Nemours était « le peu d'eftat qu'on faifoyt des articles à lui accordez », &c.

Expédition du temps, parchemin, français [XVIII.

N° 587. Février 1699.

Preuves de la nobleffe de Louife d'Arces, préfentée à Saint-Cyr. Elles comprennent l'analyfe : de l'extrait de baptême de ladite Louife, à Domène, le 18 octobre 1688, fille de noble Louis, capitaine d'infanterie & de Françoife de Prefle de Pélegrin; du contrat de mariage de fes père & mère, du 13 octobre 1684; du contrat de mariage d'Etienne, père de Louis, avec Lucrèce Le Maître, du 24 juin 1659; de celui d'Alexandre, père d'Etienne & fils de Jean, avec Bonne de Francon, du 29 novembre 1630; de celui de Jean, feigneur de la Marette, avec Claude de Bérenger, du 27 avril 1597; de celui de Claude, père de Jean & fils d'Humbert, avec Françoife de Bologne, du 12 octobre 1561, &c.

Copie n. f., papier, français [XIX.

N° 588. XVIIe fiècle.

Notes tirées de la chambre des comptes de Grenoble. — En 1339, Soffrey d'Arces, chevalier, bailli de Briançon, reçoit quittance de fommes dues au comte de Savoie par Humbert II, dauphin; en 1278, Guigues Morard d'Arces, fils d'Hugues, rend hommage à Pierre Auruce, &c.

Copie n. f., papier, français [XX.

N° 589. Novembre 1770.

Extraits faits par d'Hozier des minutes des notaires Antoine & Etienne Maffon. Mention y eft faite d'une vente d'héritages, le 15 avril 1399, par noble François d'Arces, damoifeau, à noble & puiffant Artaud d'Arces, chevalier; du teftament de noble Soffrey d'Arces, fait le 3 mai 1439, où il nomme Artaud, fon père, & Françoife de Vienne, fa mère, & Guigonne d'Efparron, fa femme,

& Françoise du Molar, son épouse en secondes noces; Claude, son neveu, fils de Pierre; Artaud, prieur de Champ, & Périllon, ses frères, &c.

Original signé, papier, français [XXI.

N° 590. XVIIIe siècle.

Tableau généalogique de la famille d'Arces, ainsi appelée d'un château au mandement de Montbonnod. Il commence à Louis, qui vivait en 1160 & épousa Anfélize de Châteauneuf; Guiffreyde ou Geoffrée, leur fille, s'unit avec Hugues Morard d'Arces, de Theys, son cousin, en 1216. De cette alliance vinrent: 1° Guigues, seigneur d'Arces; 2° Hémond, tige de la branche de Domène; 3° Henri, auteur de la branche de Morard, &c. Guigues est le père de Hugues & celui-ci de Morard, de Jean, &c.; Morard a Louis, qui épouse Béatrix d'Avalon & Antoinette de Leuczon, & Artaud, tige de la branche de Crest & de Saint-Ismier. Hugues, fils de Louis, forme la branche des seigneurs de la Bâtie, dont sortirent Antoine, dit le chevalier Blanc, & Guy, baron de Livarrot, &c.

Copie n. s., papier, français [XXII.

N° 591. XVIIIe siècle.

Mémoire généalogique sur la maison d'Arces, une des plus anciennes & des plus illustres de Dauphiné. Au XIIIe siècle, elle se divise en deux branches avec Guigues & Aimon. — De Guigues descendent, entre autres personnages illustres, Jean, archevêque de Tarentaise, créé cardinal en 1449; Antoine, dit le chevalier Blanc, seigneur de Licieu & de Livarrot, premier baron de Normandie, capitaine de 500 hommes de pied, lieutenant-général du royaume d'Ecosse, dont le petit-fils fut favori d'Henri III; François, seigneur de Saint-Maurice, gouverneur d'Exilles. Cette branche finit avec Jean d'Arces, seigneur de la Roche-de-Glun & gouverneur de Crest. — D'Aimon, marié, en 1289, avec Ambroise de Beaumont, vint Soffrey, chevalier, seigneur de Domène, La Pierre & Réaumont, conseiller des dauphins, chargé par Isabelle de France de réclamer ses droits & par Humbert II, dauphin, de conduire des troupes au roi de France. Il fut père de Soffrey, Louis, Jean, Pierre & Artaud. Ce dernier épousa Eynarde de Leuczon & eut Guigues, père d'un autre Artaud, dit Vachon, seigneur de Domène & Réaumont, qui s'allia avec Françoise d'Arces, fille de Louis, feigneur de la Bâtie. Louis, feigneur de Domène & Réaumont, a de Guigonne du Fay, Louis, colonel d'infanterie, auquel Catherine Machy donne Humbert, Claude, archevêque d'Embrun, &c.; Humbert époufe Louife de la Poype & a Chriftophe, mari d'Alix Stuard, & Claude allié avec Françoife de Bologne, le 12 octobre 1561, &c.

Copie n. f., papier, français [XXIII.

N° 592 XVIIIe fiècle.

Notes de Moulinet, tirées des protocoles de Terrier, notaire. Elles mentionnent : le teftament, du 22 février 1491, de noble Sibuet d'Arces, qui élit fa fépulture à Saint-Ifmier, laiffe l'ufufruit de fes biens à Françoife de Theys, fa femme, & fait héritier Claude, fon fils; le teftament de Françoife Bochard, veuve de puiffant Claude d'Arces, en faveur de Claude, fon fils, &c.

Copie n. f., papier, français [XXIV.

ARGOUD

N° 593. 3 juin 1651.

Acte baptiftaire de Pierre-Jofeph Argoud, fils de Jofué & d'Anne de Colon, à Annonay.

Extrait certifié par Juft-Louis de Serres, lieutenant-général à Annonay, le 18 nov. 1698, papier, français [I.

N° 594. XVIIIe fiècle.

Tableau généalogique de la famille Argoud, mentionnant Aymon Argo, à Albon, en 1262; Bermond, Pons & Richard, nobles & poffeffeurs de fiefs à Moreftel, en 1339; Pierre, qui fait hommage au dauphin en 1334; Lantelme, auditeur des comptes, fous Humbert II, en 1345, père de Jean & de François, &c. La filiation n'eft fuivie qu'à partir de Maurice, capitaine au régiment d'Auvergne, en 1690.

Copie n. f., papier, français [II.

ARLANDES

N° 595. XVIIIe siècle.

Tableau généalogique de la maison d'Arlandes, commençant à Hugon, qui vivait en 1330. Guillaume, seigneur de Concoules, testa en 1430, en faveur de François, son fils, à partir duquel la filiation est établie jusqu'à Antoine & François, son fils, d'Anneyron, maintenu par Dugué, le 12 juillet 1667. Daniel, fils de Jean, forme une branche, dont venait Louis, sieur de Concoules, demeurant à Montélimar, maintenu par Dugué le même jour.

Copie n. s., papier, français [I.

ARMAND

N° 596. (Vers 1606.)

Mémoire d'avocat pour obtenir l'entérinement des lettres de réhabilitation de Pierre d'Armand, sieur de Lus, & de Daniel d'Armand, sieur de Saléon, conseiller au parlement de Dauphiné. On y rappelle que, le 5 mars 1443, Pierre d'Armand, noble à Grisail sur Saint-Paul-en-Trièves, testa en faveur de Raymond, son fils, avec un legs de 500 florins à Antoine, son autre enfant; que Raymond fit souche à Grisail & qu'Antoine alla se fixer à la Baume-des-Arnauds, où il testa, le 2 juin 1513, au profit de Pons & d'Isnard; qu'Isnard, le 7 décembre 1529, disposa de ses biens au profit de Julien & de Giraud, ses fils, & légua 300 florins à Raymond; que Pierre & Daniel descendent de Raymond.

Copie authentique, papier, français [I.

N° 597. (Vers 1606.)

Mémoire des consuls de Varces, contestant la noblesse de sang aux sieurs de Saléon & de Lus, & s'opposant à l'entérinement de leurs lettres de réhabilitation : ils trouvent les titres produits beaucoup trop privés & intimes & les témoignages des enquêtes insuffisants, &c.

Copie authentique, papier, français [II.

N° 598. (Vers 1606.)

Autre mémoire d'avocat pour les sieurs de Lus & de Saléon, réfutant les objections des consuls de Varces contre leur noblesse : ils avaient argué de la qualité de châtelain donnée à Pierre ; mais cette fonction n'anoblit point & ne rend point « plebée » ; ils avaient trouvé un Pierre à Saint-Guillaume & un autre à Grisail : mais c'était la même personne, &c.

Copie authentique, papier, français [III.

N° 599. 25 juin 1607.

Transaction entre Pierre-André de Léberon, évêque & comte de Valence & Die, & noble Pierre d'Armand, seigneur & baron de Lus & Beaurières, mettant en commun, par moitié, tous leurs droits de seigneurie & de juridiction sur Valdrôme, les Prés, la Bâtie-des-Fonts, la Valette & pâturages de Beaurières, pour éviter toute difficulté, car Valdrôme appartient en pariage aux parties & à noble Fortuné Renard, sieur de Saint-Auban. Il est réglé que tout sera géré en commun & partagé ensuite ; que pour la justice, l'évêque & Pierre d'Armand la feront exercer une année à tour de rôle ; que l'évêque se réserve une cense de 180 ras de gros blé servie par le commandeur & le haut fief & l'hommage noble. Fait à Valence.

Expédition notariée, papier, français [IV.

N° 600. 11 avril 1615.

Vente par noble Jean d'Armand, seigneur & baron de Luz, à Florent de Reynard, seigneur de Saint-Jullien, premier président en la chambre des comptes de Grenoble, mari de Marguerite d'Armand, des terres & juridictions de Rochebrune, Linseuil, Esparron, droits de Rocheblave & priviléges de Sainte-Jalle, avec les domaines, maisons, prés, bois, corvées & droits, confrontant les terres d'Ollon, Benivay & Beauvoisin, restantes au vendeur, pour le prix de 34,000 livres, avec faculté de rachat pendant dix ans. Fait à Saléon, devant noble Jean Le Blanc, seigneur de Portes.

Expédition notariée du temps, papier, français [V.

N° 601. 6 mai 1618.

Transaction entre les consuls & habitants de Benivay & Beauvoisin, d'une part, & noble Jean d'Armand, seigneur de Lus, Ollon, Benivay & Beauvoisin, obligeant ledit seigneur à cause des biens de Justine Martin, veuve de noble Jean de Remuzat, docteur en droit & seigneur des mêmes terres, à payer pour sa part des dettes communales 1,000 écus à M. d'Entraigues. Il est stipulé, en outre, que d'Armand décharge les communautés de l'argent & de l'huile d'olive dus à Justine Martin & à Esprite de Remuzat, dame de Lus, & des dépens d'un procès intenté à Mme de Beauvoisin; & que, de leur côté, les consuls & habitants exonèrent M. & Mme de Lus de toute part de leurs dettes communales & leur promettent le remboursement de 50 écus prêtés pour payer Lesdiguières. Fait à Beauvoisin.

Expédition notariée, papier, français [VI.

N° 602. 15 septembre 1618.

Quittance par illustre seigneur Splendian de Montmorency, seigneur du Halier, Entraigues, &c., capitaine de 50 hommes d'armes des ordonnances du roi, à noble Jean d'Armand, baron de Lus, seigneur de Rochebrune, &c., de la somme de 3,000 livres sur les 3,129 que la communauté de Benivay & Beauvoisin lui devait par sentence du conseiller Baro, député à la vérification & réduction des dettes communales, du 22 avril 1614. Fait à Beauvoisin, dans la maison du seigneur de Lus, acquittant sa quote-part des dettes communales.

Expédition notariée, papier, français [VII.

N° 603. 18 avril 1621.

Procuration de nobles Jacques & Abel d'Armand, à Guy, avocat à Die, pour se départir des oppositions par eux formées aux exécutions que Mme de Senas a fait commencer.

Copie n. s., papier, français [VIII.

N° 604. 20 juillet 1623.

Contrat de mariage de noble Hector de Jouven, sieur du Fain, fils de Guillaume, sieur de l'Échaillon, avec Isabeau d'Armand, fille de Daniel, conseiller au parlement de Grenoble, & de Françoise de Gaillard de Nicat, dotée de 3,000 livres & de 1,500 d'augment.

Expédition notariée du temps, papier, français [IX.

N° 605. 20 juin 1626.

Testament de noble André d'Armand, sieur de Lus-la-Croix-Haute, par lequel il institue héritiers universels par égales parts nobles Jean, seigneur de Lus, & Abel, seigneur d'Artemale, ses frères; lègue aux pauvres de la vallée de Tourène 600 livres, à noble Jacques, seigneur de Gresse, 15 livres, à Pierre, sieur de Saint-Roman, son autre frère, pareille somme, ainsi qu'à chacune de ses trois sœurs, « qu'il n'a voullu nommer pour certaines considérations », à Louis de Lamorte 1,200 livres, au capitaine Pierre Lacombe 1,200, à Charles du Boys 1,200, &c. Fait à Heusden.

Expédition notariée, papier, français [X.

N° 606. 4 mars 1630.

Testament de Marie de Sarrazin, femme de noble Abel d'Armand, « seigneur d'Artemalle & des Herbes, » en faveur de son mari, avec substitution au profit de Pierre, son fils aîné, & legs à Pierre, Abel, Alexandre, &c. Elle choisit sa sépulture dans l'église Saint-Jacques de Valgaudemar.

Expédition notariée, papier, français [XI.

N° 607. 1er mars 1636.

Délaissement d'héritage par Jean d'Armand, seigneur de Lus, à Pierre, son fils aîné, seigneur de Beauvoisin; en considération du mariage de celui-ci avec Marguerite Renard, il lui abandonne le droit de fidéi-commis & héritage de Pierre d'Armand, tout comme si le cas de fidéi-commis était échu.

Expédition authentique, papier, français [XII.

N° 608. 3 juillet 1636.

Requête au vi-bailli de Graisivaudan par noble Jacques d'Armand, seigneur de Gresse, pour obtenir une enquête sur les intentions & volontés dernières de noble Pierre, son frère, sieur de Saint-Roman;

ſuivie d'une ordonnance de Denys de Salvaing de Boiſſieu, écuyer, vi-bailli du Viennois, lieutenant-général civil & criminel au ſiége préſidial de Graiſivaudan.

Original, papier, français [XIII.

N° 609. 12 juillet 1636.

Procès-verbal d'enquête ſur les dernières volontés de Pierre d'Armand, ſeigneur de Saint-Roman, en faveur de Jacques d'Armand, ſeigneur de Greſſe, ſon frère. Nobles Charles de Paſſéat, Antoine de Jouven, ſieur de Lachau, & Hector de Jouven, ſieur du Fain, atteſtent que Pierre leur a déclaré vouloir donner ſes biens à ſon frère Jacques.

Expédition authentique du temps, papier, français [XIV.

N° 610. 15 février 1638.

Procuration (en blanc) par noble Pierre d'Armand, ſeigneur de Beauvoiſin, pour intervenir au procès pendant entre M. & Mme de Senas & Jean d'Armand, ſeigneur de Lus, Jacques, ſeigneur de Greſſe, & Abel, ſeigneur d'Artemale.

Expédition authentique, papier, français [XV.

N° 611. 16 février 1638.

Émancipation, devant le juge de Beaurières, de Pierre d'Armand, ſeigneur de Beauvoiſin, par Jean, ſeigneur de Lus, ſon père.

Expédition notariée, papier, français [XVI.

N° 612. 11 mai 1638.

Déclaration faite par Pierre d'Armand, écuyer, ſeigneur de Beauvoiſin, de ne pas ſe prévaloir à l'encontre de Jacques, baron de Greſſe, ſon oncle, & du ſieur d'Artemale, ſon frère, du fidéi-commis ſtipulé au teſtament de Pierre, baron de Lus, ſon aïeul, dans ſon intervention en l'inſtance contre M. & Mme de Senas, évoquée du parlement de Grenoble à la chambre de l'édit de Paris.

Expédition authentique, papier, français [XVII.

N° 613. (Vers 1638.)

« Factum du procez de Pierre d'Armand, efcuyer, fieur de Beauvefin, demandeur en intervention fuivant la requefte préfentée à la cour, le 8 mars 1638, contre Baltazar de Jarente, efcuyer, baron de Senas, Jean d'Armand, baron de Lus, & Jacques & Abel d'Armand, fieurs de Greffe & d'Artemale, défendeurs. » Trois queftions y font examinées : le demandeur eft-il appelé au fidéi-commis? S'il l'était, la reftitution faite lors de fon mariage eft-elle valable au préjudice des créanciers du fieur de Lus? A-t-il pu hypothéquer à fes créanciers les biens du fidéi-commis? La réponfe aux deux premières eft affirmative & négative pour la troifième.

Imprimé in-4°, 6 pages, papier, français [XVIII.

N° 614. (Vers 1638.)

« Factum pour Jacques & Abel d'Armand, efcuyers, frères, fieurs de Greffe & d'Artemale, défendeurs, contre Pierre d'Armand, efcuyer, fieur de Beauvoifin, intervenant en enterinement de lettres royaux contre Baltazar de Gerente, efcuyer, fieur & baron de Senas, mary de dame Juftine Alemand, deffendeur ». Il s'agit du rembourfement d'une fomme de 8,000 livres adjugée par une fentence de 1621 à Mme de Senas.

Imprimé in-4°, 8 pages, papier, français [XIX.

N° 615. 28 août 1638.

Arrêt de la chambre de l'édit de Paris, rejetant l'appel de Jean d'Armand, fieur & baron de Lus, héritier bénéficiaire de Gafpard, fon frère, écuyer, fieur d'Armand, & ordonnant l'exécution de la fentence du 16 avril 1621 qui affecte & hypothèque les biens de Pierre & Gafpard d'Armand, & fpécialement la terre de Beaurières, au payement de ce qui refte dû au fieur de Jarente fur les 80,000 livres adjugées à Juftine Allemand du Puy, fa femme, veuve de Gafpard d'Armand & mère & héritière de Lucrèce d'Armand.

Copie n. f., papier, français [XX.

N° 616. 27 février 1650.

Quittance par noble François d'Armand, fieur de Chamaloc, à

noble Jacques d'Armand, baron de Greffe, d'une somme de 2,000 livres, due par contrat du 13 juillet 1642. Caillat de Grenoble, qui prête les 2,000 livres, reçoit les droits & actions de François contre le baron de Greffe & Jean d'Armand, seigneur de Lus, sauf les sommes cédées à René d'Engilboud pour la vente du fief de Sérionne.

Expédition notariée, papier, français [XXI.

N° 617. 20 juin 1653.

Cautionnement par le mandataire de noble Pierre d'Armand, sieur des Herbeys, de la somme de 40,000 livres pour noble Jacques d'Armand, seigneur de Greffe, au profit de noble Jacques d'Armand, seigneur de Rochebrune, se disant héritier testamentaire de Jean d'Armand, sieur de Lus.

Expédition notariée du temps, papier, français [XXII.

N° 618. 4 août 1657.

Sentence arbitrale rendue par Ausannet, Langlois & Lesage, avocats, portant, en ce qui concerne l'office de trésorier de l'extraordinaire des guerres vendu à Jacques d'Armand, baron de Greffe, par Jean d'Armand, père de Pierre, baron de Lus, le 16 septembre 1619, que le prix, soit 50,000 livres, touché par le sieur de Greffe, lors de la suppression dudit office, fait partie des biens compris aux fidéi-commis de Pierre & Gaspard d'Armand, père & fils, aïeul & oncle du sieur de Lus, & ouvert à son profit, avec intérêts; que la succession de Jean d'Armand doit garantir le sieur de Greffe de la susdite adjudication, &c.

Expédition notariée, papier, français [XXIII.

N° 619. 3 septembre 1660.

Accord entre nobles Jacques d'Armand, baron de Greffe, & Pierre d'Armand, baron de Lus, par lequel ce dernier cède à Jacques tous ses droits sur les domaines de Fontany, Pelissières & Vigne, de Die, promet de lui payer 5,000 livres & lui abandonne la jouissance viagère de tout le revenu du Grand Logis, &c.; de son côté, le sieur de Greffe remet & transporte au sieur de Lus toutes les sommes, adjudications & prétentions qu'il a & peut avoir sur les biens de Pierre, Gaspard & Jean d'Armand.

Expédition notariée, papier, français [XXIV.

N° 620. (XVIIe siècle.)

Extrait de la révision des feux de 1458 faite par ordre de Louis de Laval, seigneur de Châtillon, gouverneur de Dauphiné, dans le Trièves, signalant à Saint-Guillaume des hommes de noble Claude d'Arces, noble Raymond Armand, de la paroisse de Saint-Paul, & Claude Ricon (*Riconis*), de Saint-Andéol.

Copie authentique, papier, latin [XXV.

N° 621. (XVIIIe siècle.)

Tableau généalogique de la famille d'Armand, commençant à Pierre, compris comme noble dans la révision des feux de Grisail, paroisse de Saint-Paul-en-Trièves, en 1428. Il présente la filiation des branches de Grisail, de Lus, d'Artemale, &c.

Copie n. s., papier, français [XXVI.

ARMINVILLE

N° 622. (XVIIIe siècle.)

Tableau généalogique de la famille d'Arminville, originaire de Champagne, commençant à Léon qui testa en 1537. Charles, sieur de Chaffardon, de Grignon, près Pontcharra, capitaine d'infanterie en 1655, présenta ses titres à l'intendant Dugué & obtint de lui certificat de cette production, le 15 avril 1670.

Copie n. s., papier, français [I.

ARMUET

N° 623. 27 mai 1618.

Traité entre Françoise de Saint-Marcel d'Avançon, dame de Bonrepos, mère de Charles Armuet, & François Armuet, doyen de la cathédrale de Notre-Dame de Grenoble, frère de Charles, avec Blanche d'Autric de Vingtimille, veuve du même Charles, par lequel il est alloué à ladite Blanche 36,000 livres tournois pour sa dot & son augment de dot, 750 livres pour ses joyaux, outre le logement & les legs portés au testament de son mari, du 28 mars 1617. Dans son contrat de mariage, Blanche avait reçu 24,000 livres de dot, 1,200 de robes, 12,000 d'augment & 2,400 de joyaux & bagues. Elle est assistée d'Honorade de Simiane, dame de Saint-André, de Jean-Baptiste de Simiane de La Coste, seigneur de Montbives, son oncle, de Laurent Prunier, son cousin, de Philippe de Vincens de Causans, son beau-frère.

Expédition notariée, papier, français [I.

N° 624. (XVIIe siècle.)

Tableau généalogique de la famille d'Armuet. Guillaume, seigneur de Bonrepos, vivait en 1500. Jean, son fils, continua la postérité.

Copie n. s., d'une note de du Fourni, papier, français [II.

N° 625. (XVIIe siècle.)

Extrait du procès-verbal des preuves de noblesse de Joseph-Melchior de Vallin, chanoine de Saint-Pierre de Macon, mentionnant un brevet de commandant des troupes de Sa Majesté, sous de Gordes, donné par le roi à Louis Armuet de Bonrepos, le 16 janvier 1577.

Copie n. s., papier, français [III.

N° 626. (XVIIe siècle.)

Autre généalogie de la maison d'Armuet, commençant avec noble Martin, cité dans le testament de son fils, du 21 mars 1494. Guillaume, auditeur en la chambre des comptes de Grenoble, teſta le 1er décembre 1470, le 1er juillet 1482 & le 21 mai 1494, en faveur de Martin, Antoine & Jean, ſes enfants. Jean s'unit avec Jeanne Flotte, & eut de grands emplois dans le parti catholique & mourut vers 1563. Louis, ſon fils, lieutenant-général du roi dans les montagnes du Dauphiné, épouſa, le 9 novembre 1570, Françoiſe de Saint-Marcel d'Avançon, fille de l'ambaſſadeur à Rome, & laiſſa François, Claude, Guillaume, Charles, &c.

Copie n. ſ., papier, français [IV.

ARTAUD

N° 627. 29 mai-19 août 1310.

Enquête ſur les limites du mandement de Lus, du côté du Trièves, pour noble Guillaume Artaud, ſeigneur de Glandage & de Lus, d'après laquelle ledit mandement s'étend de l'extrémité du bois de l'Aye au ſommet du mont Rongons, de là deſcend par le milieu du ruiſſeau juſqu'au rif Bruenc & monte par Rieuſſet juſqu'au Rochas Andolay; Artaud a un droit de ban (amende) ſur ceux qui coupent les bois compris dans ce territoire; les habitants de Lus ont droit de pacage juſqu'à la combe du Mas, &c.

Inſérée dans l'acte du 11 février 1337 [I].

N° 628. 11 février 1337 (v. ſ.).

Tranſcription demandée à l'official de Die par nobles Raynaud & Raymond de Montauban, chevaliers, ſeigneurs de Lus (*de Lunis*), en leur nom & à celui de puiſſant Guillaume Artaud, chevalier, ſeigneur de La Val Beauchêne & co-ſeigneur de Lus, d'une enquête de 1310 ſur les limites de Lus, à cauſe du péril des inondations & d'autres dangers imminents.

Original, parchemin, 2 peaux, latin [I.

N° 629. 22 janvier 1372.

Compromis entre puiſſant Guillaume Artaud, ſeigneur d'Aix & de Recoubel (Recoubeau), & les doyen & chapitre de Die, nommant Evrard des Eſchallons & noble Jean de Calvie, bourgeois de Valence, arbitres de leur différend ſur la propriété de la Touche ou île de Gontard « jouxte le terroir de Luc, le terroir de Menglon », &c.

Inféré dans l'acte du 24 ſuivant [II].

N° 630. 24 janvier 1372.

Sentence arbitrale portant que l'île de Gontard relèvera de Recoubeau pour la juridiction, que les hommes de Menglon pourront y paſſer avec leurs troupeaux pour aller à l'eau de la Drôme & y prendre les verges & bâtons néceſſaires aux pâtres ; que l'île de Gofredi de Reutors près du Bez & d'autres terres voiſines feront du territoire de Menglon, avec juridiction, ſous certaines réſerves ; que Bonis, de Malveſan, pour ſes biens audit lieu, payera annuellement 4 quartaux de vin à la confrérie de Recoubeau. Fait à Die, devant nobles Guigues de Gérie, Lantelme Reynard, &c.

Copie n. ſ., papier, français [II.

N° 631. (XVIIIe ſiècle.)

Tableau généalogique de la famille Artaud. Raynaud, ſeigneur de Montmaur, eſt père de Guillaume, ſeigneur de Saint-André de Val Beauchêne, en 1329 & 1339, de Raynaud de Montauban, ſeigneur de la Baume-Noire, & de Raymond de Montauban, ſeigneur de Montmaur, en 1329. Guillaume a pour fils Dragonet de Montauban & Raymond, &c. Pierre Iſoard, ſeigneur d'Aix, en 1329, eut Guillaume Artaud, ſeigneur d'Aix, vers 1373.

Copie n. ſ., papier, français [III.

ARVILLARS

N° 632. Octobre 1291.

Mise en possession par le châtelain d'Allevard, par ordre du juge des comtés de Vienne & d'Albon, au profit de noble Jean d'Arvillars, de tous les biens que possédait noble Jean, son père, au mandement d'Arvillars, comprenant divers immeubles & des censes avec le plait.

Original, parchemin, latin [I.

N° 633. 5 septembre 1320.

Contrat de mariage de noble Étienne d'Arvillars, fils de Jean, avec Bérengère de Bellecombe, fille de Giraud, chevalier, dotée de 600 livres, sous la caution d'Eynard de Leuczon, Eymeric d'Avalon, Hugues de Commiers, Guillaume de Royn, chevaliers, Artaudet de Beaumont, Raymond Leuczon, Raulet d'Hauteville, Aymuncet de Saint-Pierre, dit Poniatz, Jean & Pierre de Theys, frères, Albert Bygot, d'Allevard, damoiseaux. En cas de survie de la future, la restitution de sa dot est garantie par la plupart des mêmes gentilshommes. Fait à Goncelin, près de la grange des ermites ou moines du Val-Saint-Hugon. Bérengère est dite sœur de François de Theys. Les 600 livres sont en bons viennois, dont 17 deniers valent 1 bon gros tournois à l'O rond.

Original, parchemin, latin [II.

N° 634. 5 mars 1329 (v. s.).

Hommage lige à noble Étienne d'Arvillars, chevalier, par Nantelme, fils de feu Jacques Brillet. Il promet d'être fidèle & de faire ce que doit un bon vassal. Fait à Allevard.

Original, parchemin, latin [III.

N° 635. 12 avril 1339.

Hommage lige prêté à noble Étienne d'Arvillars par Jean, fils de Lambert, du Châtelet, paroisse de Saint-Columban, au diocèse de

Maurienne; celui-ci n'ayant pas de ſeigneur en Dauphiné, où il déſire s'établir, choiſit Etienne, co-ſeigneur de la vallée d'Allevard.

Original, parchemin, latin [IV.

N° 636. 24 mai 1345.

Vente par Guillaume Genthon, d'Allevard, à noble & puiſſant Etienne d'Arvillars, chevalier, de ſa maiſon au bourg d'Allevard, *cum duobus ſoleriis exiſtentibus in eadem*, ſiſe près du rif de Flumet & des maiſons Cotein & Bigot, pour le prix de 140 florins, & 8 deniers de cenſe & de plait aux hoirs de Richard Blanc.

Expédition notariée du xve ſiècle, parchemin, latin [V.

N° 637. 25 mars 1357.

Vente par noble Jean Bigot, fils de déſunt Albert, d'Allevard, à Etienne d'Arvillars, chevalier, co-ſeigneur de la vallée d'Allevard, de ſa maiſon forte ou tour, avec ſes appartenances, fief & dépendances, ſiſe dans le bourg d'Allevard, plus diverſes cenſes pour immeubles, dont un à Bayard (*apud Bayardum*), paroiſſe d'Allevard, pour le prix de 50 florins.

Original, parchemin, latin [VI.

N° 638. 16 février 1366.

Conventions entre noble Étienne d'Arvillars, chevalier, co-ſeigneur de la vallée d'Allevard, & noble Chabert Pinel, de Moreſtel, qui ſe reconnaît homme lige, lui & ſes deſcendants, dudit Etienne, pour diverſes cenſes; il reçoit 100 florins & la maiſon forte de Moreſtel en fief, avec terre & verger, ſous la redevance de 3 ſols de plaid, à chaque mutation de ſeigneur & de tenancier.

Original, parchemin, latin [VII.

N° 639. 24 juillet 1369.

Hommage lige prêté à noble & puiſſant Etienne d'Arvillars, chevalier, par Jean Biſet, de Chambéry, à genoux, les mains jointes & baiſant les ongles des pouces du ſeigneur; ce vaſſal ſe reconnaît auſſi taillable à merci (*marciabilem*).

Expédition notariée, parchemin, latin [VIII.

N° 640. 20 juin 1374.

Teſtament d'Étienne d'Arvillars (*de Alto Villari*), chevalier, co-ſeigneur de la vallée d'Allevard, par lequel il inſtitue héritier univerſel ſon fils François, avec ſubſtitution pour Marguerite, ſa fille, veuve de noble Bertrand de Bérenger, chevalier, & pour Eymonet, fils & héritier d'Eymon de Saint-Pierre : il veut être enſeveli au cimetière du prieuré de Saint-Pierre d'Allevard, lègue 1,000 florins à Marguerite, ſa fille, 40 ſétiers de blé, 10 livres d'argent & 10 poules de cenſes, plus la maiſon forte de la Buiſſière, provenant de Marguerite, ſa femme, & veut que la chapelle de Notre-Dame, projetée par Jean d'Arvillars, ſon frère, ſoit achevée.

Expédition notariée du xve ſiècle, parchemin, latin [IX.

N° 641. 22 juillet 1388.

Vente par nobles Bérard Barral, d'Allevard, damoiſeau, & Marguerite, ſa femme, à puiſſant François d'Arvillars, dit Voland, chevalier, co-ſeigneur de la vallée d'Allevard, d'une maiſon forte & de ſes dépendances à Allevard, ſur le chemin de la porte de Charamil à celle du Treuil, moyennant 1,120 florins d'or. Dans cet acte, fait à Grenoble, ſont mentionnés nobles Artaud d'Arces, chevalier, Mermet de Theys & Guillaume de Saint-André, damoiſeaux.

Expédition notariée, parchemin, latin [X.

N° 642. 23 février 1390.

Donation entre vifs par noble & puiſſant Humbert de Savoie (*de Sabaudia*), chevalier, ſeigneur d'Arvillars, à noble & puiſſant François d'Arvillars, chevalier, en récompenſe de ſes bons offices, de l'hommage dû par Jean & Jacques Colomb, père & fils, à réquiſition, tant qu'ils demeureront à Allevard & en Dauphiné.

Original, parchemin, latin [XI.

N° 643. 6 août 1412.

Albergement paſſé par Humbert de Savoie, ſeigneur d'Arvillars & des Molettes, à Jean du Roſne, dit de Lyon (*de Lugdono*), bourgeois de Chambéry, des biens de feu Antoine de Lachat, homme lige & taillable à merci, dans le mandement de Chambéry, ſauf le pré des Vernets, & d'une maiſon près de la porte de Machiez (*Machiaci*), près de l'eau de l'Albane (*Albane*), ſous les introges de 200 florins ; nobles Jacques & Pierre Bonivard approuvent l'albergement à cauſe de la maiſon ci-deſſus.

Original, parchemin, latin [XII.

N° 644. 8 juillet 1524.

Arrêt du parlement de Grenoble, rejetant l'appel interjeté par Nicolas Cohard, d'une ſentence rendue au profit de noble Zacharie d'Arvillars, ſieur de la Bâtie, par le vi-bailli de Graiſivaudan, qui condamne l'appelant à paſſer revente de certains biens avec reſtitution de fruits.

Expédition, parchemin, français [XIII.

N° 645. 19 ſeptembre 1559.

Lettres du roi François II à Urbain d'Arvillars, capitaine du château de Miolans, lui ordonnant pour la ſeconde fois de remettre ledit château à ſon oncle le duc de Savoie & le relevant de ſon ferment. Signées par François II.

Vidimées par Dugué, parchemin, français [XIV.

N° 646. 5 juin 1652.

Requête au juge de Goncelin par Hélène de Clermont de Chatte-Geyſſans, femme de noble Gaſpard de Barral, avocat en la cour, héritier teſtamentaire de Pierre & François de Ponnat, pour avoir pluſieurs contrats néceſſaires à la conſervation de ſes droits ; ſuivie de la commiſſion donnée par le juge au premier notaire requis pour faire les extraits demandés.

Original, papier, français [XV.

N° 647. (XVIIIe ſiècle.)

Notes pour la généalogie des d'Arvillars, mentionnant Jean en 1314 & 1318, François en 1470, Jean en 1481, Amédée en 1521, Urbain en 1567, Zacharie, maintenu noble par Dugué, en 1668, &c.

Copie n. ſ., papier, français [XVI.

ARZAC

N° 648. 1728.

Tableau généalogique de la famille d'Arzac, qui posséda les seigneuries de la Cardonnière, Savel, Villevert & la Barginière. Simonet d'Arzac, de Saint-Marcellin, dans son testament, du 24 juin 1439, se dit originaire d'Italie; Antoine, un de ses fils, sert dans les armées de Louis XI & de Charles VIII, & laisse Humbert & Jacques; le premier continue la branche aînée & le deuxième forme celle de la Barginière.

Copie n. s., papier, français [I.

ASTRES

N° 649. (XVIIe siècle.)

Notes généalogiques. — Claude d'Astres vivait en 1553; Alexandre, fils d'Annibal, épousa, en 1619, Marguerite de Foresta & eut Gaspard-Scipion.

Copie n. s., papier, français [I.

AUBERJON

N° 650. Mai 1700.

Preuves de noblesse pour Pierre-Joseph Auberjon de Murinais, présenté pour être reçu page du roi, mentionnant son acte baptistaire à Murinais, du 17 août 1683, le contrat de mariage d'Ennemond-Bernard, ſon père, avec Catherine de Levron, du 4 juin 1682; le jugement de maintenue rendu par de La Guette, le 7 octobre 1641, en faveur de Catherine de Mottet, veuve de Jacques, & de Bertrand, leur fils, ſeigneur de Buiſſonrond. Les plus anciens titres ſont de 1331 & 1334.

Copie n. ſ., papier, français [I.

AUTANE

N° 651. 27 juillet 1215.

Sentence arbitrale, rendue par Dragonet & Raymond de Mévouillon, ſur le différend ſurvenu entre Armand d'Autane & Peleſtort de Bourdeaux (*de Bordels*), ſon gendre, d'une part, & Roſtaing d'Autane & Rolland & Ripert, ſes frères, au ſujet d'injures, deſtructions de maiſons, dommages, homicides & autres méfaits. Armand & Peleſtort ſont abſous, à la condition de payer à Roſtaing & à ſes frères 5,000 ſols viennois à des époques déterminées; la convention faite entre les parties touchant la non aliénation du château d'Autane eſt annulée. Rican de Caromb, Roſtaing d'Eſparron & une troiſième perſonne règleront la compoſition due pour les homicides commis. Sont cautions d'Armand & Peleſtort, Raymond de Mévouillon pour 1,000 ſols, Iſoard de Bourdeaux pour 1,000 ſols, Pierre Jarente, W. Pierre de Brantes, Bertrand & Guillaume de Caderouſſe, Ponce de Blacos & Raymond Pierre pour pareille ſomme chacun, ainſi que Bertrand Arteillar, Roſtaing d'Eſparron & Ponce de Chalancon; les garants de Roſtaing & de ſes frères s'appellent Armand de Caromb, Guiraud de Guiſans, Guillaume de Condorcet, Raymond Arteillar, Imbert de Sainte-Jalle, Guillaume de Saint-Maurice, Hugues Arteillar, Fobrac de Cayrane & Raymond de Montauban, pour 1,000 ſols chacun. L'acte eſt paſſé à Nyons, ſous l'égliſe, devant Ripert de Beaumont, Ponce de Blacos, ermite, Bertrand de la Coſte, Bertrand de Miſon, Hugues de Roſſas, &c.

Original (parti), parchemin, latin, avec ſceau en plomb (voir le dessin ci-après) [I.

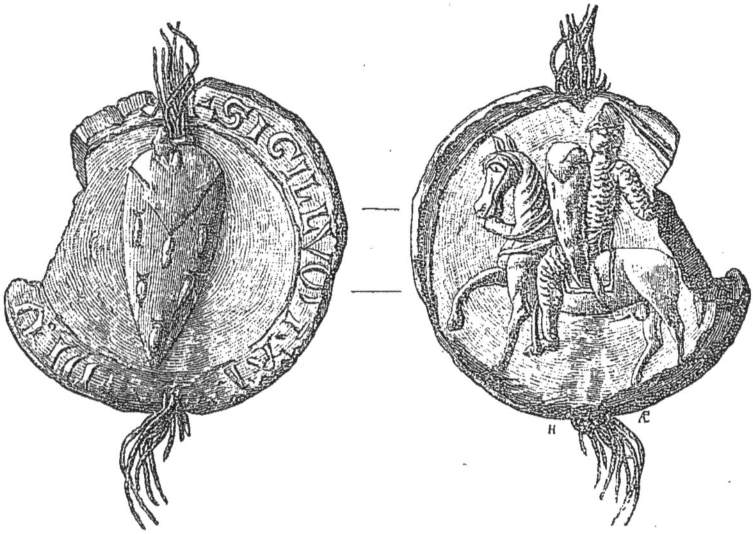

N° 652. 29 juillet 1215.

Armand d'Autane, pour lui & Peleſtort de Bourdeaux, ſon gendre, convient avec Roſtaing d'Autane, Bertrand, Ripert & Rand, ſes frères, que la convention faite au ſujet de la non aliénation du château d'Autane & ſon tènement, eſt annulée. Fait à Autane, devant Raymond de Montauban, Bertrand de Miſon, ermite, Chanouſſe, Guillaume de Châteauneuf, &c.

A la ſuite de l'acte du 26 précédent [1].

N° 653. 11 mai 1260.

Accord entre Guillaume d'Autane & Pons Tardin, commandeur du Temple de Lus (*de Lunis*), au ſujet de la donation du manſe de Saint-Antoine, faite à l'ordre (*in ſubſidium ſubſtentacionis*), par autre Guillaume, père du précédent, lorſqu'il s'était ſenti mourir dans la maiſon du Temple, à Saint-Jean-d'Acre (*apud domum Templi Aconenſis in extremis egrotans*), portant confirmation de cette libéralité pour tous les immeubles ou droits ſitués ou perçus entre la colline de Chauvis & la roche de Garnafolle, le pas d'Alles, le ſommet du col de Lave-

N° 653

Notum sit omnibus presentem cartam inspecturis quod cum dominus Willelmus de Durtana olim domui templi [illegible]
in extremis egrotans dedisset et concessisset pro remedio anime sue et in subsidium sustentationis dicti ordinis
mansum de Sancto Anthonio Raymundo preceptori domus dicte milicie templi de Lunel cum quo tunc temporis
morabatur et per eum successoribus suis in perpetuum, sicut in instrumento inde confecto amplius continetur,
Ego nos Willelmus de Durtana filius et heres dicti domini Willelmi volentes a voluntate ipsius domini W. recedere [illegible]
cum in dicta donatione predicti mansi et confinibus dubitatio orta extitit inter nos W. predictum et Pontium
Tardum nunc preceptorem domus dicte milicie templi de Lunel, volentes ista dubitationes et discordie totaliter
amovere inter nos et dictum preceptorem in predictis, ita duximus concordie adhibendum quod quicquid [illegible] dominus W. parens
noster habuit et possedit vel quasi, vel visus est habere in manso predicto, pro nobis et nostris liberis [illegible] eidem preceptori
nomine dicte domus et per ipsum successoribus suis cedimus et donamus et donationem factam a predicto patre nostro confirmamus et
hoc sive sint terre culte et inculte, prata, nemora, pascua, aquas et cursus aquarum, piscatorias, venationes, [illegible]
[illegible] census et usagia que nos vel nostri antecessores actenus habuimus seu possedimus et hoc de his que nunc possidet
dictus preceptor vel in futurum preceptores acquirere poterunt infra terminos qui sequuntur. Et sciendum est quod fines sive termini
dicti mansi donati et concessi, prout est actum super hoc, sunt isti, scilicet a colle de Chamini usque ad rupem de Gavia
Folla et usque ad passum Dales usque ad summitatem colli de Lancelina sicut aqua pendet et usque ad mandamentum
de Lunel et de Glandagio. Istis autem donationibus et concessionibus et confirmationibus supradictis consenserunt filii nostri
videlicet Armandus, Guigo et Raymundus et nos omnia predicta attendere et observare et contra non venire iuravimus predicto
preceptori tactis euvangeliis sacrosanctis. Acta fuerunt hec apud domum de Lunel, anno Domini M° CC° LX° V°, Ydus
maii. Testibus presentibus vocatis et rogatis, Guidone de Morlio, Brunino de Cordone, Johanne monacho,
Petro de Biolis, Chabrio Raymundo. Et ad maiorem supradictorum omnium firmitatem, nos Willelmus de Durtana
sigillum nostrum apponi fecimus in hac carta.

N° 933

refine & le mandement de Lus & de Glandage. Les enfants de Guillaume, nommés Arnaud, Guigues & Ripert, approuvent cet accord, dont l'acte est passé à Lus, devant Guy de Moras, Bertrand de Cordon, Jean Moine, Pierre du Breuil (*de Brolio*) & Chatbert Raynier.

Original, parchemin, latin (voir le fac-simile ci-contre) [II.

N° 654. 16 mai 1543.

Déclaration faite par François Planchette, écuyer, seigneur de Piégon, à Louis d'Autane, coseigneur du même lieu, qu'il lui doit l'hommage lige & le serment de fidélité, comme Étienne, son père, les a prêtés jadis à Marguerite Penchinat, dame dudit « Pueygon », & que n'ayant pas rempli ce devoir, il est déchu de ses droits de justice & de ses biens.

Original, papier, français [III.

N° 655. 15 mai 1553.

Contrat de mariage de noble Balthasar Buzet, châtelain de Sigoyer sur Tallard, avec Marguerite d'Autane, fille de Louis, seigneur de Bonneval, & de Françoise de Rozans, dotée de 100 écus d'or & de 100 florins, que Claude, son frère, promet de payer sous la caution de Giraud d'Agout, écuyer, de la Balme, & de 200 écus par sa mère; l'augment est de 100 écus, outre 100 florins pour bagues & joyaux. Fait à Bonneval, devant Barthélemy & Giraud d'Agout, frères.

Copie n. s., papier, français [IV.

N° 656. 15 mars 1603.

Transaction entre nobles Jean & Charles d'Abon, frères, fils de feu noble Guillaume, sieur de Reynier, & d'Éléonore d'Autane, de Gap, au sujet de la succession de leur père; Jean d'Abon, sieur de Reynier, donne à Charles, sieur de la Chesnaye, 3,000 livres pour tous ses droits; il a déjà reçu 500 livres en habits & chevaux, pour servir dans la compagnie de M. d'Auriac.

Expédition notariée, parchemin, français [V.

N° 657. 18 novembre 1641.

Jugement de maintenue en faveur de Claude & Joachim d'Autane, frères, rendu par Alexandre de Sève, mentionnant les contrats de mariage de noble Louis, cofeigneur de Piégon, avec Françoife de Rozans, du 16 mai 1520; d'Antoine, fils de Louis, avec Rixante de Béfignan, du 1er janvier 1550; de Jean avec Efprite de Charruel, du 28 octobre 1597; des tranfactions entre Claude, Charles, Pierre & Joachim d'Autane, frères, des 13 feptembre 1628, 14 janvier 1630 & 4 novembre 1635, &c.

Copie n. f. faite, le 13 juillet 1687, fur l'original préfenté par noble Etienne-Jean d'Autane, feigneur de la Val-Sainte-Marie & Béfignan, fils de Claude, papier, français [VI.

N° 658. 10 janvier 1738.

Copie faite par Clairambault du certificat de repréfentation de titres de nobleffe donné à Claude d'Autane, feigneur de Béfignan, & à Joachim, fon frère, fieur de Meaux, mentionnant: une fentence du juge de Marfanne, du 7 feptembre 1622, qui déclare Claude, Pierre & Joachim, fils & héritiers de Jean; le teftament de noble Antoine, co-feigneur de Bonneval & Béfignan, en faveur de Jean, du 24 juin 1591; le contrat de mariage d'Étienne, co-feigneur de Piégon, avec Marie Rivière, du 14 janvier 1489; &c.

Copie n. f., papier, français [VII.

N° 659. (XVIIIe fiècle.)

Preuves de la nobleffe de Marie-Catherine-Denyfe d'Autane de Vilars, admife à Saint-Cyr, mentionnant : fon acte baptiftaire, à Fortmortier, du 8 février 1727, où elle eft dite fille de Jean-Baptifte, écuyer, capitaine attaché à l'hôtel des Invalides, & de Marie-Anne Ferrand; l'acte de mariage de fes père & mère à Paris, du 6 juin 1725; l'acte baptiftaire de Jean-Baptifte, fils de François, fieur de Montfort, & de Claude Bourgoing, du 3 novembre 1689; le contrat de mariage de François, fils de Charles, avec Claude de Bourgoing, le 4 mai 1680; &c.

Copie n. f., papier, français [VIII.

AVALON

N° 660. 20 avril 1284.

Ceſſion par Bernarde d'Avalon, fille de Pierre, chevalier, décédé, de ſes droits & actions ſur la ſucceſſion paternelle à Lantelme Richard, fils de Hugues, chevalier, pour l'augment de dot de ſa femme, Alaſie, nièce de ladite Bernarde. Lantelme devra payer à celle-ci, pendant ſa vie, une douzaine de fromages valant 12 ſols & 6 livres Viennoiſes. Les droits de Bernarde grevaient des biens dans les paroiſſes de Villard d'Arène & des Hières (*de Arenis Superioribus & Inferioribus*). Fait à Saint-Pierre-de-Méſage.

Original, parchemin, latin [I.

AYMAR

N° 661. 20 avril 1522.

Vente par Étienne & Antoine Nal, frères, de Montfroc, à noble, magnifique & généreuſe Catherine Aymar, dame de Montfroc, repréſentée par Jean Laget, ſon châtelain, d'un moulin avec pré & terre ſis au Pont de Jabron, ſur Montfroc, pour 294 florins monnaie courante.

Minute de notaire, ſignée, papier, latin [I.

AYMON

N° 662. Mai 1593.

Lettres d'anobliffement données par le roi Henri IV à Aimé-Jean-Louis Aymon, pour fes fervices « en plufieurs pays avec très grand hazard de fa vie, tant dedans que dehors ce royaume, pour caufes très importantes..... dont il feft dignement acquitté, ayant affifté le fieur de Lefdiguieres, lieutenant general en l'armée de Piemont & Savoye, en plufieurs endroits durant les guerres ».

Copie n. f., papier, français [I.

N° 663. 5 mars 1604.

Arrêt du parlement de Grenoble, pour la vérification des lettres d'anobliffement de Jean-Louis Aymon, fecrétaire du roi au greffe civil de la Cour, à la condition de payer l'indemnité aux communes intéreffées; lorfque la liquidation en aura été faite par Louis Vachon & Jean Lefcot, confeillers, les deniers en provenant feront employés en acquifitions de fonds ou de penfions au profit defdites communes & les revenus appliqués au payement des tailles. Cet arrêt mentionne des lettres de mai 1593 & une déclaration du 30 décembre 1602.

Copie n. f., papier, français [II.

N° 664. 16 juin 1628.

Réception en l'office de confeiller du roi & tréforier provincial alternatif des régiments & compagnies des gens de guerre à pied, nouvellement créés, au département de Dauphiné, de Me Paul Aymon, pourvu dudit office par lettres patentes du roi, du 7 août 1727, par Leconte, tréforier général de l'extraordinaire des guerres. Paul élit domicile à Grenoble, chez Jean-Louis Aymon, tréforier & receveur général des finances.

Original, parchemin, français [III.

N° 665. Novembre 1659.

Lettres du roi Louis XIV, confirmant & validant la nobleſſe de Jean-François Aymon de Montépin, gendarme de la compagnie de la garde de Louis XIII : mention y eſt faite de ſes nombreuſes campagnes militaires.

Copie n. ſ., papier, français [IV.

N° 666. 15 mars 1698.

Jugement de maintenue pour François-Pierre Aymon, écuyer, ſieur de Montépin, rendu par Antoine-François Ferrand, intendant de Bourgogne & Breſſe, mentionnant les lettres de confirmation de priviléges données à Jean & à Philibert Aymon, ſecrétaire de la ducheſſe de Savoie, par Philibert de Savoie, le 9 décemdre 1499, les lettres de Charles, duc de Savoie, à Philibert Aymon, ſecrétaire & tréſorier de LL. AA. de Savoie, &c.

Copie n. ſ., papier, français [V.

B

BAILE

Nº 667. 2 avril 1495.

PARTAGE des biens de feu Baile (*Bajulli*), docteur en l'un & l'autre droit, préſident delphinal, entre nobles Pierre & Antoine Baile, docteur ès-lois, & François Baile, ſes enfants. La première part, comprenant la maiſon acquiſe de noble Claude Marc, avec ſes jardins & dépendances, &c., échoit à François; la deuxième, formée d'une chambre contiguë à la cour de Claude Marc, de la moitié d'un verger près la porte Pertuiſière & de la maiſon de Saint-Martin-le-Vinoux, à Pierre; & la troiſième, compoſée avec le reſte de la maiſon paternelle, du côté de Saint-André, à Antoine.

Expédition notariée, parchemin, latin [I.

BALATHIER

Nº 668. 19 juin 1634.

Acte de repréſentation de titres, devant l'élection de Bar-ſur-Aube, par Edme de Balathier, « eſcuyer, ſeigneur de Lentaige, les Bordes & autres lieux », mentionnant : un contrat de vente par Simon de

Ballatier, au comté de Champagne & Brie, comte Palatin, en 1200; un pardon obtenu par Matelin de Ballatier, écuyer, pour ſon égliſe de Lentage, en 1501; un partage entre Nicolas de Choiſeul-Praſlin & Nicolas de la Balladier, écuyer, ſieur de Lentage, en 1522, des terres de Praſlain, Villiers, Lentage & les Bordes; un dénombrement fourni par François de Ballatier, fils de Nicolas, au bailli de Troyes, le 24 avril 1540, &c.

Copie n. ſ., papier, français [I.

N° 669. 1687.

Tableau généalogique des familles de Balathier & de Torcy, pour noble Henri de Balathier, fils de Roger & de Bénigne de Torcy, commençant à Jean de Balathier & à Claude de Torcy, biſaïeuls.

Copie n. ſ., papier, français [II.

N° 670. (Vers 1740.)

Notes pour la généalogie des Balathier & les armes des familles alliées.

3 pièces n. ſ., papier, français [III.

N° 671. (Vers 1745.)

Tableau généalogique des Balathier, à partir de François, baron de Vaux, & arrivant par Termet, François, Pierre, Jean, Edme, Roger, Henri-Denys & Elie-Antoine, ſeigneurs de Lantage, à Louis-Jules, né en 1742. Les armes ſont : « de ſable à la faſce d'or ».

1 pièce n. ſ., papier, français [IV.

N° 672. (Vers 1745.)

Généalogie de la branche de Lantage : « de ſable à une faſce d'or ». Elle commence à François, baron de Vaux en Dauphiné, tout en mentionnant Raoul de Balaſtier, écuyer, en 1372. Termet, fils de François, écuyer comme ſon père, eut François, ſeigneur de Lantage, marié, en 1527, avec Françoiſe Fornir dont vinrent:

Pierre, mari de Perronne d'Amoncourt de Piepape, en 1556;
Jean, qui s'unit, en 1591, avec Françoiſe de Faulq de Bragelogne;
Edme, mari d'Antoinette de Sivry, dès 1624;

Roger, qui eut pour femme, dès 1663, Bénigne de Torcy;

Henri, dit le comte de Lantage, mari de Julie-Suzanne de Launoy;

Elie-Antoine, dit le comte de Balathier, qui épousa, en 1741, Catherine de Feydeau;

Louis-Jules.

1 pièce n. f., papier, français [V.

N° 673. (Vers 1745.)

Tableau généalogique de la famille, mentionnant Raoul, écuyer en 1362, & commençant à François, baron de Vaux en Dauphiné. Celui-ci eut plusieurs enfants: François, Antoine, Jean, Termet & Guillaume dit de Rovoire. François laissa Mathurin ou Mathelin, seigneur de Praslin, mari de Jeanne du Plessis; Jacques, vivant en 1504, qui épousa Jeanne de Bellecomble, &c. Termet fut père de François, uni avec Françoise de Fornir ou de Fourny, en 1527, dont Nicolas, Pierre, seigneur en partie de Lantage, &c.

Placard n. f., imprimé, français [VI.

N° 674. (Vers 1748.)

Mémoires instructifs & observations pour la généalogie de la famille de Balathier, originaire de Dauphiné, où elle posséda la baronnie de Vaux, & transplantée en Champagne & en Bourgogne. On y demande à d'Hozier de Sérigny de mettre dans son livre les qualités « de nobles seigneurs, d'écuyer & de chevalier », prises par les Balathier en différents actes avant 1650.

2 pièces n. f., papier, français [VII.

N° 675. (Vers 1748.)

Listes des titres envoyés par M. de Balathier: un parchemin de 1296, mentionnant *Raoletus* de Balathier & Hugues de Lentage, son frère; un parchemin de 1385, où est cité Guillaume de Balathier; un parchemin de 1485, rappelant Jeanne du Plessis, femme de Mathelin de Balathier, écuyer, seigneur de Veaux; une copie du contrat de mariage de Nicolas, chevalier, seigneur de Lantage, en 1513; &c.

2 pièces n. f., papier, français [VIII.

N° 676. 24 juin 1748.

Lettre de d'Hozier de Sérigny à M. de Balathier de Lantage, lui rendant compte de l'examen de ses titres : les plus anciens n'ont jamais regardé sa famille. Dans le premier de 1295, & non de 1266, les mots : « Nos Raoletus de Balathier, domicellus & Hugoninus de Lantage, domicellus, » sont d'une écriture récente & ont remplacé les mots « de Bovanto & de Jantes »; l'acte de 1326 présente aussi une substitution de noms de « Jocerandus de Balathier de Lantage, domicellus, » à ceux de Hugues & de Jocerand de Bovant, frères; la date du troisième est 1399 au lieu de 1299, & le nom de Balathier y a remplacé celui de « Dalphini »; il y a des corrections de même nature dans les actes de 1373 & de 1385. D'Hozier trouve sa filiation solidement établie jusqu'à François, marié le 14 mai 1527, &c.

Copie signée, papier, français [IX.

N° 677. 5 novembre 1750.

Lettre de d'Hozier de Sérigny à M. de Balathier de Lantage, pour le détourner de donner le titre de cousin à M. de Barletier de Dauphiné, qu'il ne croit pas de sa famille, & dont il ne connaît la noblesse que par des copies de titres. Sans affirmer absolument la chose, les premiers Barletier étaient des notaires; au contraire les Balathier appartiennent à une très-ancienne noblesse, à cause du grand nombre de terres possédées par Mathelin, l'un d'eux, en 1481 & 1498.

Copie signée, papier, français [X.

N° 678. 10 avril 1751.

Copie d'une lettre de Mme Beaucousin-Megret, annonçant la découverte dans son chartier d'actes où les Balathier sont mentionnés & dont ils pourront faire prendre copie à leurs frais, suivie de la liste de ces actes : 23 janvier 1507, vente par Guyot de La Haye à Jacques de Balathier, écuyer, seigneur d'Etigny, & à Jeanne de Bellecombe, sa femme; 23 octobre 1508, bail par noble Jacques Balastier, écuyer, seigneur de Sérilly & Etigny, &c. Des copies d'autres actes, tirés des archives de Saint-Pierre-le-Vif de Sens, rappellent noble Mathurin Balathier, écuyer, & Jeanne du Plessis, sa femme, en 1489, &c.

Pièce n. s., papier, français [XI.

N° 679. (XVIIIe ſiècle.)

Sceau avec la légende : « F. de Ballathier », & un écuſſon portant : « de....., au lion de....., armé & lampaſſé de....., accompagné en chef d'un lambel à trois pendants de.....

18 exemplaires d'une gravure, papier [XII.

N° 680. (XVIIIe ſiècle.)

Armes de Françoiſe de Fourny (*alias* Fornir) : « d'azur à 5 demi-pals d'argent en chef & autant en pointe, chargés chacun d'une moucheture d'hermine de ſable ».

Papier, colorié [XIII.

BANCEL-CONFOULENS

N° 681. 15 janvier 1723.

Commiſſion donnée par Joſeph-Jean-Baptiſte Fleuriau d'Armenonville, chevalier, garde des ſceaux, à M. de Bérulle, premier préſident du parlement de Grenoble, de recevoir le ſerment de Me Jean-Baptiſte Bancel, pourvu « de l'office de conſeiller du roi garde ſcel en la chancellerie eſtablie près le préſidial de Valence ».

Original ſigné & ſcellé, parchemin, français [I.

N° 682. 22 ſeptembre 1762.

Signification d'un arrêt de la Chambre des Comptes, qui enjoint au ſieur « Bouſſel » de prêter foi & hommage au roi, dans deux mois, pour ſa maiſon forte de « la Folène » ſiſe au Bourg-lès-Valence, à peine de la voir réunie au domaine. (D'Hozier a rectifié en marge Bouſſel en Bancel ; il aurait pu en faire autant de La Folène en Confoulens).

Copie ſignée, papier, français [II.

N° 683. 28 octobre 1769.

Affignation à M. Bancel « de Confoulen » d'avoir à prêter foi & hommage au roi, en la chambre des comptes de Dauphiné, comme poffeffeur de la maifon forte de Confoulen, fituée au Bourg-lès-Valence, avec colombier, garenne, vignes & 200 fetérées de terres.

Original figné, papier, français [III.

N° 684. 12 avril 1779.

Acte du baptême à Châtillon-fur-Marne de Marie-Louis-Eléonore, fils de Me Louis-Jacques Bancel de Confoulens, écuyer, & de Marie-Françoife-Eléonore Roger.

Copie authentique, fignée par Godinot, préfident au bailliage de Châtillon, papier, français [IV.

BARBIER

N° 685. 13 juillet 1566.

Déclaration faite devant Gafpar de Saint-Germain, confeiller du roi, vi-bailli de robe courte en Dauphiné, par Me Jehan Barbier dit de Lagnye, notaire royal delphinal, capitaine & châtelain de Chartrouffe, qu'un fien coufin tenant le parti de la religion prétendue réformée l'a averti de la tenue d'une affemblée dans le bois de Bonnevaux, où il a été conclu « que dedans peu de jours prochains ceulx de ladite religion prétendue reformée s'efleveroient en armes & copperoient la gorge à ceulx de la religion catholique romaine des principaulx...; que fi anfy venoit, il le faulveroit comme il l'avoit faulvé durant les derniers troubles. » Signé Barbier.

Copie notariée, papier, français [I.

N° 686. 1670.

Extrait de la Chambre des Comptes de Dauphiné, contenant les mariages & baptiſtaires qui prouvent la nobleſſe de Jean de Barbier. Il y a les contrats de mariage de noble Benoît Barbier, fils de noble Jean, avec Catherine Bugot, à Altare, diocèſe de Noli, du 29 août 1525; de noble Jean, fils de Benoît, avec Marie Marini, du 20 juillet 1568; & de noble François avec Marguerite Rubei, du 4 juillet 1600; & les baptiſtaires de Jean, du 14 mars 1608, & de Jean-Hippolyte, du 13 mai 1613. — D'Hozier décrit ainſi leurs armes: « de gueules à un aigle d'or ».

Copie n. ſ., papier, latin [II.

BARDEL

N° 687. 13 juillet 1771.

Généalogie de la famille Bardel, pour la nomination au collége royal de la Flèche de Jean-Honoré de Bardel: Guillaume Bardel, écuyer, ſeigneur de Montrond & co-ſeigneur de Mérueil en Gapençais, a de Madeleine de Neffières Etienne & Pierre, qui forment chacun une branche. Etienne, marié avec Suzanne de Martin, le 23 novembre 1547, laiſſe Georges, ſeigneur de Montrond, dont la poſtérité eſt reconnue noble en 1667. Pierre tranſmet la ſeigneurie du Molard à Etienne, ſon fils, & à ſes deſcendants.

Autographe de d'Hozier n. ſ., papier, français [I.

N° 688. 24 janvier 1784.

Lettre de M. de Bardel à ſa nièce, alors en penſion, pour la remercier de ſes vœux de bonne année.

Autographe ſigné, papier, français [II.

BARDONNENCHE

N° 689. XIVe ſiècle.

Procédures devant le conſeil d'illuſtre prince Amédée, comte de Savoie, pour Louis de Bardonèche, damoiſeau, & Pierre, ſon fils, contre Humbert de la Flechère (*de Flecheria*) & ſes complices, à cauſe du meurtre de Jean Gignyous, prêtre, fils unique d'un homme taillable à merci des demandeurs. Les dommages-intérêts qu'ils réclament comprennent : une penſion annuelle de 10 florins, une ſomme de 500 florins, une penſion annuelle de 10 florins pour nourrir la mère du défunt & de plus une meſſe quotidienne.

Original du temps n. ſ., latin [I.

N° 690. 5 avril 1340.

Quittance par noble Gontier de Briançon, ſeigneur de Varces, fils & héritier d'Aymon, à nobles Joffrey de Bouquéron (*Bucurione*), ſeigneur d'Entraigues, & Hugues d'Avalon, payant au nom de Jean & de Perceval de Bardoneſche, fils de feu Boniface, chevalier, de la ſomme de 25 florins d'or, prix d'un courſier (*corcerii*), & de 12 florins d'or fin & demi pour amende. Fait à Grenoble, place Saint-André, devant nobles Pierre & Jean de Theys, &c.

Original, parchemin, latin [II.

N° 691. 12 juin 1361.

Quittance par Denys Gillier, fils & lieutenant de Philippe Gillier, tréſorier du dauphin de Viennois, à Conſtant de Bardonaiche, de 70 florins bon poids, ſur ſon compte de châtelain.

Autographe ſigné, ſceau plaqué, papier, français [III.

N° 692. 13 janvier 1817.

Certificat de vie pour Françoiſe-Marie de Bardonenche, née à Grenoble le 17 mars 1748, penſionnaire eccléſiaſtique.

Original ſigné, papier, français [IV.

N° 693. 13 janvier 1817.

Certificat de vie pour Abel-Henri-Laurent Bardonenche, né à Bernin (Isère) le 20 juin 1764, pensionnaire ecclésiastique.

Original signé, papier, français [V.

BARRAL

N° 694. 30 mars 1439.

Arrêt du conseil delphinal envoyé pour être exécuté par Raoul, seigneur de Gaucourt, conseiller & chambellan du roi, gouverneur de Dauphiné, au châtelain d'Avalon, chargé de mettre en possession noble Louis de Beaumont d'une maison acquise aux enchères de l'hoirie de noble Jacques Barral. Noble Jacques Orsel est tuteur des héritiers dudit Jacques, de son vivant châtelain d'Avalon.

Copie, signée Chanterel, parchemin, latin [I.

N° 695. Octobre 1643.

Lettres d'anoblissement données par Louis XIV, de l'avis de sa mère régente, à Gaspar Barral, docteur ès-lois & avocat, fils de Louis, châtelain de Voiron, & d'Anne de Chambaran, & mari d'Hélène de Clermont-Chatte-Geyssans, « lequel Gaspard a servy utilement le public à escrire, consulter & plaider au parlement de Dauphiné, l'espace de 40 ans, avec une si grande probité & tant de sçavoir qu'il fut jugé capable d'estre envoyé vers N. S. P. le pape Grégoire XV pour lui faire compliment sur le sujet de la conversion de feu nostre très cher cousin le connestable de L'Esdiguières... »

Copie n. s., papier, français [II.

N° 696. 16 décembre 1644.

Enregistrement à la Chambre des Aides & Finances de Dauphiné des lettres d'anoblissement de Gaspar Barral.

A la suite de l'acte d'octobre 1643 [II].

N° 697. 31 juillet 1645.

Enregiſtrement au greffe civil du parlement de Grenoble des lettres d'anobliſſement de Gaſpar Barral.

A la suite de l'acte d'octobre 1643 [II].

N° 698. 1752.

Lettre d'invitation à la cérémonie du ſacre de M. l'abbé de Barral, nommé évêque de Caſtres, dans la chapelle de l'archevêque de Paris, le dimanche 17 décembre 1752.

Imprimé in-4°, papier, français [III.

N° 699. (Vers 1758.)

Généalogie de la famille de Barral, commençant avec Jean & Guigues en 1323 & finiſſant avec Pierre-François-Paulin, né en 1745. Armes : « de gueules à 3 bandes d'argent & un chef auſſi d'argent, chargé de 3 cloches d'azur, bataillées d'or ».

Imprimé in-folio, papier, français [IV.

N° 700. 13 août 1773.

Arrêt du conſeil d'Etat, portant conceſſion au marquis de Barral de la forêt ou montagne de Brame-Farine, maîtriſe de Grenoble, pour la poſſéder en fief mouvant du roi, avec toute juſtice, à la condition de reſpecter les droits des uſagers & de payer 7 ſols 1/2 par arpent pendant 10 ans, & à perpétuité une redevance annuelle foncière de 9 livres de beau blé par arpent ou 18 deniers par livre pendant la vie du conceſſionnaire.

Placard imprimé, papier, français [V.

N° 701. 12 ſeptembre 1773.

Procuration par le marquis de Barral à Bouffier, notaire d'Allevard, pour réclamer la miſe en poſſeſſion de la forêt de Brame-Farine.

A la ſuite de l'acte du 13 août 1773 [V].

N° 702. 12 ſeptembre 1773.

Ordonnance de l'intendant de Dauphiné pour la miſe en poſſeſſion de la forêt de Brame-Farine.

A la ſuite de l'acte du 13 août 1773 [V].

N° 703. 3-4 octobre 1773.

Priſe de poſſeſſion de la forêt de Brame-Farine par Bouffier, mandataire du marquis de Barral.

A la ſuite de l'acte du 13 août 1773 [V].

N° 704. 28 novembre 1773.

Certificat de publication à Grignon des pièces relatives à l'inféodation & à la priſe de poſſeſſion de la forêt de Brame-Farine.

A la ſuite de l'acte du 13 août 1773 [V].

N° 705. 22 février 1774.

Certificat de d'Hozier de Sérigny (Antoine-Marie), juge d'armes de la nobleſſe de France, établiſſant que M. le préſident de Barral de Montferrat a pour biſaïeul & biſaïeule paternels Gaſpar, écuyer, & Hélène de Chatte de Geyſſans de Clermont, mariés le 13 novembre 1621, & que Jean de Chatte lui paraît être le maréchal des logis de la compagnie du comte de Suze, en 1602, frère puîné d'Aimar de Chatte, ſeigneur de Geyſſans.

Copie n. ſ., papier, français [VI.

N° 706. 1774.

Mémoire pour les conſuls & communauté de Moreſtel, mandement de Goncelin, contre la prétention de M. de Barral d'annexer à la forêt de Brame-Farine le reſtant des bois communaux du lieu & même des poſſeſſions particulières. Les conſuls demandent le maintien de leurs droits ſur les quartiers de la Perche & des Côtes, & ſubſidiairement la vérification par experts des limites de leur territoire & de la forêt.

Imprimé in-4°, 12 p., papier, français [VII.

N° 707. 18 juin 1774.

Signification du mémoire précédent [n° 706] à M. Jean-Baptiſte de Barral, comte de Barral.

Inſérée à la ſuite de l'acte précédent [VII].

N° 708. 1774.

« Second mémoire » pour les conſuls & communauté de Moreſtel, contre M. de Barral, ci-devant préſident au parlement de Grenoble, dans lequel ils réclament le renvoi de leur cauſe devant leurs juges naturels & la nullité de la miſe en poſſeſſion des bois de la Perche & des Côtes, ainſi que la vérification des limites.

Imprimé in-4°, 26 p., ſigné par Chabert, procureur, papier, français [VIII.

N° 709. 1775.

« Obſervations importantes pour M. le marquis de Barral au ſujet de l'inféodation de la forêt de Brame-Farine. » Il offre aux communautés de Moreſtel, d'Avalon & de Bayard, gratuitement & ſans aucune diminution de la redevance due à Sa Majeſté « de leur accorder le paquerage dans toute la forêt, lorſque le bois ſera défenſable, de la diviſer même en coupes réglées pour qu'elles en puiſſent jouir plus commodément, & enfin de leur faire délivrer dans chaque canton qu'il fera charbonner tout le menu bois qui n'eſt pas propre à être converti en charbon... »

Imprimé in-4°, 7 p., papier, français [IX.

N° 710. 1780.

Requête au parlement par Jean-Baptiſte-François de Barral, préſident à mortier en la même cour, comte de Barral, où il prouve que les charges locales de la majeure partie des communautés d'Allevard furent fixées en 1701 & 1702, d'après leurs propres demandes & déclarations ; que ſes auteurs n'avaient aucun intérêt à ces fixations ; qu'ils ont acheté bien plus tard les offices de châtelain & de greffier & que, dès-lors, ſon père a eu le droit de compter ſur les anciennes attributions deſdits offices, &c. En conſéquence, il demande qu'il ſoit pourvu à ſes concluſions du 7 juillet.

Imprimé in-4°, 14 p., papier, français [X.

N° 711. (Vers 1790.)

Notes généalogiques fur la famille de Barral par Moulinet, d'après lefquelles Jean & Guigues de Barral, frères, reçurent du dauphin le commun du vin & la miftralie d'Allevard; François fuccéda à Guigues, fils de Jean, & Aimar à François; Huvet plaida contre Antoinette de Cizerin & époufa Marie Genton; Claude, leur fils, eut Pierre, Guigues, Guillaume & Claude, père de Louis, mari d'Anne de Chambaran, &c.

Autographe n. f., papier, français [XI.

N° 712. (Vers 1790.)

Inventaire des titres exiftants à la chambre des comptes fur la famille de Barral, mentionnant un hommage de Guigues, d'Allevard, en 1350, une inveftiture par le gouverneur de la province à Guigues & à Guigonne de Barral, en 1365, &c.

Autographe n. f., papier, français [XII.

N° 713. 15 mars 1791.

Requête à la chambre des comptes par Pierre-François-Paulin de Barral, ci-devant marquis de la Bâtie-d'Arvillard, gouverneur en furvivance de Vienne, pour avoir des extraits des lettres d'Humbert, dauphin, du 23 août 1341, confirmatives d'un albergement du 8 décembre 1323 en faveur de Guigues & de Jean de Barral; d'un hommage au dauphin Charles, du 9 février 1350, par Guigues de Barral; de reconnaiffances du 20 juin 1385 par noble Guigues, du 1er décembre 1453 par Aimar, du 30 janvier 1478 par Gabriel, du 18 novembre 1505 par Claude & Urbain de Barral, frères, &c., fuivie d'une réponfe favorable par de Lagrée, Dupré & Bouvier.

Original, papier, français [XIII.

N° 714. (Vers 1820.)

Généalogie des Barral, marquis de la Bâtie-d'Arvillard & de Montferrat, comtes d'Allevard, barons de Roches-Commiers, comtes, vicomtes & barons en Dauphiné & à Paris. Degrés: I. Jean, en 1323;

II. Guigues, en 1350 ; III. François ; IV. Aimar, en 1403 ; V. Huvert ou Humbert ; VI. Claude, en 1507 ; VII. Claude II, capitaine-châtelain de Voiron, en 1553 ; VIII. Louis, capitaine fous Maugiron ; IX. Gafpar, en 1649 ; X. François, en 1692 ; XI. Jofeph, marquis de la Bâtie d'Arvillard, préfident à mortier au parlement ; XII. François-Jofeph, comte de Barral ; XIII. Pierre-François-Paulin, colonel de grenadiers royaux, en 1764 ; XIV. Charles-Augufte, aide de camp de Macdonald, décédé en 1815....., &c. Armes : « de gueules à 3 bandes d'argent ».

Imprimé in-4°, 14 p., papier, français [XIV.

BARLETIER

N° 715. 5 novembre 1750.

Note de d'Hozier, conftatant l'exiftence, d'après les titres des Thivoley, d'un Sébaftien Barletier, notaire à Miribel en Dauphiné, en 1513, père de Jean, auffi notaire au même lieu.

Autographe n. f., papier, français [I.

BATERNAY

N° 716. 30 août 1560.

Quittance de lods à noble Guillaume de Bourrellon, feigneur de Mures, par Mre René de Baternay, comte du Bouchage, baron d'Anton, &c., gentilhomme ordinaire de la chambre du roi & capitaine du Mont-Saint-Michel, pour l'acquifition de la terre de Chonas, le 17 avril 1557, d'Antoine de Fay, feigneur de Peyraud, lequel l'avait achetée de nobles Abel & Antoinette de Loras, héritiers de Chriftophe de Loras.

Copie du XVIIe fiècle n. f., papier, français [I.

N° 717. (XVIIe fiècle.)

Généalogie tirée de la traduction de l'ancien hiftorien des comtes d'Anjou par l'abbé de Marolles : elle fait defcendre les Baternay ou Baftarnay des Nerpont, feigneurs de Charmes, & cite Guillaume de Baftarnay, chevalier, qui tranfigea avec Pons, feigneur d'Hauterive & de Charmes, vers 1289. Degrés : I. Pons, feigneur d'Hauterive & de Charmes, vers 1200 ; II. Pons de Nerpont, de 1274 à 1305 ; III. Gilbert, vers 1300 ; IV. Pons, vers 1330 ; V. Guillaume Arnaud de Charmes, qui tefta, en 1406, en faveur de Joachim de Baternay, fils de Jordain, fon neveu, &c. Joachim de Baternay fut père d'Artaud & celui-ci d'Imbert.

Papier, français [II.

BEAUMONT

N° 718. 15 mai 1354.

Donation par noble Antoine Guers, fils d'Hugues, damoifeau, d'Avalon, à noble & puiffant Amblard de Beaumont, chevalier, pour reconnaître fes bontés, bienfaits & fervices, de 60 fofferées de vigne, 3 journaux de terre & de cenfes en blé & en poules : toutes chofes que le donataire rétrocède au donateur pour les tenir de lui en fief fous l'hommage lige. Fait à Avalon, dans la tour de noble Artaud Bonet.

Original, parchemin, latin [I.

N° 719. 20 mai 1386.

Vente par Amblard de Beaumont, feigneur de Beaumont & Montfort, à Guillaume Vincent, de Villarnoir (*de Villari Nigro*), paroiffe de Grignon (*Grinionis*), de 16 fofferées de vigne en Cofte-Vair fur Grignon, au prix de 18 florins, 1 quarte de blé & le plait dû à noble Jean de Leuczon, chevalier, feigneur de Theys & la Pierre. Fait à Avalon, devant nobles Humbert de la Croix & Guiffrey Becton (*Bectonis*).

Original, parchemin, latin [II.

N° 720. 18 mai 1407.

Teftament de noble & puiffant François de Beaumont, chevalier, en faveur d'Arthaud & d'Eynard, fes fils : il donne à Arthaud les château, territoire & dépendances de la Frette (*Frayte*) & à Eynard la maifon forte des Adrets (*de Adeftris*) ; il choifit fa fépulture dans la chapelle Sainte-Catherine des Frères-Mineurs de Grenoble.

Expédition notariée, parchemin, latin [III.

N° 721. 14 mars 1437.

Adjudication définitive aux enchères publiques, pour 140 florins, monnaie courante, au profit de noble Louis de Beaumont, d'une maifon, *murenchiam & lauzenchiam*, avec fes dépendances & fervitudes, fife à Avalon, près des murs d'enceinte & des maifons de noble Berthon Guers & des hoirs d'Aimon de Saint-Pierre, chevalier, faifie fur Gabriel, François, Odon, Suzanne, Marguerite & Gonette de Barral, enfants mineurs de noble Jacques, châtelain d'Avalon. Jacques de Barral devait au fifc du dauphin 184 livres 2 fols fur fa châtellenie pour les gages de Guillaume Lyothier (*Lyotherii*), phyficien du dauphin, & noble Pierre Orfel était tuteur des enfants de Barral.

Original, parchemin, latin [IV.

N° 722. 30 mars 1439.

Arrêt d'exécution : voir au doffier Barral le n° 694.

N° 723. 21 août 1483.

Contrat de mariage de nobles Reforfat & Charles de Beaumont, fils de Jacques, feigneur de Saint-Quentin, avec Guillerme & Georgette, filles de noble défunt Angellon de Chiffiez (Chiffé), feigneur de Servoz, & de Marie de Menthon, dotées de tous leurs biens & droits préfents & futurs. L'augment de chacune eft de 1,000 florins. Jean de Menthon & Jean de Freynet, parents & alliés, confentent au mariage. Fait à la Perroufas, près Montmélian, dans la maifon forte de noble Pierre Bertrand, devant nobles Artaud Buffevent, Franc Repellin, &c.

Expédition notariée, parchemin, latin [V.

N° 724. 28 novembre 1489.

Teftament de noble Charles de Beaumont, fils de Jacques, feigneur de Saint-Quentin, en faveur de Refforfat, fon frère, avec fubftitution au profit de Ferri, fon autre frère. Il veut être inhumé dans la chapelle qu'a fondée Arthaud de Beaumont dans la grande églife de Tullins; lègue à Louife, fa fœur, dame de Sanfac, 40 florins de 12 gros l'un; à Jeanne & à Françoife, fes autres fœurs, l'une religieufe à Montfleury & l'autre à Saint-Juft-en-Royans, 24 florins; à Ferri, fon frère, 40 florins par an, à prendre fur les biens de Tullins, donnés par Arthaud de Beaumont, leur oncle; 15 écus d'or à Balthafar, fon frère le plus jeune, & l'ufufruit de fes biens à Jacques, fon père. Fait à Montelier, devant Jacques de Saffenage, Georges de Tholomyeu, Jacques de Marches, &c.

Original, papier, latin [VI.

N° 725. 9 avril 1491.

Teftament de noble & puiffante dame Marie de Menthon, femme de Jacques de Beaumont, feigneur de Saint-Quentin, en faveur de Balthafar de Beaumont, fon fils; elle donne plufieurs de fes robes pour faire des chafubles deftinées aux églifes de Sallanches, de Saint-Jacques & de Sainte-Catherine au château de Saint-Quentin; fait des legs à Guillemette, Georgette & Jeanne de Chiffé (*Chiffiaco*), fes filles, nées de fon premier mariage avec Angelin de Chiffé, &c. Fait au château de Saint-Quentin.

Expédition notariée du temps, parchemin, latin [VII.

N° 726. 19 avril 1491.

Codicille de Marie de Menthon, femme de noble Jacques de Beaumont, dans lequel elle ordonne une commémoraifon dans l'églife de Saint-Quentin, à laquelle affifteront 300 prêtres, & confirme, en les expliquant, les legs contenus dans fon teftament. Fait à Saint-Quentin, devant nobles Guigues Alleman, feigneur de Champs, Ennemond Bovier, de Vizille, Charles Rambaud, de Châteaudouble, & fr. Pierre Belleton, moine de Tullins, prieur de Saint-Nazaire-le-Défert.

A la fuite de l'acte du 9 avril 1491 [VII].

N° 727. 30 juin 1562.

Ordre de François de Beaumont, feigneur des Adrets, « gentilhomme ordinaire de la chambre du roy, collonnel des legions de Daulphiné, Provence, Lionnoys & Aulvergne, & lieutenant general & chef des compagnies affemblees pour le fervice de Dieu, la liberté du roy & de la royne, fa mere, & confervation de leurs eftats efdits pays », à André de Morgues (Morges), écuyer, d'affembler à Grenoble les procureur & commis des Etats & de leur demander la remife immédiate aux gens des comptes des foules & dépenfes de l'année précédente & des autres charges ordinaires & extraordinaires. Donné à Grenoble.

Copie fignée par Galiffet, fubftitut du fecrétaire des Etats, papier, français [VIII.

N° 728. 4 mai-3 juin 1621.

Adjudication devant Vincent, juge, commiffaire fpécial, de la terre & feigneurie d'Autichamp, avec fes droits, rentes, juftice & dépendances ayant appartenu à Gafpar de Beaumont, au profit de Jean Bancel, notaire & procureur de Valence, pour 22,000 livres. Cette adjudication eft faite à la requête du procureur de Louis & Charles de Beaumont, héritiers bénéficiaires de Gafpar.

Original figné, papier, français [IX.

N° 729. 12 janvier 1769.

Lettre de Chriftophe (de Beaumont), archevêque de Paris, à M. Boullonois, fubftitut du procureur général, au fujet d'une veuve qui ne peut entrer aux Petites-Maifons, faute de pouvoir trouver fon baptiftaire.

Papier figné, français [X.

N° 730. 1764-1772.

Correfpondance de M. le comte de Beaumont, de la Roque en Périgord, avec M. & Mme Meniffier, marchands de Paris, à l'occafion de leur créance fur M. de Pauliac, pour fournitures.

5 autographes avec le fceau des Beaumont : « de gueules à la face d'argent, chargée de trois fleurs de lys d'azur », & celui d'une famille alliée « de ....., au lion de ..... », papier, français [XI-V.

N° 731. 29 mars 1817.

Certificat de vie pour Anne Garnier, veuve de Melchior-Antoine de Beaumont, née à Grenoble le 7 août 1729.

Original, papier, français [XVI.

BEISSIÈRE

N° 732. 12 mai 1738.

Lettre annonçant la réception du ferment d'Auguftin Beffier, confeiller-auditeur en la chambre, fils de Céfar, ancien confeiller-auditeur, & de Marie-Anne des Moulins, nommé confeiller-maître ordinaire, à la place de feu Martin de Beaufort.

Original figné, papier, français [I.

N° 733. (Vers 1750.)

Tableau généalogique commençant à Gabriel Beiffière, tabellion à Saint-André près Gap, mari d'Antoinette Allemand & père de Jacques, écuyer, chirurgien-major des camps & armées du roi, anobli en février 1712 & mort le 6 juin fuivant, à l'âge de 90 ans. Jacques laiffa d'Anne de Laleu, entre autres enfants, Jean-Nicolas, abbé de Saint-Clément de Metz; Céfar-Augufte, auditeur des comptes à Paris, & Anne, femme de Michel Teftard, écuyer, capitoul de Touloufe. Céfar-Augufte époufa Anne des Moulins & fut père d'Auguftin, maître ordinaire en la chambre des comptes de Paris, reçu en 1738; de Jacques & d'Ambroife, écuyers.

Papier n. f., français [II.

BENOIT

N° 734. 16 mars 1379.

Information faite par la cour de juftice des héritiers de puiffant Gilet Benoit, co-feigneur de Parifet, contre Guillaume Bernard, accufé d'injures envers Pierre Faure, notaire, & de bleffures avec un glaive à Jean Latard, domeftique dudit Faure, ayant occafionné fa mort. Nobles Pierre Faure & Jean de Revel, dit Galeys, ont vu Latard jeter par terre Bernard & celui-ci bleffer à mort Latard, &c.

Inféré dans l'acte du 21 juillet 1379 [I].

N° 735. 21 juillet 1379.

Sentence de Brianfon d'Apulie, juge de Parifet, pour les héritiers de noble Gilet Benoit, mettant hors de caufe Guillaume Bernard, comme ayant agi en cas de légitime défenfe.

Original, cahier in-4°, 29 feuillets, n. f., papier, latin [I.

BÉRENGER DE MORGES

N° 736. 17 août 1247.

Donation faite à Garnier, prieur de la chartreufe de Durbon, par Pierre de Morges, chevalier, Guigues Blefinnes & Ponce, fon frère, Falque du Coig, Guillaume de Saint-Michel, Guillaume Fayzan & fa femme, Pierre Chypre, fa femme & fa fœur, Guillaume Goyranz, Pierre Malfancs, Guillaume de la Combe, Hugues de Montama & Pierre fon frère, Raymond de la Combe, Jean Efchafis, Guillaume du Puy, Albert Brun, &c., de pacages fitués fur les montagnes ou Alpes de Tréminis, Foillans & Davier. Fait dans la vallée de Tréminis, devant Guillaume Reynier, prieur de ladite vallée; Pierre de Grenoble, &c.

Inférée dans l'acte du 2 novembre 1310 [II].

N° 737. 9 avril 1288.

Teftament de Quatremalle, chanoine de Valence & de Die, feigneur de Tréminis, par lequel il inftitue héritier Pierre de Morges, ſon neveu, fils de Fromond, ſon frère défunt, pour tous ſes biens, droits & actions ſur toute la paroiſſe de Saint-Michel, avec défenſe de rien y vendre ſans le conſentement de Raynaud, ſon frère, & droit de prélation en faveur de ce dernier; il nomme héritier univerſel pour tous ſes autres biens & droits ledit Raynaud, ſon autre neveu, fils de Fromond, avec ſubſtitution audit Raynaud, s'il meurt ſans enfants, d'Eynard, neveu du teſtateur, fils de Bérengère, ſa ſœur, & d'Odon de Rome; il élit ſa ſépulture dans le cimetière de l'égliſe Notre-Dame de Die; il fait divers legs aux égliſes de Die & de Tréminis, ainſi qu'à ſa ſœur Bérengère, à Arnaud, fils de Bérengère, à Véronique, fille de Fromond... Fait à Saint-Baudile, devant Didier de Pelafol, Roſtaing de Cornillan, &c.

Original, parchemin, latin (imprimé d'après cet authentique communiqué à l'auteur, en 1867, dans le *Cartul. de la ville de Die*, pp. 117-21) [I.

N° 738. 2 novembre 1310.

Confirmation par noble Raynaud Bérenger, ſeigneur de Tréminis (*de Treſmenis*), à frère Ponce Chays, prieur de la chartreuſe de Durbon (*Durbonis*), diocèſe de Gap, & à ſon couvent, de la donation de pacages faite à ladite maiſon par feu Pierre de Morges (*de Morgiis*), aïeul paternel de Fromond Bérenger, père dudit Raynaud [n° 736], & par Quatremalle (*Quatuor Animalia*), chanoine de Die; ſuivie de la reconnaiſſance du domaine direct & de la ſeigneurie par le prieur. Fait à Durbon, dans la chambre voûtée (*infra domum fornaelli*) près de la chapelle des frères convers, devant Wellin Bérard, damoiſeau, Pierre Balme, Humbert Gralard, Pierre de Theys, boulanger, frère Hugues Brun, frère Pierre de *Collo*, Bérenger de *Collo* & Pierre Béroard, notaire impérial.

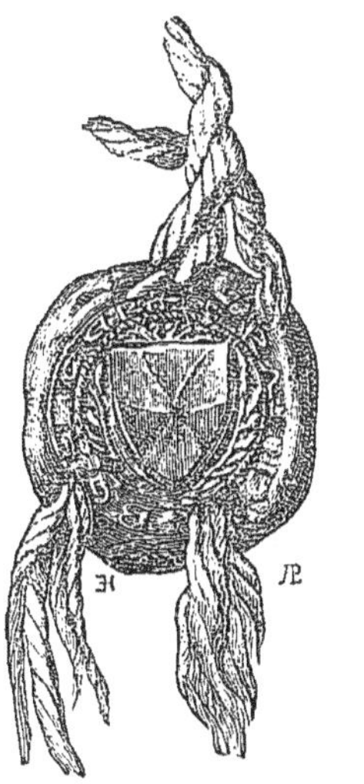

Original avec ſceau en cire, où eſt l'écu gironné des Bérenger de Morges (voir le deſſin ci-deſſus), & trace de celui du prieur, parchemin, latin [II.

N° 739. 6 feptembre 1322.

Tranfaction entre nobles François, feigneur de Saffenage, tuteur des enfants du fecond lit d'Aimar Bérenger, favoir d'Henri, fon héritier général, d'une part, & Hugonet Bérenger, frère Chabert Bérenger, de l'ordre de Saint-Antoine, pour eux & leurs frères & fœurs, nés du premier mariage dudit Aimar Bérenger, d'autre part. Noble Aimar, feigneur de Breffieu, eft le médiateur de cet accord paffé dans l'églife de Saint-Marcellin, à la fuite de violences commifes par Hugonet de Bérenger fur des habitants du Pont (-en-Royans) : il eft réglé que les injures & violences d'Hugonet & de Chabert font pardonnées ; que Chabert aura 20 livres viennoifes de revenu annuel & Catherine, religieufe, fon legs ; qu'il fera donné 560 livres à Hugonet, Chabert & leurs frères, fur la dot d'Alafie, leur mère, fous la garantie d'Aimar de Breffieu, Jocerand Falavel, Amblard & Boniface de Quincieu, Jean Guaftablier & Guillaume Arnaud de Chafte, damoifeaux ; qu'enfin Hugonet aura le fief de Chapeverfe, moyennant l'hommage à Henri, fon frère, feigneur du Pont. Parmi les témoins figurent Drodon de Saffenage, prieur de Beaumont, Jean Gualon, prieur de la Motte del Fangiatz (Fanjas).

Original, parchemin, latin [III.

N° 740. 25 juin 1360.

Jugements rendus au Moneftier-de-Percy dans les affifes tenues par noble Guillaume Henri (*Henrici*), juge du lieu pour nobles & puiffants Jean Bérenger, feigneur de Morges, & Guillaume de Morges, feigneur de l'Epine (*de Spina*), chevaliers, feigneurs dudit Moneftier : Hugues Rend, pour vol de noix, eft condamné à 25 fols d'amende ; Jean Dires, fon affocié, à 25 fols ; Eyraud Amblard, pour coups à Engirboud, à 50 fols ; Pierre Amangirier, qui a refufé d'être gardien des foires (*nundinarum*), à 20 fols ; noble Jean Beymond, pour avoir frappé au vifage un homme de Lus (*de Lunis*), à 40 fols (*quaterginta foludis*) ; Hugues Chays, pour injures à nobles Borffot & Lancelot de Bardonnenche, alors co-feigneurs du lieu, à 30 fols, &c. Les autres accufés font condamnés pour délits ruraux, & l'un d'eux pour outrage aux mœurs en connaiffant publiquement fa femme. Acte fait en préfence de nobles Guillaume de Thorane, Montilion Voifin, &c.

Original, parchemin, latin [IV.

N° 741. 2 mai 1385.

Procuration donnée par noble & puiſſant Jean Bérenger, chevalier, ſeigneur de Morges & de Ravel (*Revelli*), à Pierre & Guillaume, ſes fils, l'un chevalier & l'autre damoiſeau, pour prêter hommage & fidélité à R. P. Antoine de Saluces, cardinal-diacre, adminiſtrateur des évéchés, comtés & égliſes de Valence & Die, à cauſe de ſon château de Ravel en Diois & de ſes dépendances. Jean donne, pour raiſons de ce choix, ſon grand âge & l'état de ſa perſonne. Fait à Saint-Sébaſtien près Morges, devant frère Aimon d'Eygluy (*de Aygludino*), prieur du lieu, noble Jean Chipre, &c.

Original, parchemin, latin [V.

N° 742. 4 novembre 1386.

Albergement par noble & puiſſant Jean Bérenger, ſeigneur du Gua (*de Gado*), à Jean Cochet dit Mitayne, de la Porte (*de Janua*), & à Jean Jordan, de Rives, paroiſſe d'Hérans (*de Erons*) en Trièves, de cent ſétérées de bois près de celui des communautés de Maſſeranges, de *Jarnie?* & de Rives, & près du Drac (*Dravi*), ſous la cenſe annuelle d'un florin d'or.

Original, parchemin, latin [VI.

N° 743. 28 février 1387.

Reconnaiſſance de fief par frère Dalmas de Sahune (*de Sahone*), chevalier, commandeur de la maiſon de l'hôpital de Saint-Jean-de-Jéruſalem en Trièves, aſſiſté de noble Pierre de Divajeu, de Jean Pholot, prêtre, de Giraud Peloux & de Jean Fornier, frères & donats, à magnifique & puiſſant Jean Bérenger, chevalier, ſeigneur de Morges, pour cenſes en blé, ſeigle & argent ſur immeubles à Hérans. Fait à l'hôpital Saint-Jean, dans la paroiſſe de Saint-Maurice, devant noble Guigues de Pellafol, donat de l'ordre, Antoine de Laye (*de Aya*), &c.

Expédition notariée de 1512, parchemin, latin [VII.

N° 744. 6 novembre 1390.

Hommage lige par nobles André & Antoine Sibeud (*Siboudi*), frères, à noble & puiſſant Pierre Bérenger, chevalier, ſeigneur de

Morges, pour terres au Moneftier-de-Percy, voifines des prés de noble Pierre Silve (*Silvonis*) & Humbert de Tanc (*de Tanco*). Fait à Saint-Sébaftien, devant noble & puiffant Jean de Bérenger, feigneur de Tréminis & de Ravel, Aymon d'Eygluy, prieur du lieu, nobles Jean Blofet (Bloffet), Jean de Chipre (Chypres), Olivier Chomar, &c.

Expédition notariée du temps, parchemin, latin [VIII.

N° 745. 29 mars 1440.

Quittance de 50 florins d'or par noble Humbert de Bérenger, feigneur de Morges & de Tréminis (*de Tribus Meniis*), à magnifique & puiffant Guillaume de Fay (*de Fayno*), chevalier, feigneur de Solignac (*de Solempniaco*), fur la dot de Conftance de Fay, fa fœur, femme dudit Humbert. Fait à Valence.

Original, parchemin, latin [IX.

N° 746. 12 feptembre 1456.

Quittance de 100 florins d'or par le même Humbert de Bérenger à Pierre de Fay fur les 2,000 florins conftitués en dot à Conftance, fille de noble François de Fayot (*de Fayoto*), feigneur de Peyraud; dans cette fomme entre le prix d'un cheval gris (*pili grifardi*). Fait à Clérieu, devant Etienne de Ageyn, licencié ès-lois, Florimond Dupuy, Claude Vellieu, &c.

Expédition notariée, parchemin, latin [X.

N° 747. 14 mai 1499.

Quittance de 500 écus d'or au coin du roi de France par noble Antoine de Bérenger, chevalier de Saint-Jean-de-Jérufalem, à noble & puiffant Claude, fon frère, feigneur du Gua, pour les droits que Georges, leur père, lui avait affignés & pour les 100 florins que le même Georges lui avait légués par teftament, reçu noble Claude de Miribel, notaire. Fait à Vif, devant frères Audibert de Mollines & Guillot Monier, moines du prieuré du lieu, nobles Claude de Brianfon, Guichard & Euftache Villar, père & fils, &c.

Original, papier, latin [XI.

N° 748. 6 décembre 1552.

Vente par « damoifelle » Madeleine de Taulignіac, femme de Jean-Antoine Marc, écuyer, feigneur de Saint-Jeyme, à Mre André Bérengier, feigneur du Gaz (Gua), d'une cenfe annuelle de 3 fols due par les hoirs de Guigues de Miribel, écuyer, fur immeubles fitués à Vif, au prix de 9 florins, monnaie courante. Fait à Grenoble, devant Jean Nizeys, écuyer de Varces, &c.

Original, papier, français [XII.

N° 749. 10 avril 1561.

Procuration donnée par d^lle Louife Bérengier, fille de noble Humbert, en fon vivant feigneur de Morges, à noble Pierre du Chaftellard, feigneur de la maifon forte du Chaftellard & de Sérezin, pour recevoir de noble Giraud Bérengier, feigneur de Morges & Tréminis, cent écus d'or fol, valant chacun 46 fols tournois, & 10 aunes de taffetas noir, dus par tranfaction du 13 mai 1556. Fait à Sérezin.

Expédition notariée du temps, papier, français [XIII.

N° 750. 25 août 1594.

Ceffion par noble Alexandre de Sibeud, feigneur de Lefches & de la maifon forte du Cabinet (Grand-Serre), mari de Françoife de Bron de la Liègue, à noble Denys de Bérenger, feigneur de l'Echaillon, de fes droits fur les biens d'Hugues Faure à Vif & Varces, précédemment donnés à la femme dudit Sibeud. Fait à Vif, devant nobles Alexandre, feigneur de Chazottes, & Jacques Chambrier, fieur des Granges, &c.

Original, papier, français [XIV.

N° 751. (Vers 1650.)

Mémoire juftificatif de la filiation des Bérenger, feigneur du Gua. Rodulphe I de Bérenger, chevalier, acquit cette terre du dauphin en 1288 & la laiffa à Rodulphe II, fils de Pierre, feigneur de Morges, & de Catherine Bérenger, fille de Rodulphe I. Rodulphe II époufa, le 30 juin 1316, Marguerite de Confelin (Goncelin), dont Jean & Catherine. Jean tefta, le 13 août 1361, en faveur d'autre Jean, fon fils, mari de Jofferande de Bardonnenche (20 mai 1393). Guigues, leur fils, par teftament du 25 feptembre 1411, donna le Gua à Claude, fon frère. Claude eut pour fils Georges, mari de Guillermette de Saffenage (12 avril 1456). De ce mariage naquit Claude, allié, le 15 août 1497, avec Guillermette de Chiffé; André, leur fils & héritier (1502), a pour enfants Gafpar, Gabriel & Louis. Gafpar marie fa fœur Claude avec François de Bonne de Lefdiguières, le 11 novembre 1566, & Georgette, l'autre, avec Giraud Bérenger, feigneur de Morges, & meurt fans poftérité; Gabriel, frère de Gafpar, époufe Alix de Lhère de Glandage, & Gafpar, leur fils, hérite du Gua: ce Gafpar a d'Ifabeau d'Aragon Abel & Alexandre.

Copie n. f., papier, français [XV.

N° 752. Mai 1726.

Extrait des preuves de nobleffe d'Alexandre de Ponat, reçu chevalier de Malte en 1667, mentionnant les contrats de mariage de Gafpar de Ponat avec Anne de Bérenger, fille d'Alexandre, feigneur du Gua, du 3 février 1667; d'Alexandre Bérenger avec Françoife Cofte, du 27 décembre 1637; de Gafpar de Bérenger avec Ifabeau d'Aragon, du 24 avril 1608; de Gabriel Bérenger avec Alix de Lhère, du 15 novembre 1576; les teftaments d'Alexandre de Bérenger en faveur d'Anne, fa fille, du 1er février 1674, & de Gafpar de Bérenger au profit d'Ifabeau (d'Aragon), fa femme, du 15 février 1610.

Copie n. f., papier, français [XVI.

N° 753. 25 feptembre 1776.

Vente par Raymond-Pierre, marquis de Bérenger, feigneur du Gua, Vif, &c., brigadier des armées du roi, colonel du régiment de l'Ile-de-France, chevalier d'honneur de Madame, à Mre Charles de Chabrières, chevalier, feigneur de la Roche, Peyrins, Mours, Beaumont-Monteux, &c., confeiller du roi en fes confeils, préfident en la chambre des comptes de Dauphiné, & à Mre Jean-Baptifte Jaquemet, fils, feigneur de Saint-Georges, confeiller au parlement de Grenoble, favoir: 1° au feigneur de Peyrins des terre & comté de Charmes, comprenant les paroiffes de Charmes, Saint-Muris, Saint-Donat, Bathernay & Bren, avec toute juftice, droits, cenfes, &c., pour 316,000 livres, dont 160,000 pour les terriers, 123,200 pour les cenfes directes, 36,800 pour les droits perfonnels, 118,000 pour les moulins, domaine & châteaux de Saint-Muris & de Charmes, 36,000 pour partie du devès & 3,000 pour épingles; 2° au feigneur de Saint-Georges, la terre & feigneurie de Margès, avec la portion de Charmes au midi de l'Herbaffe, les cenfes, rentes, droits, & le pré allodial de Margès, pour 23,820 livres, dont 250 pour épingles.

Extrait notarié figné, papier, français [XVII.

N° 754. 28 janvier 1777.

Extrait des titres produits par Mre Raymond-Pierre Bérenger, appelé marquis de Bérenger, comte du Gua, feigneur de Vif, Pafquiers, &c., colonel du régiment de l'Ile-de-France, &c., nommé chevalier-commandeur des ordres de S. M., pour les preuves de fa nobleffe, mentionnant: les lettres patentes du roi qui nomment le duc de Noailles & le comte de Talleyrand pour examiner ces preuves; les lettres patentes qui le font chevalier d'honneur de Madame, du 1er avril 1771; fon brevet de brigadier d'infanterie, du 20 avril 1768; fon contrat de mariage avec Marie-Françoife de Saffenage, du 3 juin 1755; fon baptiftaire à Saint-Nicolas-des-Champs à Paris, le 2 décembre 1733, où il eft dit fils de Pierre, comte du Gua, & d'Antoinette de Boucher d'Orfay; le procès-verbal des preuves de nobleffe de fon père, &c.

Original figné & fcellé, avec les armes: « Gironné d'or & de gueules », parchemin, français [XVIII.

N° 755. 7 mars 1779.

Commiffion donnée par Louis-Staniflas-Xavier, fils de France, grand-maître général des ordres de Notre-Dame du Mont-Carmel & de Saint-Lazare, à Antoine-René de Voyer d'Argenfon, marquis de Paulmy, & Auguftin de Maffo, chevalier de la Ferrière, pour informer fur la vie & les mœurs du marquis de Bérenger, nommé chevalier defdits ordres.

Original figné & fcellé, parchemin, français [XIX.

N° 756. 2 juin 1779.

Extrait des titres produits par le même Pierre-Raymond Bérenger, nommé chevalier des ordres militaires & hofpitaliers de Notre-Dame du Mont-Carmel & de Saint-Lazare, pour les preuves de ſa nobleſſe. On y trouve mentionnés : le teſtament de Pierre, ſon père, du 31 juillet 1741 ; les contrats de mariage dudit Pierre avec Antoinette-Françoiſe Boucher d'Orſay, du 1er ſeptembre 1727 ; le teſtament olographe de Jacques en faveur de Pierre de Bérenger, du 1er février 1722 ; les contrats de mariage de Jacques, fils d'Alexandre & de Françoiſe Coſte, avec Marie-Anne de Simiane, du 22 mai 1678 ; d'Alexandre Bérenger avec Françoiſe Coſte, du 27 décembre 1637 ; de Gaſpar avec Iſabeau d'Aragon, du 24 avril 1608 ; de Gabriel avec Alix de Lhère, du 15 novembre 1576 ; de Claude avec Guillerme de Chiſſé, du 15 août 1497 ; de Georges avec Guillemette de Saſſenage, du 12 avril 1456 ; &c.

Original ſigné & ſcellé, papier, français [XX.

N° 757. 3 juillet 1779.

Information ſur la vie & les mœurs de M. le marquis de Bérenger par les commiſſaires députés, lorſqu'il fut nommé chevalier des ordres de Notre-Dame du Mont-Carmel & de Saint-Lazare. Les témoins entendus ſont l'évêque de Séez (Dupleſſis d'Argentré), Louis-François, marquis de Monteynard, & Marie-Louis Caillebot, marquis de Caillebot-la-Salle, lieutenants généraux des armées du roi.

Original, ſigné & ſcellé, papier, français [XXI.

N° 758. 1795-1796.

Lettres de M. de Bérenger à Mme la maréchale de Richelieu, au ſujet du payement de ſes créances ſur la ſucceſſion de M. de Marbeuf ; il lui dit qu'elle ne pourra pas être payée de ſitôt.

2 autographes, papier, français [XXII-III.

N° 759. 15 octobre 1799.

Billet de M. de Bérenger réclamant à Vatel, homme de loi à Paris, la groſſe du bail d'une maiſon rue Saint-Germain, appartenant à Mme de la Tour, ſa nièce.

Autographe, papier, français [XXIV.

BÉRENGER DE PUYGIRON

N° 760. 3 mars 1547.

Teſtament de noble & puiſſant Jean Béranger, chevalier, ſeigneur de Morges, Puyboſon, Tréminis, Ravel, &c., La Rochette-*Cornaille* (Cormaille) & Puigiron (Puygiron) en Dauphiné, de Caderouſſe au Comtat & de Teyſſieu & Belmont en Savoie, en faveur de Guillaume, ſon fils, pour La Rochette & ſes dépendances à Creſt, Eurre, Puygiron, Sauzet, Montboucher & Caderouſſe, & de Giraud, ſon autre fils, pour Morges & les autres terres du Trièves, avec des legs à ſa femme, Olympe Bonlot (Boniot), & à ſes enfants. Olympe Bonlot reçoit 100 écus d'or ſol & deux chambres au château de Puygiron, la Chaude & celle de Saſſenage ; Jacques, Jean & Pierre, ſes fils, obtiennent 500 écus d'or ſol ; Annies (Anne), Bonne & Martine, ſes filles, 1,500 écus & leurs robes nuptiales ; Gabrielle, femme de Pierre de Tornier, écuyer, 200 écus outre ſa dot ; Françoiſe, religieuſe à Avignon, 40 écus ; Jean, fils naturel de noble François, ſon frère, le logement & l'entretien. Le teſtateur veut être inhumé dans la tombe de Philippe Alamand à Saint-Michel de Puygiron ou à Morges, nomme exécuteurs teſtamentaires, ſa femme, Pierre, ſon frère, Jean Béranger, écuyer, dit Blanc, &c.

Expédition notariée du 4 août 1695, légaliſée par Joubert vi-ſénéchal de Montélimar, papier, français [XXV.

N° 761. 22 mars 1595.

Bail à ferme par noble Pierre de Béranger, ſeigneur de Puygiron & la Rochette, à Cheyſſière & Chambaud, de la ſeigneurie de la Rochette, avec ſes droits & dépendances, pour 4 ans & 120 écus ſol par an.

Expédition notariée du 15 mai 1696, papier, français [XXVI.

N° 762. 5 juin 1597.

Teſtament de noble Pierre de Bérangier, ſeigneur de Puygiron & la Rochette, en faveur de noble Abel de Bérangier, ſeigneur de Morges, ſon neveu, avec un legs de 14,000 livres à Gabrielle, ſa fille, & de 200 écus à Jeanne & Gabrielle, ſes autres filles ; quant à noble Antoine, son fils, il lui laiffe feulement 5 fols tournois, « le defadvouant & privant de fon héritage & biens a faulte d'hobeiffance de voulloir hobeir audit fieur fon père ». Le teftateur veut être enfeveli dans la chapelle du château & dans la tombe de Jean, fon père. Fait au château de Puygiron, en la grand' falle.

Expédition notariée du 13 août 1695, papier, français [XXVII.

N° 763. 10 juillet 1610.

Contrat de mariage de noble Antoine de Béranger, feigneur de Puygiron & la Rochette, fils de Pierre & de Marguerite de Guichard, avec Anne du Blanc, fille de Pierre, juge des conventions royaux de Nîmes, co-feigneur de Broc en Provence, & de Camille de Caulier, dotée de 12,000 livres tournois, outre fes habits; la future eft affiftée par Antoine du Blanc, prévôt de la cathédrale de Toulon, & par Georges, gentilhomme ordinaire de la chambre du roi, fes frères. Fait à Sarrians.

Copie n. f., papier, français [XXVIII.

N° 764. 11 octobre 1620.

Baptiftaire de noble Adrian (Adrien) de Bérenger, âgé de 3 ans, fils d'Antoine & d'Anne du Blan (Blanc), feigneurs de Puygiron & la Rochette : parrain noble Adrien de Bazemont, marraine Marie du Blanc.

Expédition fignée par Bauchon, curé de Puygiron, le 15 février 1695, & légalifée par Joubert, vi-fénéchal de Montélimar, papier, français [XXIX.

N° 765. 29 août 1645.

Teftament d'Anne du Blanc, femme de noble Antoine de Bérenger, en faveur de Guillaume, fon fils, meftre de camp d'infanterie de S. A. R. de Piémont. Elle donne 1,500 livres à Adrien, fon fils aîné, & à Louife, fa fille, femme de noble Georges de Laurans (Laurens); 4,000 livres à Catherine, fon autre fille, & 100 livres à Antoine de Bérenger, fon mari. Sa fépulture devra être faite dans la chapelle de Saint-Jean-Baptifte de Puygiron.

Expédition notariée, papier, français [XXX.

N° 766. 30 avril 1653.

Tranfaction entre nobles Adrian de Béranger, feigneur de Puygiron, & Guillaume, ſon frère, meſtre de camp d'un régiment de gens de pied de S. A. R. de Piémont, réduiſant à 12,000 livres les 20,000 promiſes à Guillaume dans l'acte d'émancipation du 25 juillet 1647 & dans un accord du 1er août ſuivant. Adrien cède audit Guillaume ſon droit de révoquer la vente de la ſeigneurie de la Rochette, faite par leur père à noble Gabriel de la Baume, & obtient de lui abrogation de la clauſe inſérée dans les actes d'émancipation & d'accord ſus-mentionnés, qui défend l'aliénation de Puygiron ſans la permiſſion d'Antoine, leur père, & dudit Guillaume, &c. Fait à Montélimar, devant nobles René-Hector de Marcel de Blaïn, baron du Poet, Charles de Veſc, ſieur de Combemont, Jacques d'Urre, exempt des gardes du roi, premier gendarme de France, &c.

Expédition notariée, papier, français [XXXI.

N° 767. 22 février 1656.

Tranſaction entre nobles Adrien & Guillaume de Bérenger, frères, attribuant à Guillaume la grange & le tènement de David, entre la commanderie de Boynezac & le Jabron, à la réſerve de la moitié d'une vigne nouvellement plantée ; le petit jardin & la vigne contigus aux murailles du bourg ; tous les bois & bruyères, depuis la combe du Vas juſqu'aux limites de Boynezac ; la moitié du four banal, des corvées, cenſes, lods, &c. Les officiers de Puygiron ſeront créés par les deux frères & chacun d'eux ſe réſerve le droit de prélation en cas de vente de ſa part. Fait au château dans la ſalle baſſe, en préſence de noble Scipion de Bernoin, ſieur de Montdragon, de Valeron, curé, &c.

Expédition notariée, papier, français [XXXII.

N° 768. 11 avril 1660.

Tranſaction entre nobles Adrien & Guillaume de Bérenger, frères, ménagée par Charles de Grolée, comte de Viriville, ſeigneur de Taulignan, &c., gouverneur de Montélimar, d'après laquelle Guillaume, ſeigneur de Puygiron, par ſuite de la donation qu'Adrien lui en a faite, le 21 juillet 1659, devra payer aux créanciers de ce dernier 1,050 livres, outre les ſommes déjà payées à Alexandre de Veſc, ſeigneur d'Eſpeluche, & à Philippe de Bompard, femme dudit Adrien, &c. Il eſt auſſi réglé que la penſion de 680 livres, ſervie par Guillaume au même Adrien, eſt réduite à 600, à cauſe du peu de revenu des biens donnés & du peu d'importance de la fubftitution des biens de feu noble François de Bérenger de Morges.

Expédition notariée, légalifée en 1677 par Paul de Durand, vi-fénéchal de Montélimar, papier, français [XXXIII.

N° 769. 16 novembre 1660.

Vente par noble Louis de Marcel, fieur de Saint-Andéol, de Montélimar, à Guillaume de Béranger, feigneur de Puygiron, d'un grangeage & tènement de terres, prés, bois, &c., au quartier de David, acquis par le baron du Poët, fon père, de Jacques Roy, le 11 décembre 1647, & par celui-ci des confuls de Puygiron, le 9 août 1626. Le prix eft fixé à 1,350 livres.

Expédition notariée, parchemin, français [XXXIV.

N° 770. 9 avril 1683.

Contrat de mariage de noble Adrien de Bérenger, feigneur de Puygiron, fils de défunt noble Antoine & d'Anne du Blanc, avec Conftance Seigneuret, fille de feu Laurent, marchand à Montélimar, & de Jeanne Gros, dotée de tous fes biens préfents & futurs.

Expédition notariée, parchemin, français [XXXV.

N° 771. 19 juillet 1684.

Baptiftaire de Marie-Françoife de Béranger, fille d'Adrien de Béranger, feigneur de Puygiron, & de dame Conftance Seigneuret: parrain, Charles Roftaing de Grolée, gouverneur de Montélimar; marraine, Françoife du Roure, douairière de Vogué.

Expédition fignée par Bauthéac, curé de Sainte-Croix de Montélimar, & par Joubert, vi-fénéchal, en 1695, papier, français [XXXVI.

N° 772. 11 août 1689.

Teftament de noble Adrien de Béranger, feigneur de Puygiron, demeurant à Bartras fur Sauzet, la Bâtie-Rolland & Montboucher, en faveur de Conftance Seigneuret, fon époufe. Il lègue 1,200 livres à Marie, Françoife, Jeanne & Madeleine-Henriette, fes filles, veut être enfeveli à Saint-Andéol fur la Bâtie-Rolland ou à Sainte-Croix de Montélimar, & charge fa femme de remettre l'héritage à celui de fes enfants qui fera le plus docile.

Expédition notariée, papier, français [XXXVII.

N° 773. (Vers 1695.)

Mémoire établiſſant la nobleſſe de Marie-Françoiſe, de Jeanne & de Madeleine-Henriette, filles d'Adrien de Bérenger & de Conſtance Seigneuret, ſur ce que Guillaume, héritier d'Adrien, a toujours été qualifié noble dans ſes actes de famille & dans les rôles de tailles de Puygiron & que cette qualification convient auſſi bien à Adrien, l'aîné, qu'à Guillaume, le cadet, & à ſes enfants. Le même mémoire ajoute que Barbe Agaron, veuve de Guillaume, étant décédée ſans enfants mâles, a laiſſé égarer le certificat de nobleſſe donné par Dugué, intendant du Dauphiné, à Adrien de Bérenger, en 1667.

Copie n. ſ., papier, français [XXXVIII.

N° 774. 2 août 1695.

Certificat du lieutenant de roi à Montélimar & d'autres gentilſhommes de la ville, prouvant l'ancienne nobleſſe de Mre Adrien de Béranger, de ſon vivant « ſeigneur de Puygeron », lequel a ſervi dans les armées du roi « en quallité de cappitaine en divers régiments ».

Original ſigné par du Poet, d'Eurre, de Ryconnières, Toullon, Bimard, Arpavon, Saint-Ferréol, de Rippert, la Rolière, &c., papier, français [XXXIX.

N° 775. 20 janvier 1696.

Certificat des maire, conſuls & conſeillers anciens & modernes de Montélimar ſur la réſidence dans la ville d'Adrien de Bérenger, depuis la donation de Puygiron à Guillaume, ſon frère, en 1659, juſqu'à ſon décès, en mai 1692 : il y eſt dit que le même Adrien n'a pas été compris aux rôles de tailles, comme étant d'ancienne nobleſſe & ne poſſédant aucun immeuble.

Original, papier, français [XL.

N° 776. 21 janvier 1696.

Extrait des rôles de tailles de Puygiron, d'après lequel noble Guillaume de Béranger, ſeigneur du lieu, était impoſé, en 1661, pour 38 livres ; en 1666, pour 42 ; en 1669, pour 24 ; en 1670, pour 39 ; &c.

Copie légaliſée par Duclaux, préſident de l'élection en 1696, papier, français [XLI.

N° 777. 21 janvier 1696.

Extrait des rôles de tailles de Puygiron, mentionnant, en 1668, les hoirs de Mre Guillaume de Béranger, ſeigneur du lieu, pour 31 livres 1/2 ; en 1672, pour 5 livres ; en 1673, pour 30 ; en 1686, pour 24; en 1694, pour 103 1/2; &c.

Copie ſignée, légaliſée par Duclaux, préſident de l'élection, le 21 janvier 1696, papier, français [XLII.

N° 778. (XVIIIe ſiècle.)

Armes des Bérenger de Puygiron : « Gironné d'or & de gueules »; — des Guichard : « D'azur à deux chiens affrontés d'argent poſés chacun ſur leurs pieds de derrière »; — des Seigneuret : « D'azur au croiſſant d'argent ſurmonté d'une couronne d'or, & au chef de gueules à trois étoiles d'or ».

Papier deſſiné & colorié à la main [XLIII.

BÉRENGER DE SASSENAGE

N° 779. 17 mars 1357.

Promeſſe faite par Guillemette, femme de Guigues Barnier, Lantelme, leur fils, Raynaud Bovier, la femme de Pierre Agniard, ſœur dudit Raynaud, d'obéir à juſtice & de payer ce qui ſera dû : tous avaient été traduits devant la cour commune des co-ſeigneurs de Pariſet, pour avoir pris de force la fille de Pierre Payan & cherché à la conduire hors du mandement. Les co-ſeigneurs étaient : le dauphin, Didier de Saſſenage, Gilet Benoît, Guillaume du Vernet, au nom de Jeanne, ſa femme, François de Colonges, Aimar de Brine & noble Philippe de Pariſet.

Expédition notariée, parchemin, latin [XLIV.

N° 780. 29 juillet 1355.

Commiſſion donnée par Ambel d'Ambel, juriſte & juge de toute la terre de noble & puiſſant Didier de Saſſenage, co-ſeigneur du lieu & de Pariſet, à Raynaud du Gua, notaire, d'expédier les actes reçus par Pierre Faure, du Villar, notaire public.

Inſérée dans l'acte du 17 mars 1357 [XLIV].

N° 781. 24 février 1399 (v. f.).

Teftament de magnifique & puiffant François de Saffenage, chevalier, feigneur de Saffenage & de Vinay : il veut être inhumé avec fes ancêtres dans l'églife du prieuré de Saint-Robert & dote le couvent de 50 florins de rente annuelle ; affranchit Hanequin, fon valet de chambre, des tailles, toltes, corvées, chevauchées, fubfides, dons & tributs quelconques, outre un legs de 50 florins ; lègue 200 florins à noble Telmon d'Yferand, fon écuyer ; affure à Alafie de Châlon, fon époufe, la reftitution de fa dot ; donne à Jeanne, fa fille aînée, 10,000 francs & les châteaux de Sainte-Jalle & de Rochebrune ; à Antoinette, pour fa dot, les biens & revenus du teftateur à Montpellier & 3,000 francs ; à Gonette & Françoife, 4,000 francs ; laiffe à Albert de Saffenage, dit Compagnon, fils du feigneur de Saint-André, toute la terre de Vinay, à la charge de porter le nom & les armes de cette maifon ; inftitue héritier univerfel fon fils pofthume ; lègue le refte de fes biens à Henri de Saffenage, dit Roux, fon neveu, fils du feigneur de Saint-André, avec fubftitution au profit d'Antoine de Saffenage, frère d'Henri, vicomte de Tallard. Fait à Saint-Robert, devant Aymon (I de Chiffé), évêque de Grenoble, le feigneur de Montmaur, gouverneur du Dauphiné, Guillaume de Rouffillon, Rodolphe de Commiers & Didier de Brine, chevaliers, Antoine de Commiers & Soffrey Tholon, confeillers delphinaux, Jean Martin, prieur de Saint-Nazaire, noble Jean Robert, dit Polian.

Expédition notariée du XVIe fiècle, papier, latin [XLV.

N° 782. 31 mai 1447.

Quittance par Jean Corthoys, phyficien & médecin, à noble & puiffant baron, François de Saffenage, de la fomme de 40 florins, repréfentée par un mulet. Noble Pierre de Mons, drapier & citoyen de Grenoble, s'était rendu caution pour le baron envers Corthoys d'une fomme de 100 florins, & celui-ci avait promis de lui donner en médecine de l'or potable (*quoddam bolum aureum feu aurum comeftibile & potabile*), remède fort efficace à fon dire ; mais comme il ne put le faire prendre, François de Saffenage demanda une réduction des 100 florins, au dire d'arbitres. Nobles & puiffants Amblard de Beaumont & Antoine Allemand, feigneur de Saint-Georges, décidèrent qu'il ferait donné au phyficien un mulet valant 40 florins. Fait à Saſſenage, devant noble Jacques de Ravel, &c.

Expédition notariée du temps, parchemin, latin [XLVI.

Nº 783. 21 août 1511.

Promeſſes faites par noble Humbert Allemand, ſeigneur d'Allières, de garantir noble & puiſſant François de Saſſenage contre noble François d'Yſerand, de Beauvoir, pour la ſomme de 40 écus d'or, & par François de Saſſenage, ſeigneur du Pont-en-Royans, de payer cette ſomme qui était due à Marie Allemand, femme en ſon vivant dudit Humbert.

Minute de notaire ſignée, papier, français [XLVII.

Nº 784. 24 ſeptembre 1529.

Tranſaction entre nobles & puiſſants Philibert de Saſſenage, baron, & André Bérenger, ſeigneur du Gua, touchant l'exécution d'un accord, du 1er août 1510, entre Jean Bérenger, ſeigneur du Percy, fils & héritier de Guillermette de Saſſenage, veuve de Georges Bérenger, ſeigneur du Gua, d'une part, & magnifique & puiſſant Louis de Saſſenage, chevalier, baron de Saſſenage, repréſenté par Anne de Montlaur, ſa femme. Guillermette de Saſſenage, fille de François de Saſſenage & de Philippe Allemand, laiſſait des droits ſur ſa dot & ſur l'augment de ſa mère à Jean Bérenger ; or, Claude, ſon frère & cohéritier ab inteſtat, tranſmit ſes droits à André Bérenger, ſon fils, ceſſionnaire de nobles Georges & Jeanne Bérenger, frère & ſœur, cohéritiers de noble Jean Bérenger & de vénérable frère Claude d'Ameyſin, commandeur de Saint-Antoine de Viennois, & de Charles & Claude le Jeune d'Ameyſin, fils & héritiers de Jeanne Bérenger, veuve de noble Aymon d'Ameyſin. Il eſt décidé que Philibert de Saſſenage payera 250 florins par an, de 12 ſols tournois l'un, à André Bérenger. Fait à Grenoble, devant nobles Claude Gras & Claude Bonet, prieur de Ribiers.

Copie du XVIe ſiècle n. ſ., papier, latin [XLVIII.

Nº 785. 27 juillet 1570.

Teſtament d'Antoine « de Chaſſenaige », ſeigneur de Montelier & d'Izeron, chevalier de l'ordre du roi, gouverneur de Valence & ſon reſſort, en faveur de Laurent, ſon fils aîné, avec des legs à ſes

N° 787

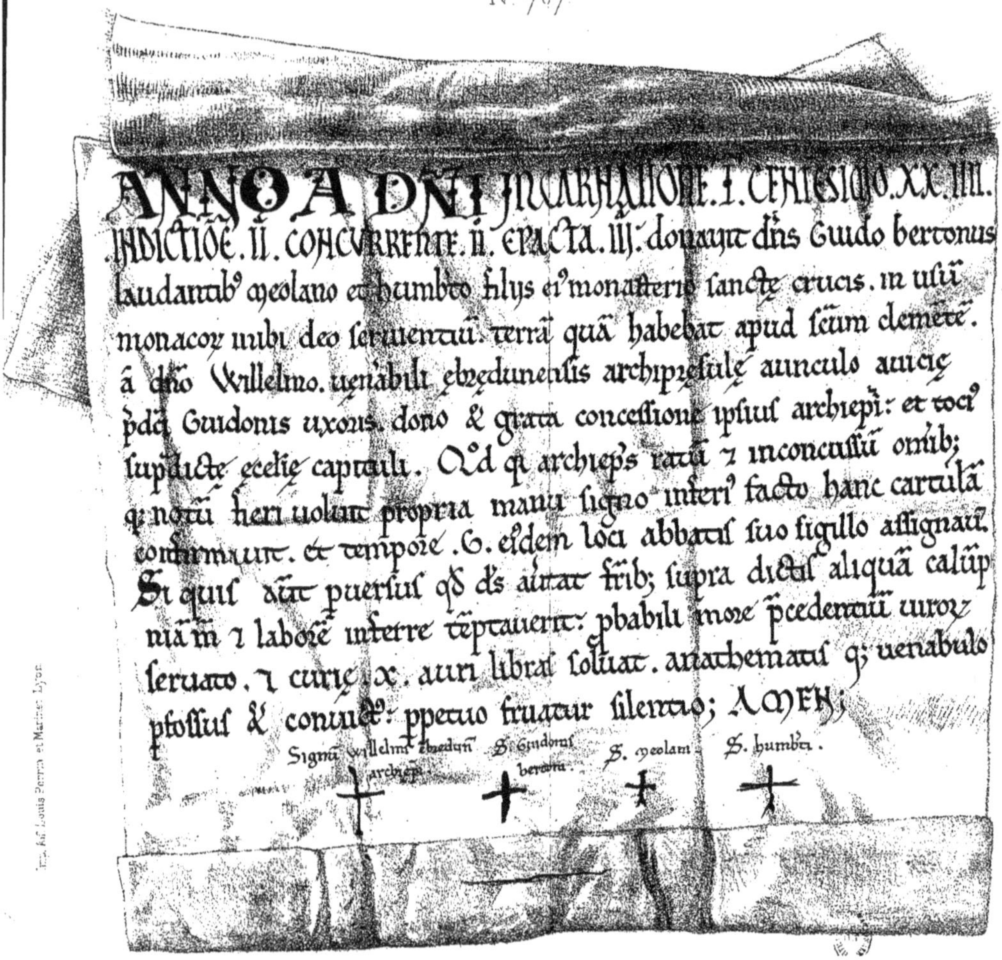

ANNO A DNI INCARNATIONE .I. CENTESIMO .XX. IIII.
INDICTIONE .II. CONCURRENTE .II. EPACTA .III. donavit dns Guido bertonus
laudantib9 Meolano et humberto filys ei9 monasterio sancte crucis. in usu
monacoz inibi deo servientiu. terra qua habebat apud scum clemete.
a dno Willelmo. venabili ebreduneñsis archipresule avunculo avicie
pdci Guidonis uxoris. dono & grata concessione ipsius archiepi: et toci9
supdicte ecclie capituli. Quod qd archieps ratu 7 inconcussu omib;
q; notu fieri volunt propria manu signo inferi facto hanc cartula
confirmavit. et tempore .G. eidem loci abbatis suo sigillo assignavit.
Si quis aut puersus qd ds avertat frib; supra dictis aliqua calup
nia m 7 labore inferre teptaverit: pbabili more pcedentiu viroz
servato. 7 curie .x. auri libras solvat. anathematis q; venabulo
pfossus & convict9: ppetuo fruatur silentio; AMEN;

Signu Willelmi ebredun archiepi. S. Guidonis bertoni. S. Meolani. S. humbti.

Imp. lith. Louis Perrin et Marinet, Lyon

autres enfants : 4 écus d'or fol de penfion annuelle à fa fœur Jeanne, religieufe à Vernaifon ; les terres d'Izeron & de Montrigaud à Antoine; 6,000 livres tournois à Françoife, outre fes robes nuptiales ; 10 livres à Ifabeau, femme d'Antoine Reymond, outre fa dot; 300 livres à Jean-Louis (fils naturel). Il nomme Antoinette de Fay, fon époufe, élit fa fépulture à Montelier, dans l'églife de Saint-Prix, & charge fon héritier univerfel de pourfuivre le procès pendant au fujet de Montrigaud contre Catherine de Meuillon (Mévouillon). Fait à Valence, dans la maifon d'Antoine & Jean de Dorne, docteurs ès-lois de leur vivant, en préfence de Michel Florenfon « pedagogue & meftre deftude des enfans du feigneur teftateur », Guillaume de La Mérie, écuyer, natif de Saint-Laurent-du-Pont, &c.

Original figné, papier, français [XLIX.

BERNON-MONTELÉGER

N° 786. 15 mai 1790.

Lettre des maire & officiers municipaux de Romans, follicitant un congé d'été pour M. de Montelégier, lieutenant-colonel de Royal-Piémont (cavalerie), élu préfident de l'un des arrondiffements de la ville & nommé électeur pour la formation des affemblées adminiftratives.

Original, papier, français [I.

BERTON

N° 787. 1124.

Confirmation par l'archevêque d'Embrun à G., abbé de Sainte-Croix, de la donation qu'avait faite le feigneur Guy Berton audit monaftère de fa terre de Saint-Clément, venue de Willelme, archevêque d'Embrun, oncle d'Avicie, femme du donateur, avec l'approbation de Méolan & d'Humbert, fils dudit Guy.

Original, parchemin, avec trace de fceau, latin (voir le fac-fimile ci-contre) [I.

N° 788. Juillet 1189.

Promeſſe avec ſerment de Raynaud Berton, chevalier, de Balbes, à illuſtre prince Philippe, roi de France, de paſſer les mers dans un an, à partir du mois d'août ou plus tôt, s'il l'ordonne, avec neuf chevaliers à ſa ſuite & dix baliſtiers bien équipés. En cas de mort avant le terme, il charge Baſamond, ſon fils aîné, ou Thomas ou tout autre à ſa place, de partir avec le même nombre de chevaliers & de baliſtiers. Fait à Lyon, devant Radulphe *de Sanaiva*, Willelme de Alamanz & Pierre *Froleſii*, chevaliers. Raynaud aſſure qu'en cela il a voulu ſuivre les traces de quelques-uns de ſes prédéceſſeurs, accompagnant les rois de France & les comtes de Savoie en Terre-Sainte.

Original, parchemin, latin (voir le fac-ſimile ci-contre) [II.

N° 789. 30 octobre 1636.

Lettre de M. de Crillon à M. Leuvanas fils, de Cavaillon, où il lui rappelle ſes bontés, lui parle du ſilence de ſon frère le chevalier, qui déſirait de l'emploi & ne lui en a rien dit, du régiment qu'il a obtenu facilement & de la difficulté actuelle de placer ſon frère, & termine en le priant de retirer toute ſa vaiſſelle parce que tout eſt cher pour s'équiper, & de ne pas l'abandonner en cette occaſion où il y va de ſon honneur.

Autographe, papier, français [III.

N° 790. 30 décembre 1669.

Arrêt du parlement de Toulouſe, ordonnant l'entière exécution de la ſentence du vi-ſénéchal de Forcalquier, qui donne la jouiſſance du château de la Coſte à Mre Joſeph-Dominique-Nicolas de Berton, marquis de Crillon, & à Eliſabeth de Simiane, ſon épouſe, & défend à Mre Octavien de Simiane, baron de la Coſte, de les y troubler.

Expédition authentique, parchemin, français [IV.

N° 791. 18 janvier 1670.

Commiſſion au premier huiſſier requis de faire exécuter l'arrêt du parlement de Touloufe.

Expédition authentique, parchemin, français [V.

N° 792. Juin 1723.

Extrait du procès-verbal des preuves de Malte pour Guillaume de Lopis la Fare, du 14 octobre 1660, mentionnant le contrat de mariage de noble Gilles de Berton, feigneur de Crillon, fils de Louis, avec Jeanne de Grillet, du 19 avril 1529.

Copie n. f., papier, français [VI.

N° 793. Mai 1728.

Extrait du procès-verbal des preuves de nobleffe de Pompée de Galiens, reçu chevalier de Malte, en 1621, citant le contrat de mariage de Balthafar de Galiens, écuyer, feigneur de Védennes & de Saint-Savournin, avec Émilie de Berton, fille de Gilles & de Jeanne de Grillet, du 30 janvier 1571, & le teftament dudit Gilles, du 9 janvier 1560.

Copie n. f., papier, français [VII.

N° 794. Mai 1728.

Procès-verbal des preuves de nobleffe pour fa réception dans l'ordre de Malte, le 5 décembre 1587, d'Ariftide Berton, fils de Thomas, chevalier de l'ordre du roi & gentilhomme de la chambre, & de Marguerite de Guilliem. Les témoins ouïs font Aimar de Vaffadel, Paul-Antoine de Puget, Truphémon de Modène & Guillaume de Rivière, feigneur de Sainte-Marie & co-feigneur de Remuzat. Ils dépofent que Thomas, né & baptifé à Pernes, était fils de Gilles & de Jeanne de Grillet, tous les deux nobles de nom & d'armes.

Copie n. f., papier, français [VIII.

N° 795. 1780.

Requête en profit de défaut préfentée au roi & à fon confeil par Louis-Anaftafe-Boniface Balbe de Berton de Crillon, abbé commendataire de Grand-Selve, ancien agent du clergé de France, contre les prieur, fyndic & religieux de l'abbaye & contre D. Thouris, commiffaire provifeur du collége de Saint-Bernard à Touloufe, membre dépendant de l'abbaye ciftercienne. L'abbé de Crillon, après ſa priſe de poſſeſſion, a demandé le partage des biens de l'abbaye au grand conſeil, & les religieux ont élevé un conflit à ce propos entre le parlement de Toulouſe & le grand conſeil.

Copie ſignée par Dumeſnil de Merville, papier, français [IX.

N° 796. (XVIIIe ſiècle.)

Tableau généalogique pour Ariſtide de Berton, reçu à Malte en 1587, fils de Thomas & petit-fils de Gilles.

Copie n. ſ., papier, français [X.

N° 797. (XVIIIe ſiècle.)

Inventaire des titres de famille, rappelant le mariage de noble Louis de Seytres-Caumont avec Marguerite Bertonne, fille de noble Gilles Berton, ſeigneur de Crillon, du 7 février 1558; le teſtament de magnifique Gilles Berton, fils de Louis, du 9 janvier 1560; les lettres du roi données à Claude, Gilles & Louis Berton, frères, d'Avignon, pour jouir des priviléges & franchiſes des régnicoles, acquérir & poſſéder, &c., d'avril 1550, vérifiées le 4 ſeptembre ſuivant.

Copie n. ſ., papier, français [XI.

BIGOT

N° 798. 27 juin 1281.

Vente par Jacques Alayrie, d'Allevard (*de Alavardo*), à Lanterme Bigot, du même lieu, d'une fétérée de pré à la maladière de Saint-Pierre, limitant la voie publique, pour 60 ſols viennois que le vendeur déclare avoir reçus.

Original, parchemin, latin [I.

N° 799. 4 mai 1318.

Donation entre vifs par Antoine Bigot, fils de défunt Lantelmet, d'Allevard, déſirant entrer dans l'ordre des Frères-Prêcheurs de

Grenoble, à Autachon (*Autachono*) Bigot, ſon cher frère, de tous ſes biens meubles & immeubles.

Original, parchemin, latin [II.

N° 800. 4 mai 1318.

Déclaration par Autachon Bigot à ſon frère Antoine que, s'il venait à ſortir de l'ordre religieux, la donation précédente ſerait nulle.

Inſérée dans la donation précédente [II]

N° 801. 29 mai 1327.

Échange de cenſes entre religieux & noble Aſchiriens *de Furiaco*, chevalier, commandeur de Saint-Jean de Jéruſalem de Vizille & d'Allevard, avec l'approbation de frère Robert, chapelain & recteur de la maiſon d'Allevard, & noble Pierre Bigot, dudit lieu. Le commandeur cède 22 deniers de cenſe avec le plaid, dus par Bigot, héritier de Jeannet, enfant donné de feu Albert Bigot, pour maiſon à Allevard, & 10 deniers ſervis par Péronet Guis ; de ſon côté Pierre donne 5 ſols viennois, pour terre hors du pont d'Allevard.

Original, parchemin, latin [III.

N° 802. 29 juin 1327.

Émancipation de Péronet Bigot, devant l'official de la cour de Grenoble, Odon de Bouquéron (*de Bucurione*), par noble Guillaume Bigot, ſon père, chevalier, en l'offrant par la main audit official (*offerendo per manus*), ſuivie d'une donation entre vifs de 30 livres de cenſe annuelle ſur ſes biens & revenus de Moreſtel & Goncelin, par le père au fils.

Original, parchemin, latin [IV.

N° 803. 27 ſeptembre 1348.

Teſtament de Catherine, femme de noble Guillaume Bigot, d'Allevard, chevalier, en faveur de Guillaume, ſon fils. Elle élit ſa ſépulture au monaſtère de Saint-Laurent-d'Oulx, lègue 2 florins à l'égliſe de Voreppe (*de Voraypo*), 20 ſols à celle d'Exilles, &c.; 5 florins à Philippe, ſa fille; 10 florins à Lantelme, Reodon, Jean,

Heymeric & Peret, fes enfants ; fes joyaux (*gaudiola fua*) à Peronette, femme de Pierre Bigot, fils de fon mari, & à Catherine, femme de Guillaume, fon fils à elle. Fait au château d'Exilles.

Original, parchemin, latin [V.

BOCSOZEL

N° 804. 15 feptembre 1288.

Vente par nobles Aymon de Bocozel, feigneur de Maubec, & Humbert, fon frère, à Humbert François (*Francifci*), damoifeau, de 4 livres & 15 deniers de cenfe annuelle dans la paroiffe de Chatonnay, de dix *meytaria* de blé de cenfe dans la paroiffe de Maubec, de 14 deniers de cenfe dans la paroiffe de La Roche, pour le prix de 2 livres qui ont été payées. Les emphytéotes qui doivent les cenfes font Albert François, chevalier, Pellatier, Pyolat, &c., & les fonds grevés fe trouvent près du lac de Maubec & de la terre de feu Aymar de Mayrieu, chevalier. La vente eft certifiée par Pierre de Bez, official de Vienne.

Expédition authentique, parchemin, latin [I.

N° 805. 24 août 1301.

Inveftiture après foi & hommage des château & mandement de Cafeneuve (*Caffenove*) par Humbert, dauphin de Viennois, comte d'Albon & de la Tour, à Jeannette, fille de défunt noble Aimon de Bofoçel, feigneur de Maubec. Donnée à La Balme.

Original, parchemin, latin [II.

N° 806. 20 juillet 1492.

Vente par Eynard Brun, clerc, de Menufamille, autorifé à cet effet par le parlement de Dauphiné, à nobles Jean & Claude Rigaud, fils de Jean, & à noble Pierre de Boczozel, procureur naturel defdits Jean & Claude, avec le confentement de leur père, d'un tènement de terre, pré & bois à la Motte sur Menufamille, mandement de Falavier, de 6 sétérées en tout, pour 80 florins de 12 sols l'un & le sol de 4 liards, plus 5 coupes de blé de pension annuelle. Fait à Grenoble, dans le jardin des prisons de la Porte-Troynne.

Expédition notariée, parchemin, latin [III.

N° 807. 27 août 1521.

Testament de noble Antoine de Bocsozel, seigneur d'Eydoche, par lequel il assure l'entretien & la nourriture à Jeanne Mellie, mère d'Antoinette de Bocsozel, fille naturelle d'Artaud, son frère ; donne 100 écus à ladite Antoinette & les biens de Flachères légués par Artaud ; veut être enseveli à Eydoche, au tombeau de ses aïeux, & institue héritier universel noble Bertrand Rabot, conseiller delphinal, avec substitution en faveur de Laurent Rabot & de ses frères, à la condition, en ce cas, de prendre le nom & les armes de Bocsozel. Nobles Jacques de Buffevent, seigneur de Flavins, & Philibert Percival, de la Côte-Saint-André, sont nommés ses exécuteurs testamentaires. Fait à Grenoble, devant Jean Borne, frère Prêcheur, Ponce Acthuier, avocat consistorial, & nobles Guillaume Bachasson, de Saint-Marcellin, & François Barthallay, de Valence.

Expédition notariée, papier, français [IV.

N° 808. 15 août 1525.

Procuration donnée par noble & puissant Georges Terrail, seigneur de Bayard, à RR. PP. Philippe (Terrail), évêque de Glandève, & Jacques Terrail, abbé de Josaphat, ses frères, pour consentir au mariage de Jeanne Terrail, fille de défunt magnifique & illustre Pierre Terrail. Il veut que la maison forte d'Eydoche, avec ses droits, censes, revenus, &c., lui soit constituée en dot pour les 1,200 écus que ledit Pierre, son frère, a voulu lui être payés lors de son mariage, les vêtements nuptiaux compris. Fait à Bayard, dans la cour basse.

Inférée dans l'acte du 24 août suivant [V].

N° 809. 24 août 1525.

Contrat de mariage de noble François de Boczosel, seigneur du Chastelar de Champier, avec noble demoiselle Jeanne, fille de défunt magnifique Pierre Terrail, feigneur de Bayard, chevalier de l'ordre du roi, lieutenant de Dauphiné & capitaine de cent hommes d'armes, dotée par Philippe Terrail, évêque de Glandève, & Jacques Terrail, abbé de Jofaphat, en leur nom & en celui de Georges Terrail, feigneur de Bayard, leur frère, de 1,200 écus d'or fol, felon la volonté de fon père, fomme remplacée par la terre d'Eydoche avec fes droits, à la charge d'acquitter le refte de 400 écus d'or fol dus à Louife de Boczofel, dame de Prarond, & de 100 écus à Antoinette de Boczofel, fille naturelle de feu Artaud, femme de Louis Vincendon. Les prélat & abbé, oncles de la future, lui donnent chacun cent écus d'or fol pour accroître fa dot & 100 livres pour fes habits nuptiaux ; Laurent Allemand, évêque de Grenoble, lui donne auffi 100 livres pour fes vêtements de noces. L'augment du futur eft de 700 écus, plus 300 écus pour les joyaux, & de plus, pour douaire annuel, il affure à Jeanne jufqu'à 100 livres de revenu fur tous fes biens & fur fa maifon de Charpènes à Nantuy. Fait à Grenoble, dans le palais épifcopal, devant Falcon d'Aurillac, préfident ; Jacques Galien, Georges de Saint-Marcel, Aimar du Rivail, confeillers delphinaux ; nobles Barthélemy de Montfort, Pierre de Legaz & Jacques de Buffevent.

Expédition notariée du temps, parchemin, latin (publié par M. Morin-Pons dans les *Mémoires de l'Académie de Lyon*, t. XVII, p. 255) [V.

Nº 810. 17 février 1532 (v. f.).

Teftament de François de Bocfozel, feigneur de la maifon forte du Chaftellar, au mandement de la Côte-Saint-André, par lequel il règle les prières de fes funérailles, auxquelles feront appelés 80 prêtres & religieux ; hypothèque fur fes biens la fondation de deux meffes faite par Anne de Garadeur, fa mère, dans l'églife d'Eydoche ; décide que Piraud & Soffrey, fes fils, feront d'églife & Françoife, fa fille, religieufe ; veut que Jeanne de Bayard, fa femme, foit tutrice de fes enfants ; lui affure pour douaire fa maifon avec jardin au-deffus de la halle de la Côte, fes biens de Nantuy & fa vigne de Reynier ; nomme héritiers univerfels Pierre & Jean, fes fils, avec fubftitution au profit de Piraud, Soffrey & Françoife ; défigne pour fes exécuteurs teftamentaires les évêques de Grenoble & de Glandèves, Guillaume de Garadeur, Gafpar Brunel, feigneur de Mayolans, Guillaume Blanc, feigneur de Perrières, Claude de Virieu, ſeigneur de Pupetières, & François de Laigue. Fait à Champier, en la maiſon rouge du teſtateur, devant Pierre Blanc, ſeigneur d'Armanez, Etienne Tabernier, ſeigneur de Poyntières, François de Dreins, de Châteauvilain, &c.

Expédition notariée, parchemin, français (publié par M. Morin-Pons dans les *Mémoires de l'Académie de Lyon*, t. XVII, p. 260) [VI.

N° 811. 12 mai 1594.

Miſe en poſſeſſion du prieuré de Saint-Jean de Vif pour Pierre de Boczoſel, chanoine de Notre-Dame de Grenoble, repréſenté par Étienne Dumas, clerc, & pourvu dudit bénéfice par le vicaire général de l'évêque de Grenoble : à cet effet Dumas eſt conduit de la grande porte à l'autel, puis à la corde de la cloche & enfin à la porte « du chaſal de maiſon du prieuré ».

Copie n. ſ., papier, français [VII.

N° 812. 21 juin 1667.

Certificat de repréſentation de titres de nobleſſe délivré par Dugué, intendant, à Balthaſar de Bocſoſel, ſeigneur de Montgontier, à François, chevalier de Malte, commandeur de Saint-Paul-lès-Romans, & à Pierre, prieur de Saint-Jean de Vif, Saint-Etienne de Saint-Geoirs & Saint-Nicolas du Motier, ſes frères.

Original, parchemin, français [VIII.

N° 813. 21 juin 1667.

Certificat de vérification des titres de nobleſſe de Balthaſar, François & Pierre de Bocſozel, frères, fils de Pierre & d'Anne de Borel, par l'intendant Dugué, mentionnant : — les contrats de mariage de Pierre avec Anne de Borel, du 8 juin 1620 ; de Soffrey avec Jeanne de Breſſieu, du 6 février 1580 ; de François avec Jeanne du Terrail-Bayard, du 24 août 1525 ; d'Antoine avec Anne de Garadeur, du 3 février 1482 ; — des teſtaments de Pierre en faveur de Balthaſar, du 27 décembre 1641 ; de Soffrey, ſeigneur de Samſon-Rochefort, Chaſtelard, Eydoche, &c., en faveur de Pierre, ſon fils, du 25 ſeptembre 1595 ; de François, contenant un legs à Soffrey, du 17 février 1532 ; — divers actes établiſſant qu'Élinode de Virieu fut femme de François (1489), & mère d'André & d'Antoine; que François était fils de Jean, ainfi que Gafpar (1417); Jean, de Guillaume, chevalier; Guillaume, de Guichard (1346), & celui-ci d'Aymar (1316); Aimar, de Guichard, damoifeau (1303), &c. — Armes: « d'or au chef échiqueté d'argent & d'azur de deux traits. »

Copie fignée, papier, français [IX.

N° 814. 23 juillet 1667.

Requête à la Chambre des Comptes de Grenoble par noble Balthafar de Bocfozel, feigneur de Montgontier, pour l'enregiftrement de l'acte de production de fes titres de nobleffe & du certificat de Dugué, du 21 juin 1667 [n° 813], fuivie de l'ordonnance conforme.

Original, papier, français [X.

N° 815. 24 avril 1675.

Quittance de 300 livres à Balthafar de Bofozel, écuyer, feigneur de Montgontier, pour fa taxe du ban & de l'arrière-ban faite fur les gentilshommes du bailliage de Vienne par Le Marin.

Original, papier, français [XI.

N° 816. 23 juillet 1677.

Hommage-lige à la Chambre des Comptes de Dauphiné rendu par noble Balthafar de Bocfozel, feigneur de Montgontier, entre les mains de Mre Jofeph de la Porte, feigneur d'Eydoche & Eyguebelle, préfident, pour les maifons fortes de la Bâtie-Montgontier, Agilonnay, la Bâtie-Saint-Illaire (Hilaire) dit Charlieu, le château de Chaftellard à Champier, Montbuffet & les Charpennes, Eydoche & leurs dépendances, fans nuire aux lettres-patentes du roi concernant Eydoche, du 18 novembre 1617 & du 12 mars 1646.

Original, parchemin figné & fcellé, français [XII.

N° 817. 14 mars 1718.

Teftament de Jofeph de Bocfozel, feigneur de Montgontier, dans lequel il évalue fes biens à 54,000 livres, charges déduites, pour fixer la légitime d'Henri-Bernard, Pierre & Jeanne, fes enfants; fait héritière univerfelle Angélique de Lacroix-Chevrières, fa femme, avec obligation de laiffer fon héritage à l'un de leurs enfants mâles, à fon choix.

Expédition notariée du 27 avril 1772, légalifée par Balthafar Doyat de Valloire, écuyer, lieutenant particulier au fiége de Graifivaudan, parchemin, français [XIII.

Nº 818. Juillet 1731.

Note rappelant un brevet du roi donné à Lyon, le 23 feptembre 1595, à Soffrey de Boczozel, fieur du Chaftelard, qui lui permet de réfigner fon office de confeiller au parlement de Dauphiné fans payer aucune finance & de jouir, fans gages ni émoluments, des prérogatives, honneurs, entrée & voix délibérative.

Copie n. f., papier, français [XIV.

Nº 819. 30 novembre 1758.

Baptiftaire d'Alexandre de Bocxofel de Montgontier, fils de haut & puiffant Pierre & de Marie de Meillac, né le même jour.

Extrait authentique du 25 février 1772, figné par Berlioz, curé de la Côte-Saint-André, & légalifé par le châtelain du mandement, papier, français [XV.

Nº 820. 29 avril 1765.

Procès-verbal d'acceptation par la langue d'Auvergne des preuves de fraternité & de confanguinité de Pierre & Jean-Baptifte-Louis de Bocfofel de Montgontier, frères germains, pour être reçus, le premier, chevalier de juftice de minorité, &, le fecond, de majorité. Du côté paternel on rapporte les preuves du défunt maréchal Jean-Baptifte-Louis de Bocfofel, leur grand oncle, & du côté maternel celles de Jofeph de la Porte, leur oncle.

Original, papier figné & fcellé, français [XVI.

Nº 821. 9 juin 1766.

Lettres d'Emmanuel Pinto, grand maître de Malte, recevant chevalier de juftice de la langue d'Auvergne Alexandre de Boczozel de

Montgontier, fils de Pierre & de Marie de Meillac, avec difpenfe d'âge, à la condition de payer en 3 ans 1,000 écus d'or pour fon paffage & de faire les preuves requifes.

Original, papier figné & fcellé, français [XVII.

N° 822. 6 juin 1769.

Quittance de frère Pie de Faffion de Sainte-Jay, commandeur de Salles & Montfeny, procureur général & receveur de l'ordre au grand prieuré d'Auvergne, à Pierre de Bocfozel de Montgontier, de 6,516 livres 13 fols 4 deniers, pour le payement du droit de paffage d'Alexandre, fon fils, pour être reçu chevalier de juftice de minorité.

Expédition authentique, papier, français [XVIII.

N° 823. 4 mai 1772.

Lettre de Bocfozel-Montgontier, de la Côte-Saint-André, à M. Carlet, confeiller rapporteur du point d'honneur, au fujet des pièces demandées par M. Dogier (d'Hozier), pour la réception de fon fils aux pages de Sa Majefté. Il le remercie de fon concours.

Autographe, papier, français [XIX.

N° 824. 27 mai 1772.

Lettre de M. de Bocfozel-Montgontier à d'Hozier, « grand généalogifte de France », pour connaître les pièces manquant encore au doffier de fon fils, préfenté aux pages. Il n'a pas les titres en ce moment & fon fils doit partir fous peu de jours. « Il eft malheureux pour moy & pour toute ma famille qu'ayant toujours eu de mes anceftres dans l'ordre de Malthe depuis quatre ou cinq cens ans & dans touts les chapitres nobles où nous avons toujours fait les plus rigides preuves, mon nom, que je crois cependant bon, fans me flatter, ne puiffe pas entrer chez les pages du roy. » Il ajoute que M. le marquis de Monteynard, miniftre de la guerre, connaît très-bien fa famille & finit par l'offre du prompt payement des honoraires & droits pour le certificat néceffaire.

Autographe, papier, français [XX.

N° 825. (Vers 1772.)

État des pièces envoyées par M. de Bocſozel de Montgontier, de la Côte-Saint-André, pour les preuves de ſon fils, le chevalier, préſenté aux pages de Sa Majeſté. Il mentionne les contrats de mariage de Joſeph de Bocſozel avec Angélique de La Croix de Chevrières-Saint-Vallier, du 16 août 1710 ; de François de Bocſozel avec Jeanne du Terrail de Bayard, du 24 août 1525 ; le teſtament de Joſeph, du 14 mars 1718, &c.

Autographe n. ſ., papier, français [XXI.

N° 826. (Vers 1772.)

Note des pièces envoyées à M. d'Hozier de Sérigny par M. le marquis de Bocſozel-Montgontier, de la Côte-Saint-André, pour les preuves de ſon fils, & réclamées par M. de Borel, marquis d'Hauterive, pour les preuves de ſon frère, à Malte, comme les preuves de François de Bocſozel, fils de Pierre & d'Anne de Borel, faites en 1640, & une tranſaction de 1496 entre Guigard de Borel & Guigues, ſon frère, commandeur de Salles en Bourgogne.

Copie n. ſ., papier, français [XXII.

N° 827. 11 juin 1772.

Lettre de d'Hozier accuſant réception du prix convenu de quelque généalogie. « M[r] votre frère m'a dit plus d'une fois que les 2,500 livres demandées par mon père étoient beaucoup trop pour la nature de l'affaire. C'eſt qu'il ne la connoiſſoit pas & qu'il en juge à la militaire. » Là-deſſus il parle de l'importance des recherches faites & de l'étendue de l'ouvrage concernant la famille, d'un ſceau des Malet & du deſſin d'un ancien tombeau de..... *dus de Viriaco*, & ajoute que perſonne ne l'a queſtionné par rapport à un établiſſement pour ſon fils. « Je croy que vous n'êtes pas inquiet de ce que je répondray ſi j'en ay l'occaſion ».

Autographe n. ſ., papier, français [XXIII.

N° 828. (XVIIe ſiècle.)

Tableau généalogique pour les preuves de François de Bocſozel, baptiſé le 12 décembre 1624, préſenté à Malte le 26 mai 1640, fils de Pierre & d'Anne de Borel, lequel Pierre était né du mariage de Soffrey avec Jeanne de Breffieu, & Soffrey de celui de François avec Jeanne du Terrail. Anne de Borel était fille d'Amieu, feigneur d'Autherive (Hauterives) & de Madeleine de Claveyfon, &c.

Copie n. f., papier, français [XXIV.

BOFFIN

N° 829. 16 juillet 1614.

Sentence arbitrale rendue devant Jean de Micha, feigneur de Burcin, vibailli du Viennois au fiége royal & préfidial du Graifivaudan, qui condamne Madeleine du Vache, femme de Joachim Miftral, confeiller au parlement, héritière bénéficiaire pour un tiers de feu Jean du Vache, fon père, confeiller au même parlement de Grenoble, à payer le tiers des 1,837 livres reftantes de la dot d'Urbaine du Vache & les intérêts à Félicien Boffin, feigneur d'Argenfon & la Sône, premier avocat au parlement, fon mari, agiffant pour Jean, Félicien, Thomas, Diane & Anne, fes enfants, & à Clauda Boffin, femme de noble Pierre de Fuzier.

Copie authentique, papier, français [I.

N° 830. (XVIIe fiècle.)

Généalogie de la famille Boffin indiquant fes alliances & la filiation de fes quatre branches. Des mémoires domeftiques la difent originaire de Botfingen en Allemagne, & venue en France à la fuite du chancelier Prat (du Prat), fon allié. Romanet, fondateur du calvaire de Romans, en eft le premier membre. Félicien, fon fils, avocat général dès 1554, acquit la terre d'Argenfon & laiffa de Catherine de Viennois Félicien II, auffi avocat général à Grenoble, mari d'Urbaine du Vache (1584), qui tefta en 1628 en faveur de fes enfants : Jean, feigneur de la Sône & Parnans; Thomas, auteur de la branche de Montalieu; &c. Jean époufa, le 5 octobre 1614, Olympe de Morges, fut commis des Etats & eut: Félicien III; Jean-Pierre, tige de la branche de Parnans; &c. Félicien III, confeiller au parlement de Grenoble, marié le 3 mars 1652 avec Jacqueline de Caterine, fut père de dix enfants, &c.

Copie d'un imprimé, papier, français [II.

BOISSAT

N° 831. 16 ſeptembre 1661.

Procuration donnée par noble Charles de Boiſſat, ſeigneur de Cuirieu, héritier ſubſtitué d'André, ſon oncle, à noble Henri, ſon frère, « pour traiter & appointer des obligations, commandes & autres choſes à lui deubes au païs de Savoie ».

Expédition notariée, papier, français [I.

N° 832. 15 juin 1662.

Inventaire des titres de propriété, procédures, &c., remis par noble Charles de Boiſſat à ſon frère Henri, mentionnant des ventes de Millias à noble Pierre de Boiſſat, du 12 octobre 1609; de noble Alexandre Collioud, ſieur de la Mure-Saint-Didier, au même, du 10 juin 1622; de noble Arthus Gallien, ſieur de Chabons, du 9 décembre 1637; une tranſaction entre nobles André & Pierre de Boiſſat, frères, du 1er octobre 1611; des échanges entre nobles Pierre de Boiſſat & Gaſpar de Muſy, ſieur de la Molette, du 29 ſeptembre 1637; entre le même & Georges de Muſy, procureur général à Grenoble, du 25 avril 1632; &c.

Copie ſignée par H. de Boiſſat, papier, français [II.

N° 833. 8 février 1687.

Mariage de noble Charles de Boiſſac, ſeigneur de la Maiſon-Blanche de Saint-Didier, avec Marie-Jeanne de Vellein, en préſence de Madeleine de Ruins, mère de l'époux; de François de Vaux, conſeiller au parlement de Grenoble, ſon couſin; de Gaſpar de Muſy, Antoinette de Pourroy, &c.

Expédition ſignée par Brion, curé de Saint-Jean-de-Soudin, archiprêtre de la Tour-du-Pin, papier, français [III.

N° 834. (XVIIIe ſiècle.)

Inventaire des titres produits par François de Boiſſat, ancien cornette de dragons, pour être préſenté à Malte, mentionnant son baptiſtaire du 20 janvier 1730; les contrats de mariage de François Boiſſat & Pétronille Garnier, ſes père & mère, du 19 août 1721 ; de Charles, père de François, avec Marie-Jeanne de Vellein, du 1er février 1687 ; d'Henri, père de Charles, avec Madeleine de Ruins, du 15 juillet 1662 ; un certificat de Dugué, intendant, du 23 juin 1667, établiſſant que Charles & Henri ont prouvé leur nobleſſe ; le mariage de Pierre, père d'Henri, avec Charlotte du Villard, du 24 juin 1612 ; divers documents pour la nobleſſe des maiſons alliées : de Ruins, de Vellein, de Garnier, de Loras, de la Poype, &c.

Copie n. ſ., papier, français [IV.

BONNE

N° 835. 2 ſeptembre 1627.

Ordre du maréchal de Créqui, duc de Leſdiguières, lieutenant-général pour le roi en Dauphiné, au procureur général du pays, de payer 3,825 livres à Antoine L'Antelme, chargé « de l'avitaillement des places d'Exilles, Serres, Piedmore et Ambrun ».

Original ſigné, papier, français [I.

N° 836. 22 décembre 1629.

Procuration en blanc donnée par François Gaignière, premier élu aſſeſſeur en l'élection de Grenoble, pour recevoir de Marie de Vignon, marquiſe de Treffort, veuve du duc de Leſdiguières, 6,000 livres dues par obligation.

Expédition notariée, ſignée & certifiée par Bon de la Baume, juge royal & épiſcopal de Grenoble, le 26 décembre 1629, papier, français [II.

N° 837. 2 janvier 1639.

Quittance de 1,000 livres par de Lyonne au duc de Lefdiguières & à Mme la marquife de Rofny, pour une annuité de la rente qu'ils lui doivent.

Copie authentique, dans la pièce du 3 fuivant [III].

N° 838. 3 janvier 1639.

Déclaration par François de Créqui, d'avoir reçu la quittance originale de la fomme de 10,000 livres payées par le duc de Lefdiguières feul & de fes deniers, comme principal débiteur.

Original figné, papier, français [III.

N° 839. Moirans, 20 février 1639.

Lettre de François de Créqui, duc de Lefdiguières, fils aîné de Charles & petit-fils du connétable, à M. de Chapolay (Guigou), fon agent à Paris. Il le prie d'affurer M. de Bullion de tous fes efforts pour lever les 4,000 hommes promis par le tiers-état de la province & lui donnera avis de la décifion de la nobleffe. Il craint que l'effet ne réponde pas aux promeffes, « vu que la province ne fauroit fournir 17,000 hommes fans la cavalerie ». Sa femme partira en bateau le lendemain & arrivera au commencement de mars.

Autographe n. f., papier, français [IV.

N° 840. 15 décembre 1639.

Conventions entre François de Bonne de Créqui d'Agoult de Vefc de Montlaur & de Montauban, comte de Sault, lieutenant-général en Dauphiné, fils aîné de Charles, fire de Créqui, prince de Poix, duc de Lefdiguières, pair & maréchal de France, d'une part, & noble François du Menon, fieur de la Motte-Biviers, Rolland, procureur, Roux, marchand, Roffin, procureur, confuls de Grenoble, affiftés de Pierre Hugon, chanoine de Saint-André, Pierre Béatrix Robert, fieur de Saint-Germain, & Bernard, avocat de la ville, délégués du confeil, d'autre part. Elles attribuent fur la moitié de la fontaine Saint-Jean, hors la porte Saint-Laurent, appartenant à la ville, un tiers aux rues Saint-Laurent & La Perrière, le furplus de cette moitié & l'autre moitié au maréchal pour les conduire vers l'arſenal, où il en ſera laiſſé une portion audit arſenal & une portion pour la ville & la grand'rue de Bonne, aux frais du maréchal ; la ville fera une fontaine vis-à-vis le verger de noble André Baſſet, & le maréchal conduira le ſurplus à ſes frais par la rue de Bonne juſqu'à la place du Brueil, où les conſuls pourront établir une fontaine, ainſi qu'une autre à la place du Bon-Conſeil ; de là le maréchal pourra en conduire un filet à l'arſenal & à ſes jardin & hôtel, &c. La fontaine Saint-Jean n'arrivait pas dans la ville, où il n'y avait que des puits; le maréchal offrit, moyennant ceſſion d'une moitié, de ſupporter la moitié des frais de conduite. En 1628, une délibération du conſeil refuſa cette offre & lui permit d'en conduire à ſes frais une partie à l'arſenal. Fait à Grenoble, devant nobles Abel de Calignon, ſeigneur de Saint-Vincent, Ennemond Marchier, Barthélemy Dauby, écuyer, Henri Ferrand, ſieur de Maubec, Félicien Baſſet, de Conflans, &c.

Expédition notariée, papier, français [V.

N° 841. Grenoble, 18 janvier 1640.

Lettre du maréchal de Créqui à de Chapoley, conſeiller, avocat général du roi au bureau des finances. Il a eu beaucoup de peine pour la levée de deniers faite à Grenoble : beaucoup de perſonnes voudraient que l'augmentation des fortifications n'eût pas lieu. On lui avance l'argent dû par la ville & il a traité pour les demi-lunes de l'arſenal & de la porte Très-Cloîtres. Duclaux & Garagnol ne s'entendent jamais avec Beins ; il faudrait les congédier. Le peintre n'eſt jamais prêt à lui livrer ſon portrait.

Autographe n. ſ., papier, français [VI.

N° 842. Grenoble, 25 janvier 1640.

Le même au même. Il réclame l'expédition des proviſions de Fabri, canonnier à Barraux, en remplacement du frère de M. de Lamorte & du ſieur de Calignon, de Chamouſſières, capitaine au régiment de Dauphiné. Comment M. Deſtouches conduira-t-il 3,000 hommes en Italie ? S'il les envoie en corps, « il ruynera entierement nos eſtapes & perdra la moitié de ſes hommes. »

Original ſigné, papier, français [VII.

N° 843. Grenoble, 25 janvier 1640.

Le même au même. Il trouve Duclaux difficile ; par ſes ſoins 7 à 800 perſonnes travaillent aux fortifications de Grenoble & preſque autant à Barraux : ſi le roi vient au printemps, il ſera ſatisfait. Les travaux du Drac preſſent. L'affaire des greffiers des communautés eſt aſſoupie. Le retour de M. le chancelier lui ſera agréable. Il eſpère s'arranger avec Mme de Créqui. Mme de Canillac eſt à Grenoble ; ſa mère a la fièvre.

Autographe n. ſ., papier, français [VIII.

N° 844. (Vers 1640)

Le même (au même). Les travaux marcheront ſelon les payements. Des réparations contre le Drac ſont impoſſibles en cette ſaiſon, à cauſe du froid rigoureux & des neiges fréquentes. Son agent était alors indiſpoſé & remplacé par ſon fils.

Original ſigné, papier, français. [IX.

N° 845. Grenoble, 29 février 1640.

Le même au même. Puiſqu'on lui tient parole pour l'argent promis, il ſera travailler ; le temps l'a mal ſervi, & ſi les maiſons de la porte Très-Cloîtres ne ſont pas abattues, c'eſt qu'il a eu pitié des habitants non encore indemniſés ; la maçonnerie va commencer à la demi-lune & dans le pré de M. du Bouchage. Il ſe loue de l'habileté de M. de Peyrins ; Beins aurait tout gâté. La ſéparation de la cour des aides d'avec le parlement lui agrée. Le carnaval s'eſt bien paſſé.

Autographe n. ſ., papier, français [X.

N° 846. 3 mars 1640.

Mémoire de Remy pour fournitures à Jamet, tailleur du duc de Leſdiguières, mentionnant deux grandes croix pour habits de broderie, deux habits de broderie de ſoie, &c., s'élevant à 1,872 livres & approuvé par Leſdiguières.

Original ſigné, papier, français [XI.

N° 847. Grenoble, 3 mars 1640.

Le maréchal de Créqui à de Chapolay. « La déclaration portée au parlement ne fera nul mal à ceux que vous dittes ſur leſquels la foudre doit tomber. Je ſouhaitte de tout mon cœur que nous nous n'entandions jamais gronder la tempeſte. » Si les gants envoyés n'ont pas l'odeur du jaſmin, cela tient à la ſaiſon ; trois ou quatre jours d'étendage leur ôteront l'odeur « de la laveure ». Il craint que ſes payements ne ſouffrent de l'empriſonnement de Ferron.

Autographe n. f., papier, français [XII.

N° 848. Grenoble, 28 mars 1640.

Le même au même. Les pluies & les neiges retardent les travaux. Il recommande l'affaire des cabaretiers, dont le parlement veut s'attribuer la connaiſſance, & ſe loue des bons offices de MM. Legrand & de la Cheſnée pour M. d'Hoſtun.

Autographe n. f., papier, français [XIII.

N° 849. Grenoble, 28 mars 1640.

Le même au même. Le travail marche ; le temps eſt doux. Il déſirerait vendre des emplacements. Duclaux n'eſt pas arrivé & Ferron n'a pas payé la garniſon de Barraux.

Autographe n. f., papier, français [XIV.

N° 850. Dijon, 15 avril 1640.

Le même au même. Le conſeil du roi ayant caſſé tous les arrêts du parlement ſur le fait des tailles & autres matières en dehors de ſa juridiction, cela pourra cauſer quelque émoi ; mais il eſt ſans inquiétude.

Autographe n. f., papier, français [XV.

N° 851. 22 avril 1640.

Le même au même. Ni l'état des garniſons, ni ſa penſion, rien n'arrive. Que veut-on faire de M. de Schomberg en Languedoc, puiſque M. le prince doit y commander ?

Autographe n. f., papier, français [XVI.

N° 852. (Vers 1640.)

Le même au même. La lettre à Mme de Lesdiguières le renseignera sur divers points relatifs à ses finances & appointements. Il n'entend pas de se laisser railler par MM. des finances.

Autographe n. s., papier, français [XVII.

N° 853. (Vers 1640.)

Du même. L'intendant attend à Valence les instructions qu'on lui donnera sur les contestations qu'ils ont ensemble.

Autographe n. s., papier, français (incomplet) [XVIII.

N° 854. 21 août 1640.

Billet de 30,968 livres 4 sols au profit de M. de Sève.

Original signé, papier, français [XIX.

N° 855. Grenoble, 8 mai 1641.

Le maréchal de Créqui à de Chapolay. Il l'engage à venir en Dauphiné sous prétexte de santé : « Mme de Canaples en prendra l'alarme au point qu'elle pressera de sortir d'affaire..... & Mme de Créquy..... cognoitra qu'il faut venir en Bresse & que là nous nous accommoderons. » Son fils resterait à Paris pour le remplacer. Il a à cœur l'affaire avec le comte de Sault, mais il ne veut rien tenir du comte d'Alais. Une exemption de logement pour ses terres de Provence le ravirait. La résolution de M. Frère pour les terrains l'inquiète peu, bien qu'il soit fâcheux de se brouiller avec lui. Il prend sur lui ce qui a été fait par ses ordres aux remparts & le prie de ne pas s'inquiéter de ce qui a été écrit.

Autographe n. s., papier, français [XX.

N° 856. Grenoble, 29 mai 1641.

Le même au même. Les travaux de Barraux sont beaux ; il n'y a pas eu de friponnerie & les faux frais ont été pris sur les économies. Il a reçu les commissions des capitaines de son régiment.

Autographe n. s., papier, français [XXI.

N° 857. Grenoble, 28 mai 1642.

Le même à M. de Noyers, confeiller du roi en fes confeils, fecrétaire d'Etat. Il le prie de commander au fieur de Chapolay ce qu'il lui plaira.

Fragment figné, papier, français [XXII.

N° 858. Moirans, 18 mars 1646.

Le même à de Chapolay. Il va en Provence & recevra fes dépêches par M. Dulieu. Force lui fera de faire loger partout, à caufe du grand nombre de quartiers d'affemblée néceffaires à fon régiment & aux compagnies de Sully, de Vernatel & du Gua, outre les quartiers d'hiver de cavalerie & d'infanterie. Mme de Canaples ne pourra avoir l'hôtel de Créqui en loyer que moyennant bonne caution. Il lui recommande de veiller à ce que l'on ne retranche rien fur fes appointements & fur fes revenus.

Original figné, papier, français [XXIII.

N° 859. Valence, 22 mars 1646.

Le même à de Cizerin. Il revient fur le maintien de fes appointements & revenus, lui recommande l'affaire du fieur de Bayane, fils de M. d'Orcinas, prifonnier de l'intendant de Guyenne, & la nomination de Bucher comme lieutenant de la compagnie de fes gardes.

Original figné, papier, français [XXIV.

N° 860. Grenoble, 6 février 1647.

Le même au même, « ageant de fes affaires en cour ». Eft-il vrai que le prince de Mourgues défire acheter Pierrelatte ? Lui-même offre de prendre Caromb pour 5,000 livres de revenu.

Original figné, papier, français [XXV.

N° 861. Grenoble, 17 mars 1647.

Le même au même. Il le prie de lui mander la fuite de fes affaires avec le comte de Montrevel, de le faire payer fur les rentes des gabelles de Provence & de lui envoyer des copies des états de la recette générale de Dauphiné, des finances & des gabelles. Il efpère qu'on trouvera blâmables les prétentions de M. de Lozières.

Original figné, papier, français [XXVI.

N° 862. Grenoble, 25 décembre 1647.

Le même au même. Il réclame fes appointements & porte à 3,000 livres par mois les dépenfes du maréchal de la Motte & de fix autres prifonniers, « tous fervis féparément ». C'eft une avance de 12,000 livres, outre les 2,000 des réparations des logements. Le fils de Lamone, gouverneur de Mévouillon, ayant inftruit la cour de la mort de fon père, il n'en a pas écrit; la place eft confervée en bon état par la veuve & les enfants, dont l'un eft lieutenant. Recommandations à caufe du danger de la petite vérole, de ne pas laiffer fon fils approcher du comte de Sault.

Original figné, papier, français [XXVII.

N° 863. Grenoble, 1er janvier 1648.

Le même au même. Il défire un état des meubles & effets laiffés par Mme de Créqui, le prie de retirer fes pierreries & fes perles, & de lui ménager un accommodement avec M. d'Elbeuf. Des fonds font néceffaires pour l'entretien de M. de la Motte & pour Barraux. On a de nouveau entrepris fur les priviléges du comté de Sault.

Autographe figné, papier, français [XXVIII.

N° 864. Grenoble, 12 janvier 1648.

Le même au même. Quand fera-t-il rembourfé de fes avances pour le maréchal de la Motte? Il n'eft pas jaloux des gratifications données à M. de Lionne; mais lui auffi ne fert-il pas bien le roi?

Original figné, papier, français [XXIX.

N° 865. Grenoble, 26 janvier 1648.

Le même au même. Confidences intimes contre M. de Maugiron: lui faire favoir que la déclaration du donataire a été envoyée au maréchal de Villeroi, qui la gardera; avertir ce dernier; avoir d'autres lettres que celles de Mme de Créqui de l'écriture du donataire ; M. le maréchal tenant le papier peut le lui montrer « & quand on lui dira que S. E. ayant ouï parler de la chofe a defiré la voir, la honte lui fera plus grande de defavouer la chofe ».

Autographe n. f , papier, français [XXX.

N° 866. Grenoble, 9 février 1648.

Le même au même. Mme la ducheffe eft partie de Lyon & elle lui dira ce qu'il faut faire pour Villemareuil. Il veut ceffer « la fourniture & l'entretenement des prifonniers de l'arfenal », parce qu'on ne le rembourfe pas.

Original figné, papier, français [XXXI.

N° 867. Grenoble, 12 février 1648.

Le même au même. Pour ce qui regarde M. d'Elbeuf, il faut chercher foigneufement les pièces qui peuvent fervir à la vérification de fa fignature & de la lettre, & furtout quelques ordonnances faites dans fon gouvernement, fcellées & contrefignées par fon fecrétaire. Il fe fera juftice à lui-même, en confidérant le tort qu'une infcription de faux lui cauferait. Puifque le roi veut remplacer la compagnie Suiffe de Barraux par une Françaife, il faut tâcher de le mentionner dans toutes les pièces, afin d'éviter des explications avec le fieur Reinold. Le régiment du commandeur de Souvray eft arrivé en Dauphiné.

Original figné, papier, français [XXXII.

N° 868. Grenoble, 1er juillet 1648.

Le même au même. M. de Heère eft allé à Barraux & il enverra à la cour fon rapport fur l'état de la place. Le fyndic des villages eft dans la ville. Il a appris le payement de fon comptant pour 1648, 49 & 50, favoir: 20,000 livres fur les gabelles & 13,835 fur le étapes.

Original figné, papier, français [XXXIII.

N° 869. 1er juillet 1648.

Du même. Il ne refufera pas les bienfaits du roi, mais il voudrait les recevoir fans les avoir demandés. Les officiers de juſtice attendent le règlement des affaires de ceux de Paris. « Je n'eſtime pas que ce ſoit le ſervice du roy d'augmanter les officiers en cette province trop petite & trop deſolée, & des aſteure je ne veux point eſtre l'executeur de cette commiſſion, propoſant un expediant plus plauſible..., qui eſt de ſuprimer les offices qui vacqueront, ce qui effrayera ſy fort les vivans qu'ils traitteront d'abord & demanderont le reſtabliſſement des offices, quy faira que le roy y treuvera dans peu ſon comte ».

Autographe n. f., papier, français [XXXIV.

N° 870. Grenoble, 5 juillet 1648.

Le même à de Cizerin. Il ſe plaint de la lenteur des miniſtres à ſigner les expéditions des ordonnances de ſon comptant, du troiſième quartier de M. de la Motte & des garniſons de 1646 & 1647 : ce retard lui rend toutes avances impoſſibles. Le parlement a défendu par arrêt la levée de 20 ſols par minot de ſel de la nouvelle impoſition.

Original ſigné, papier, français [XXXV.

N° 871. Grenoble, 5 juillet 1648

Du même. Il ſe juſtifie de n'avoir pas traité avec les officiers du parlement, leſquels n'ont pas voulu entrer en conférence, attendant le traité de ceux de Paris. D'ailleurs, s'il avait fait des conceſſions différentes de celles des autres gouverneurs, il ſe ſerait diſcrédité.

Autographe n. f., papier, français [XXXVI.

N° 872. Grenoble, 8 juillet 1648.

Le même à de Cizerin. Il ſe réjouit de la ſignature des ordonnances pour les garniſons en 1646 & 1647 : la ſuppreſſion de celles d'Exilles & de Grenoble lui eût fait de la peine. Nouvelles plaintes ſur les avances faites pour le maréchal de la Motte & les autres priſonniers, « auxquels il faut adjouſter le ſieur de Sainte-Colombe ».

Original ſigné, papier, français [XXXVII.

N° 873. Grenoble, 12 juillet 1648.

Le même au même. Il réclame de nouveau les expéditions de ſes ordonnances de payement. M. de Heère a envoyé ſon avis ſur l'état de Barraux.

Original ſigné, papier, français [XXXVIII.

Nº 874. Grenoble, 2 août 1648.

Le même au même. Les affaires de l'État ſont ſi embrouillées qu'on ne ſonge pas aux ſiennes. Il faut avancer les frais des garniſons & des priſonniers, & de rembourſement, point. Il eſt ſurpris du procédé de M. de la Berchère dans ſon procès contre Mme de Saint-Damian : « ſon frère ne lui communique rien de ce qui ſe paſſe dans le parlement. L'intendant eſt fort ſon ami ». Les officiers dudit parlement ne le voient que peu. « Tous ſont auſſi vigoureux & entreprenants qu'aucuns du royaume..... Leur deſſein eſt que l'on faſſe generalement des plaintes de tout ce qui leur plaira ». Ils lui reprochent de refuſer d'autoriſer l'aſſemblée des dix villes, ſans la permiſſion du roi ; des inſtructions lui ſont indiſpenſables.

Autographe n. ſ., papier, français [XXXIX.

Nº 875. Grenoble, 5 août 1648.

Le même au même. La ceſſation des bruits qui ont couru ſur M. de Villeroy lui fait plaiſir. Il n'eſt pas d'avis de faire monter le prévôt à cheval ni l'arrière-ban, pour arrêter les entrepriſes du parlement. Ce corps a fait quelques conceſſions ſur l'aſſemblée des dix villes notamment, n'a pas rendu d'arrêt contre l'intendant & va députer deux des ſiens en cour.

Autographe n. ſ., papier, français [XL.

Nº 876. Grenoble, 12 août 1648.

Le même au même. Il le prie de veiller à l'exécution des promeſſes de M. de la Meilleraye pour ſes affaires. La diminution de ſes rentes, appointements & penſions, la dépenſe de M. de la Motte & le prêt à M. de la Primaudaye l'ont tant épuiſé qu'il ne peut plus ſubſiſter ni ſuffire au ſervice du roi. Le parlement a fait croire que le déchargement accordé par Sa Majeſté comprend les deniers des garniſons & les étapes : il faudrait une déclaration du roi explicite.

Original ſigné, papier, français [XLI.

N° 877. Grenoble, 30 août 1648.

Le même à Mme de Lesdiguières. Le voyage de M. d'Elbeuf à Villamareuil doit être empêché. La cour n'a pas sujet de se louer du parlement de Dauphiné, qui cherche à le discréditer aux yeux du peuple. Il demande le rétablissement des honneurs de sa charge, abolis après la mort de M. le comte.

Autographe n. s., papier, français [XLII.

N° 878. Grenoble, 2 septembre 1648.

Le même à de Cizerin. Il réclame l'imposition de la taille des étapes & une déclaration du roi pour les arrérages dus, & se plaint du silence du roi. Une lutte avec le parlement est inévitable; ce corps veut accaparer la justice & les armes : c'est à la cour à prendre fait & cause pour lui. Il a reçu ses coiffes; elles sont mal faites, ont trop de cheveux & une frisure trop menue.

Original signé, papier, français [XLIII.

N° 879. Grenoble, 2 septembre 1648.

Le même à Mme de Lesdiguières. Le procès contre M. d'Elbeuf ne se videra pas & son voyage sera utile seulement si elle ajuste ses affaires de finances. L'assignation donnée sur les 20 sols par minot de sel ne lui produira rien, le parlement défendant de payer cet impôt. Il ne peut plus subsister & aucun gouverneur n'est si maltraité, n'ayant pas touché sa pension ni ses appointements depuis 5 ou 6 ans... Le petit qui est à Valence va bien...

Autographe n. s., papier, français [XLIV.

N° 880. Grenoble, 6 septembre 1648.

Le même à de Cizerin. L'émotion de Paris est calmée : ici le parlement a si bien encouragé l'espoir d'un soulagement des charges, qu'il sera difficile de toucher quelque chose des étapes. Il lui envoie copie d'une déclaration des étapiers & des mémoires des députés du parlement à la cour.

Original signé, papier, français [XLV.

N° 881. Vizille, 16 ſeptembre 1648.

Le même au même. Il ne peut plus aller ſans ſes ordonnances de payement & une déclaration du roi formelle touchant les étapes, dont le parlement décrie l'adminiſtration « pour gagner la populace » : il faut ſurveiller les menées des députés de ce corps. M. de Heère lui donne des preuves de ſon affection. Les remèdes qu'il fait l'empêchent d'écrire.

Original ſigné, papier, français [XLVI.

N° 882. Grenoble, 23 ſeptembre 1648.

Le même au même. Le parlement a tant promis au peuple « un grand déchargement », que toute levée de deniers eſt ſurſiſe & que l'on croit ne devoir plus rien payer. Les députés de ce corps doivent demander la ſuppreſſion de la cour des aides : il ne s'y oppoſera pas ; ils s'occuperont enſuite des affaires de la province, laquelle a ſes ſyndics & ſes commis. Tâcher de ſavoir qui l'a dépeint comme hoſtile à ces députés.

Original ſigné, papier, français [XLVII.

N° 883. Grenoble, 23 ſeptembre 1648.

Le même au même. Nouvelles recommandations de faire valoir ſes intérêts, qui ſont ceux du roi.

Original ſigné, papier, français [XLVIII.

N° 884. Grenoble, 27 ſeptembre 1648.

Le même au même. M. Le Tellier a reçu communication de ſes mémoires. M. le maréchal de la Motte eſt parti & les autres priſonniers ſont en liberté ; M. de Sainte-Colombe eſt encore à l'arſenal. Mais à quand le rembourſement de ſes avances ? Inutile de parler des garniſons. M. de Heère s'occupe des étapes. Le parlement travaille contre lui « & le mauvais traitement qu'il reçoit en ſes affaires » fait croire qu'il ne peut rien pour celles de la province.

Original ſigné, papier, français [XLIX.

N° 885. 5 octobre 1648.

Le même au même. Il a écrit à MM. de Villeroy, Le Tellier, de Sully & de Heère sur ce qui se passe dans la province, où les affaires se gâtent de plus en plus par la faute du parlement. « Il ne feroit pas juste que ce fust à moy à essuyer les extremités auxquelles ils se portent, pour leur plaire ». Il conseille de limiter les quartiers d'hiver à quelques lieux & de renvoyer les députés du parlement sans concessions : c'est le seul moyen de rétablir en sa personne l'autorité royale. (Le reste est chiffré.)

Autographe n. s., papier, français [L.

N° 886. Grenoble, 18 octobre 1648.

Le même au même. Le procédé de M. Tonnard l'étonne ; il recommande d'obtenir communication des mémoires concernant les affaires de la province, afin d'y répondre. Il a écrit à M. de la Meilleraye pour ses finances, mais sans insister. Quant aux étapes, un nouveau règlement ferait inutile ; il suffit de faire observer les précédents.

Original signé, papier, français [LI.

N° 887. Grenoble, 18 octobre 1648.

Le même au même. Il suggère les réponses à faire aux députés du parlement. Pour le présent, l'expérience n'a pas encore montré les avantages ou les inconvénients du traité Fradet. Quant au passé, ils ont attendu bien longtemps pour se plaindre : ne pourraient-ils plus retirer de gros intérêts de leurs prêts aux étapiers, parce que l'étapier général jouit d'assez de crédit pour faire des avances aux étapiers particuliers ? Mais cela diminue la dépense de moitié. Le refus d'autoriser l'assemblée des dix villes a été approuvé par le roi & le seul moyen d'amoindrir la dépense consiste à diminuer le nombre des étapes.

Autographe n. s., papier, français [LII.

N° 888. Grenoble, 21 octobre 1648.

Du même. Il recommande de découvrir ce qui se passera & de se concerter avec Mme de Lefdiguières, qui fera bientôt à la cour. (Le refte eft chiffré.)

Autographe n. f., papier, français [LIII.

N° 889. Grenoble, 25 octobre 1648.

Le même à de Cizerin. Il l'engage à ne pas fe rebuter des difficultés : parlement, cour des aides, tréforiers des finances, tous font d'accord pour écarter les étapes. Il fe loue de M. de Heère.

Original figné, papier, français [LIV.

N° 890. Grenoble, 28 octobre 1648.

Le même au même. Audience a été donnée aux députés du parlement & l'affaire renvoyée « au confeil d'en haut ». Ce que l'on a dit contre le régiment de Dauphiné eft faux : la police y a toujours été maintenue & la dépenfe modérée.

Original figné, papier, français [LV.

N° 891. Grenoble, 8 novembre 1648.

Le même au même. L'ordonnance pour les étapes de 1646 a été fignée, reftent celle de 1647 & les avances pour M. de la Motte. Mme de Lefdiguières fera bientôt à Paris. Il n'a pas changé d'avis fur la réunion de la cour des aides au parlement, qui veut ainfi grandir fon autorité ; s'il y a quelque finance à payer, c'eft à lui qu'elle incombe & non au peuple « à qui la chofe eft indifférente ».

Original figné, papier, français [LVI.

N° 892. Grenoble, 6 décembre 1648.

Le même au même. Les miniftres ont entendu les députés du parlement: ce qu'il ne fallait pas faire. Il a envoyé une relation de l'émotion caufée à Grenoble par les étapes : en les abandonnant, il a dû ordonner aux commandants de munir les magafins de denrées & d'en diftribuer aux troupes. Il faut foulager la province du quartier d'hiver, tous les bons lieux étant exempts, à caufe de leurs feigneurs, comme la princeffe de Carignan, le prince de Mourgues, les marquis de Saint-Maurice & de Ville, M. de Saint-Chaumont, les évêques de Saint-Paul & de Valence. Veiller au rembourſement de ſes avances pour M. de la Motte & autres.

Original ſigné, papier, français [LVII.

N° 893. Grenoble, 9 décembre 1648.

Le même au même, le remerciant de ſes bons offices. Il réclame des éclairciſſements avant de faire l'impoſition : il aime le peuple plus que le parlement. Il a permis une aſſemblée de la nobleſſe, & déſire connaître les diſcours & les mémoires des députés du parlement. Il recommande ſes affaires de finances, l'argent étant plus rare à Grenoble qu'à la cour.

Original ſigné, papier, français [LVIII.

N° 894. Grenoble, 16 décembre 1648.

Le même au même, lui annonçant l'ouverture pour ce jour-là de l'aſſemblée de la nobleſſe. Il voudrait bien connaître le jugement rendu en l'affaire de Villamareuil & revient ſur ſes finances.

Original ſigné, papier, français. [LIX.

N° 895. Grenoble, 20 décembre 1648.

Le même au même. C'eſt aux députés du parlement qui ont cauſé les déſordres à y remédier. Il ſe loue des bons offices de M. de Heère, & n'a pas retenu les troupes afin de ne pas ruiner la province.

Original ſigné, papier, français [LX.

N° 896. Grenoble, 30 décembre 1648.

Le même au même. L'empriſonnement de Barbier & Chenevas ſera peu avantageux, puiſqu'il faudra les remettre ſous peu au parlement. Il n'aime pas les lettres en blanc pour les logements de troupes ; chaque ſeigneur puiſſant veut en exempter ſes terres & l'odieux retombe ſur lui. Les provinces voiſines ſont moins ſurchargées que celle-ci, à cauſe des paſſages continuels de ſoldats. « Je ſuplie que l'on me retire, puiſque ſans raiſon on nous envoye ce que l'on ne veut pas aux provinces voifines ». Il réclame des ordres pour faire fortir les troupes & dit que l'arrêt de caffation de celui du parlement n'a produit aucun effet.

Autographe figné, papier, français [L X I.

N° 897. (Vers 1648.)

Le même (au même). Impoffible de faire plus longtemps des avances pour M. de la Motte & les prifonniers, n'étant pas rembourfé depuis 5 mois. Il a vu M. de Heère dont il eft content.

Autographe n. f., papier, français [L X I I.

N° 898. Grenoble, 7 mars 1649.

Le même au même. Il le prie de veiller au payement de fes états & de fes avances pour M. de la Motte, pour l'évêque de Rennes, &c.

Original figné, papier, français [L X I I I.

N° 899. Grenoble, 24 mars 1649.

Le même au même, pour preffer le payement des arrérages de fes garnifons.

Autographe n. f., papier, français [L X I V.

N° 900. Grenoble, 14 avril 1649.

Le même au même. L'infuccès du rétabliffement des États de Dauphiné l'afflige : c'était un moyen excellent de maintenir l'union entre les trois ordres. « Il n'eftoit aucunement queftion de la taille ny de fa diminution, mais au contraire le peuple fe fut plus facilement porté à payer ce qui auroit efté reiglé, MM. les miniftres pouvant bien juger qu'il luy eft entierement impoffible de la continuer après la paix, au point qu'elle a efté portée durant la guerre ». En favorifant les députés du parlement & en maltraitant les particuliers, ils mécontentent la nobleffe, « en quoy l'authorité du roy n'a aucun advantage ».

Original figné, papier, français [L X V.

N° 901. Grenoble, 18 avril 1649.

Le même au même. Il efpère en la prompte guérifon de Mme de Lefdiguières & revient fur fes affaires de finances & fur les paffages de troupes. « MM. du confeil doivent fe refoudre à traiter le Dauphiné entierement comme province d'etats ou comme province d'elections, avec toutes les charges & advantages de l'une ou de l'autre, fans en faire une troifième efpèce ». Il croit plus avantageufe la condition de pays d'états, demande le départ de cinq compagnies d'infanterie & déclare ruineux pour la nobleffe & pour les lieux d'étapes tous ces grands logements. L'averfion que le peuple témoigne pour le cardinal Mazarin l'affecte beaucoup.

Original figné, papier, français [LXVI.

N° 902. Grenoble, 21 avril 1649

Le même au même. Il le preffe de furveiller fes affaires de finances & le foulagement de la province, de manière que l'on voie qu'il vient de lui & non des députés du parlement. Il faut que la province foit traitée comme pays d'états ou comme pays d'élections. Mme de Lefdiguières fera bientôt hors de fièvre.

Autographe n. f., papier, français [LXVII.

N° 903. Grenoble, 25 avril 1649.

Le même au même. « Les lettres des députés du parlement ont beaucoup emu les efprits, ce qui a caufé hier matin une emotion affez confidérable, le palais ayant efté plein d'hommes & de femmes jufques a ce qu'ils ayent eu des arrefts fur des requeftes qu'ils ont prezantées; mais comme toute cefte efmeute n'eft venue qu'à la fuafion du parlement, lequel par l'entremife de quantité de perfonnes qui defpandent d'eux ont porté non feulement le peuple de cette ville, mais encore celui de quantité de villages qui font venus exprès & lefquels ont accouftumé d'y venir au marché. Il feft treuvé plus de mille ou douze cents perfonnes dans le palais, ainfy eftants certains de l'apuy du parlement & s'eftans adreffés a luy plus toft qu'a moy, j'ai creu que qui les avoit efmeu les fairoit efvanouir, ce quy n'a pas efté advant que d'avoir faict leurs arrefts affin d'avoir ce peuple efmeu pour garant de ce qu'il faifoit ». Au fortir du palais le peuple fe porta chez lui & lui demanda de figner une promeffe de faire fortir les gens de guerre de la province, ce qu'il fit pour prouver fon défir de foulager le pays. (Le refte eft chiffré.)

Autographe figné, papier, français [LXVIII.

N° 904. Grenoble, 2 mai 1649.

Le même au même. Des copies de fes lettres font arrivées à Grenoble & ont éclairé le public fur fes intentions, alors que le parlement s'efforçait de le difcréditer : cela ne peut lui nuire. Il recommande toujours de preffer le départ des troupes.

Original figné, papier, français [LXIX.

N° 905. Grenoble, 5 mai 1649.

Le même au même. Il a appris avec plaifir le rétabliffement de la fanté de Mme de Lefdiguières. Puifque le roi veut régir la province par élections, il eft jufte qu'elle foit traitée comme les autres pays d'élections. Les députés du parlement & leurs lettres ont tout compromis. Si les états ne font pas poffibles, l'affemblée des dix villes, qui en eft l'abrégé, lui paraît inévitable. M. l'évêque de Valence vient lui en parler; il connaît fon humeur & fon inclination vers le parlement, auquel il demande la fuppreffion du préfidial.

Original figné, papier, français [LXX.

N° 906. Grenoble, 5 mai 1649.

Le même au même. La province doit être fatisfaite de la déclaration conforme à celle que le parlement de Paris a vérifiée : lui ne l'eft pas de la façon dont on a agi. Il défire des inftructions concernant M. l'évêque de Valence.

Autographe n. f., papier, français [LXXI.

N° 907. 30 juin 1649.

Le même au même. Il a vu fon père pour l'arrêt concernant la vente des forêts, buiffons, &c., du domaine : il y aura en cette affaire plus de difficultés qu'on ne croit.

Autographe n. f., papier, français [LXXII.

N° 908. Grenoble, 4 juillet 1649.

Le même au même. Le préſidial de Valence ſe ſoumet à l'arrêt du parlement & attend ſon exiſtence du roi. Si S. M. ne juge « les pretentions que M. de Valance a contre M. de Vènes & le preſidial, il lairra eternellement cette ville-là dans la brouillerie ». L'évêque eſt entreprenant; il ſuſcitera de nouvelles affaires. A Grenoble, les eſprits ſe calment un peu ; on attend avec paſſion le ſuccès du parlement de Provence : ce qui prouve l'union de tous ces corps entre eux.

Autographe n. ſ., papier, français [LXXIII.

N° 909. Grenoble, 7 & 15 juillet 1649.

Le même à M. Le Tellier, conſeiller du roi en ſes conſeils & ſecrétaire de ſes commandements. Il ſecondera de ſon mieux M. d'Andilly dans ſa miſſion ; mais les difficultés ſont grandes. Le procureur général, à ſon retour de Valence, recevra la déclaration de S. M.; celle qu'a apportée M. d'Andilly, bien que contraire à une autre du mois d'octobre & à ſes ſentiments, a été vérifiée en ſa préſence.

Original ſigné, papier, français [LXXIV.

N° 910. Grenoble, 7 juillet 1649.

Le même à de Cizerin. M. d'Andilly eſt à Grenoble avec la miſſion de tirer cent mille écus de la province « pour ſecourir les affaires d'Italie ». Il n'y a pas de chances de ſuccès.

Autographe n. ſ., papier, français [LXXV.

N° 911. Grenoble, 18 juillet 1649.

Le même (au même ?). Le procureur général n'a pas voulu de lui pour l'affaire de M. d'Andilly, tant qu'il a pu ſeul eſpérer un ſuccès, & le premier préſident l'a ſuivi. Il demande la préſidence de la commiſſion priſe dans le parlement & la chambre des comptes & chargée de vérifier les comptes des étapiers. Le parlement traite avec M. d'Andilly pour la réunion de la cour des aides & offre cent mille écus, moyennant la création de quelques conſeillers : ce qui eſt un grand appât.

Autographe n. f., papier, français [LXXVI.

Nº 912. (Vers juillet 1649.)

Le même à M. Le Tellier. Il a fait ſon poſſible pour le ſuccès de la miſſion de M. d'Andilly touchant le ſecours demandé à la province : « le parlement continue en ſa chaleur, ſon deſſein eſtant tousjours de faire tout ce qu'il pourra pour la ſuppreſſion de la cour des aides & du préſidial de Valence ». Il n'oſe autoriſer ſans ordre l'aſſemblée des dix villes.

Original n. f., papier, français [LXXVII.

Nº 913. Grenoble, 11 août 1649.

Le même à de Cizerin. On a ſongé à obliger les étapiers à compter avec le conſeil & à rapporter leurs comptes depuis dix ans. Il ne craint pas d'être incriminé par cette réviſion ; mais elle accuſerait lui, l'intendant & les tréſoriers de malverſation, ce qui ferait bruit dans la province & donnerait avantage au parlement. Il demande la réviſion deſdits comptes pour prouver ſon intégrité ſoupçonnée, mais non de manière à amoindrir ſon autorité.

Autographe n. f., papier, français [LXXVIII.

Nº 914. Grenoble, 22 août 1649.

Le même au même. Il eſt réſolu à prendre patience avec M. le chancelier. M. d'Aligre voudrait bien cent ou deux cent mille livres de plus que les trois cent mille approuvées par le parlement ; mais cela regarde ce corps plus que lui : tout ce qu'on peut faire, c'eſt de reculer le rembourſement des dépenſes de 1648 juſqu'en 1649, & pour cela exempter la province du quartier d'hiver.

Autographe n. f., papier, français [LXXIX.

Nº 915. Grenoble, 1er ſeptembre 1649.

Le même au même. Les miniſtres veulent le charger de prouver ſon autorité au parlement, & le payent mal & manquent de confiance en lui ! Sur la demande d'un coquin on fait revoir des comptes arrêtés par quatre ou cinq députés ! Le parlement eſt fort, ſe ſentant appuyé. Il ne croit pas que le coadjuteur ait vu S. Em..

Autographe n. ſ, papier, français [LXXX.

Nº 916. Grenoble, 12 ſeptembre 1649.

Le même au même. La taille ſe lève lentement aux lieux de bonne volonté &, dans les autres, pas du tout. La miſère eſt grande par le manque de récoltes, & ſi l'on envoie des troupes, il laiſſera volontiers à un autre le ſoin d'y paſſer l'hiver. La Provence eſt calme en apparence : les troupes du comte d'Alais déſolent les lieux où elles paſſent & en tirent des ſommes conſidérables. M. d'Alais, pour ſa part, aurait eu de 3 à 400,000 livres.

Autographe n. ſ., papier, français [LXXXI.

Nº 917. Grenoble, 15 ſeptembre 1649.

Le même au même. Il s'élève contre la réviſion par le parlement des comptes des étapes, car cela amènera ce corps à contrôler de plus en plus ſes actes : le mieux ferait de faire revoir les comptes par le conſeil & d'appeler les tréſoriers. La paix n'eſt pas définitive en Provence & il craint toujours pour ſes terres, le comte d'Alais voulant les faire maltraiter. Les communautés ſont plus rançonnées que pendant la guerre. Il le preſſe de ne pas le laiſſer à la merci du comte d'Alais. Comme la cour des aides de Vienne continue à ſiéger dans l'hôtel de ville, il l'en chaſſera en allant en Bourgogne, en congé.

Autographe n. ſ., papier, français [LXXXII.

Nº 918. Grenoble, 9 janvier 1650.

Le même au même, l'engageant à veiller à ce que « M. de Saint-Annais » ne ſoit pas envoyé à l'arſenal de Grenoble, les dépenſes du maréchal de la Motte ne lui étant pas encore rembourſées. Les vallées d'Oulx & de Pragela ont 60 compagnies d'infanterie & 18 de cavalerie, comment fourniront-elles l'étape après cela ? Le parlement par ſes arrêts a ſurſis le payement des tailles & par ſes conſeils ſecrets il l'empêche. Le comte d'Alais vient d'envoyer le régiment de Lyonnais à Cabrières & Lauris, deux de ſes terres.

Original ſigné, papier, français [LXXXIII.

N° 919. Dijon, 6 avril 1650.

Le même au même. Il lui confeille de laiffer MM. du parlement fe découvrir, « n'eftant pas poffible d'eftre eternellement fourbes & ne le paroiftre pas à la fin ».

Autographe n. f., papier, français [LXXXIV.

N° 920. Dijon, 17 avril 1650.

Le même au même. On a envoyé l'arrêt qui caffe ceux du parlement de Grenoble. M. de la Cofte & le procureur général s'efforcent d'effacer le premier préfident & prétendent tous deux à la première place. Il fe juftifie de l'accufation de M. de Sahune & de fon père au fujet de l'abbaye de Maugouvert (1). M. de Viriville lui a répondu que l'abbaye était utile & ne troublait en rien le repos public. Il a infifté & s'eft plaint de ce que M. de Saint-Auban était mieux écouté que lui, que cependant celui-ci n'avait rien à voir dans fon gouvernement & qu'il répondait de l'abbaye. Cela étant, il a défendu à l'abbaye de faire aucune fonction fans la permiffion du comte. Si MM. de Saint-Auban & de Sahune fe piquent de fa façon d'agir, lui peut bien fe piquer de leur prétention à faire de lui un efclave.

Autographe n. f., papier, français [LXXXV.

N° 921. Grenoble, 8 mai 1650.

Le même au même. Il prendra patience pour les finances à caufe de la maladie de M. d'Hemery; il le prie de lui envoyer toujours des informations fur ce qui fe paffe & de folliciter le délogement des troupes.

Original n. f., papier, français [LXXXVI.

N° 922. Grenoble, 11 mai 1650.

Le même au même. Selon lui, fi la province était déchargée du quartier d'hiver, elle pourrait payer 200,000 livres par an durant la guerre : les communautés qui fouffrent le logement font ruinées par la dépenfe des gens de guerre & par les frais de recouvrement des aides.

Original n. f., papier, français [LXXXVII.

(1) A Montélimar.

N° 923. Grenoble, 18 mai 1650.

Le même au même, lui témoignant fa fatisfaction pour le maintien des priviléges du comté de Sault & fon chagrin fur l'affaire de M. de Preffins. « Plufieurs perfonnes difent qu'il eft dangereufement bleffé ».

Original n. f., papier, français [LXXXVIII.

N° 924. Grenoble, 22 mai 1650.

Le même au même. Il craint d'apprendre la mort de M. d'Hémery & fouhaite fon remplacement par le préfident de Maifons. L'arrivée de nouvelles troupes l'accable & elles ruinent la province.

Original n. f., papier, français [LXXXIX.

N° 925. Grenoble, 25 mai 1650.

Le même au même. Souhaits pour la prompte guérifon de M. d'Hémery, afin qu'il puiffe terminer avec lui le règlement de fes affaires. Il revient fur la demande de délogement des troupes: de Ville, prince Thomas, Normandie, Aiguebonne, Lyonnais, Huxelles, &c.

Original n. f., papier, français [XC.

N° 926. Grenoble, 29 mai 1650.

Le même au même, pour preffer le départ des troupes qui mettent la province à la famine. Il a écrit pour appuyer la demande du conful de Vienne touchant l'affemblée des dix villes, néceffaire à la rentrée des tailles & nullement à craindre. Il préférerait à tout autre que M. de Heère revînt comme intendant.

Original n. f., papier, français [XCI.

N° 927. Grenoble, 1er juin 1650.

Le même au même. L'idée d'une impofition de 200,000 livres, moyennant la décharge du quartier d'hiver, devient irréalifable fi de nouveaux logements font fans ceffe ordonnés. La province eft réduite à une mifère extrême. Malgré les bruits de maladie, peu de perſonnes meurent : cela tient-il à la diminution du mal ou aux meilleurs remèdes ? Il le prie de veiller à ſes intérêts dans les changements que la mort de M. d'Hémery va cauſer.

Original n. ſ., papier, français [XCII.

N° 928. Grenoble, 5 juin 1650.

Le même au même, pour ſe plaindre du comte d'Alais, qui a ruiné une de ſes terres de Provence par trois logements ſucceſſifs de troupes. La nomination de M. de Maiſons à la place de M. d'Hémery le réjouit. Le tableau de ſa ſituation financière comme gouverneur eſt éloquent : M. d'Alais touche 70,000 livres & des gratifications, M. de Vendôme 150,000... & lui 36,000 ! Il aurait auſſi beſoin d'un fonds pour l'entretien de ſes ſeize gardes, nombre inſuffiſant.

Original n. ſ., papier, français [XCIII.

N° 929. Grenoble, 8 juin 1650.

Le même au même. Il déſire l'envoi d'une perſonne de confiance pour vérifier l'état miſérable de la province après tant de ſéjours & paſſages de troupes, mais non comme intendant : « ce qui attireroit contre lui toutes les compagnies ».

Original n. ſ., papier, français [XCIV.

N° 930. Grenoble, 12 juin 1650.

Le même au même, en lui recommandant ſes finances, après l'arrêt favorable au comté de Sault. Il a envoyé l'ordre aux troupes de partir, d'après une lettre du cardinal Mazarin. Le retour de M. de Heère lui agrée.

Original n. ſ., papier, français [XCV.

N° 931. Grenoble, 15 juin 1650.

Le même au même. M. Le Tellier, qui a bien accueilli d'autres députés hoſtiles, reçoit mal celui qui, par ſon avis, allait demander l'aſſemblée des dix villes. Sa charge lui permettait d'autoriſer lui-même cette aſſemblée. Il n'a point encore d'ordres pour le délogement des troupes.

Original n. ſ., papier, français [XCVI.

N° 932. Grenoble, 17 juin 1650.

Le même au même. Il a fait avancer vers le Piémont le régiment Lyonnais ; Mme la ducheſſe de Savoie lui refuſe l'entrée de ſes Etats, tant qu'elle ne ſera pas payée du pain fourni : cela ruine le Dauphiné & la Provence.

Original n. f., papier, français [XCVII.

N° 933. Grenoble, 19 juin 1650.

Le même au même, pour hâter le délogement des troupes & ſolliciter un ordre de M. Le Tellier.

Original n. f., papier, français [XCVIII.

N° 934. Grenoble, 22 juin 1650.

Le même au même. Il a bon eſpoir touchant la ſurvivance de ſes charges pour ſes enfants. Les troupes refuſées par Mme de Savoie ruinent la province. Il eſt queſtion de l'arrivée de M. Hervat (Hervart).

Autographe n. f., papier, français [XCIX.

N° 935. Grenoble, 26 juin 1650.

Le même au même. Il inſiſte ſur le délogement des troupes & ſur la méſintelligence du parlement & de la cour des aides, conſeille l'aſſemblée des dix villes comme utile, demande ſur l'état de la province 14,000 livres de ſa penſion au même titre que l'évêque de Grenoble, le premier préſident & le procureur général, & même davantage, n'ayant rien reçu depuis ſix ans. Il déſire que la ferme des gabelles ſoit continuée à Perrachon & Amat.

Original n. f., papier, français [C.

N° 936. Grenoble, 29 juin 1650.

Le même au même, pour hâter le départ des troupes. Bien que la convocation de l'aſſemblée des dix villes lui ſoit renvoyée, il attendra M. Hervat (Hervart). « Il faudroit que le roy fit faire juſtice des pilleries & vexations des gens de guerre ».

Original n. f., papier, français [CI.

N° 937. Grenoble, 10 juillet 1650

Le même au même. Il a bon efpoir du voyage de M. Hervart, écrit à M. Le Tellier pour le délogement; 6 régiments d'infanterie & 10 compagnies de cavalerie, c'eft trop. M. Lumagne menace de faire faifir fes rentes fur les gabelles: les fieurs Amat & Perrachon ne devront pas fouffrir ces faifies.

Original n. f., papier, français [CII.

N° 938. Grenoble, 17 juillet 1650.

Le même au même. Le délogement des troupes eft toujours attendu; Mme de Savoie a refufé des troupes venant de Provence, à caufe de la pefte; M. Le Tellier objecte le manque de fonds; ce féjour fait empirer le mal. S'il n'obtient fatisfaction, il abandonnera tout. Il attend M. Hervart & le payement de ce qui lui eft dû.

Original n. f., papier, français [CIII.

N° 939. Vizille, 20 juillet 1650.

Le même au même. Pas d'ordres encore pour envoyer l'armée en Piémont; fi les troupes de Provence fe mettent en marche, avant qu'il ait une lettre de Mme de Savoie, elles refteront en Dauphiné & le ruineront. Il revient fur l'augmentation du nombre de fes 15 gardes, & fur la fuppreffion de la cour des aides ou de fon union au parlement.

Original figné, papier, français [CIV.

N° 940. Grenoble, 24 juillet 1650.

Le même au même. Encore point de délogement! La mifère augmente ici pour conferver les autres provinces, « qui ne peuvent eftre plus obéiffantes ». Il faut rejeter fur les troupes la caufe des plaintes de l'évêque de Valence, qui en a beaucoup.

Original n. f., papier, français [CV.

N° 941. Grenoble, 27 juillet 1650.

Le même au même. M. Hervart a bien fervi la province en faifant fournir à Falcombel l'argent pour le pain des troupes qui vont en

Piémont : il faudrait un délogement rapide & faire affigner ce qui lui eft dû fur des recettes affurées.

Original n. f., papier, français [CVI.

N° 942. Grenoble, 31 juillet 1650.

Le même au même, fur les mêmes points. Il refufera fon attache à toutes les troupes allant en Languedoc, fi elles n'ont celle du commandant de la province.

Original n. f., papier, français [CVII.

N° 943. Grenoble, 3 août 1650.

Le même au même. La fituation n'a pas changé pour les troupes. Quant à la miffion de M. Hervart pour favoir ce que la province peut donner au roi, S. M. s'eft lié les mains par une déclaration antérieure ; l'union de la cour des aides au parlement eft plus facile, ce dernier corps la défirant.

Original n. f., papier, français [CVIII.

N° 944. Grenoble, 7 août 1650.

Le même au même. M. de Servien l'avertit que Mme de Savoie permet l'entrée des troupes en Piémont ; pour celles de Provence, elle attend l'avis de fes beaux-frères.

Original n. f., papier, français [CIX.

N° 945. Grenoble, 10 août 1650.

Le même au même. Il va à Vizille prendre les eaux. Mme de Savoie envoie un officier en Provence pour s'informer de la fanté des troupes. Il attendra pour agir une réponfe de Turin.

Original n. f., papier, français [CX.

N° 946. Grenoble, 14 août 1650.

Le même au même. M. Erval (Hervart) n'eft pas encore arrivé. Les logements militaires rendent impoffible le payement des tailles de 1648, 49 & 50.

Original n. f., papier, français [CXI.

N° 947. Vizille, 21 août 1650.

Le même au même. Les troupes sont parties pour le Piémont; il n'a pas de réponse pour celles de Provence. Le garde des sceaux accuse la province de rébellion parce qu'elle ne paye point les tailles; mais celle de 1647 est payée & celle de 1650 n'est pas encore imposée. S. M. a tiré d'elle plus qu'elle ne doit, par les étapes & les dépenses des gens de guerre : s'il y a du retard, le parlement & la déclaration du roi en sont causes.

Original n. f., papier, français [CXII.

N° 948. Grenoble, 24 août 1650.

Le même au même. M. Servien lui annonce l'autorisation aux régiments de Boissac, Lillebonne, &c. d'entrer en Piémont. Il demande une gratification pour l'affaire « des descheus », qui est son ouvrage, sinon comme don, au moins comme dégrèvement de ses avances faites.

Original n. f., papier, français [CXIII.

N° 949. Vizille, 28 août 1650.

Le même au même, lui annonçant l'autorisation donnée aux régiments de la Marine, de Carignan, &c. d'entrer en Piémont, venant de Provence; il réclame l'augmentation de ses gardes.

Original n. f., papier, français [CXIV.

N° 950. Grenoble, 31 août 1650.

Le même au même. M. Hervart est encore attendu; l'état de la province vient du roi seul, avec sa déclaration & ses troupes.

Original n. f., papier, français [CXV.

N° 951. Vizille, 7 septembre 1650.

Le même au même. La crainte des ennemis a retenu M. Hervart; le duc d'Orléans aura pourvu aux affaires. La dépense de l'étape comprise dans la déclaration du roi consomme tous les fonds de la province. Il désire des nouvelles sur les affaires générales.

Original n. f., papier, français [CXVI.

Nº 952. Grenoble, 11 feptembre 1650.

Le même au même. Tout eft fufpendu jufqu'à l'arrivée de M. Hervart.

Original n. f., papier, français [CXVII.

Nº 953. Grenoble, 21 feptembre 1650.

Le même au même. M. Hervart verra ici ce que l'on peut efpérer de la levée d'un million.

Original n. f., papier, français [CXVIII.

Nº 954. Grenoble, 2 octobre 1650.

Le même au même. Il eftime beaucoup M. de Pluvinel; mais il ne peut mettre l'étape de Creft à Livron, à caufe de la diftance qu'il y aurait de là à Die. L'humeur de M. Le Tellier contre la province l'étonne: en difant qu'il eft facile de conferver dans l'obéiffance une province qui ne paye rien, il fe dégage de toute obligation à fon égard.

Original n. f., papier, français [CXIX.

Nº 955. Grenoble, 5 octobre 1650.

Le même au même. M. Hervart n'eft pas encore à Lyon.

Original n. f., papier, français [CXX.

Nº 956. Grenoble, 9 octobre 1650.

Le même au même, pour condoléances à Mme de Rofny, fa fœur, & à Mlle de Sully, fa nièce, fur leur fanté. Il réclame les expéditions pour la lieutenance de fon régiment en faveur du fieur Marquet.

Original n. f., papier, français [CXXI.

Nº 957. Grenoble, 12 octobre 1650.

Le même au même. Amat ne fera pas épargné, s'il tarde à remplir le devoir de fa charge, fon retard étant préjudiciable aux garnifons. Tout eft calme en Provence, contrairement aux bruits qui ont couru sur la prife des vaisseaux de Toulon par le comte d'Alais.

Original n. f., papier, français [CXXII.

N° 958. Grenoble, 14 octobre 1650.

Le même au même. M. Hervart a de fréquentes conférences avec les commiſſaires du parlement. Comme la fourniture du pain finit le lendemain, il eſt inquiet pour les troupes d'Italie. La recette de M. de Montbrun pour teindre la barbe n'a donné aucun réſultat avec & ſans eau : il faut de nouvelles inſtructions pour l'employer.

Original n. f., papier, français [CXXIII.

N° 959. Grenoble, 16 octobre 1650.

Le même au même, pour avoir des nouvelles ſur l'entrée du roi à Bordeaux & ſur le départ de M. Hervart.

Original n. f., papier, français [CXXIV.

N° 960. Grenoble, 30 octobre 1650.

Le même au même. Il voudrait des détails ſur les cauſes de la perſécution de Mme de Ramzau, qui s'eſt retirée dans un couvent par néceſſité, & prie de travailler à exempter la province des logements militaires.

Original n. f., papier, français [CXXV.

N° 961. Grenoble, 16 novembre 1650.

Le même au même. Il eſt ſatisfait de M. Hervart & eſpère à l'avenir être mieux traité par les miniſtres, réitère la prière d'empêcher les logements de troupes & annonce qu'il a appuyé la demande d'une penſion de 2,000 livres à M. de Rochefort, fils.

Original n. f., papier, français [CXXVI.

N° 962. Grenoble, 7 décembre 1650.

Le même au même. M. Hervart l'informe de tout ; l'aſſemblée des dix villes lui paraît toujours utile. Il ne déſire pas que ſon régiment vienne *fouler* la province, mais le préfère à tout autre. Une déclaration du roi eſt néceſſaire pour l'exécution de l'arrêt de règlement des étapes.

Original n. f., papier, français [CXXVII.

N° 963. Grenoble, 18 décembre 1650.

Le même au même. Malgré quelque petite conteſtation, il eſt en bonne intelligence avec M. Hervart. Il eſt chagrin de la mort de M. d'Avaux, « dont le merite eſtoit cogneu de toute la chreſtienté », & déſire connaître les démarches à la cour de M. l'évêque de Valence, dont il connaît l'humeur.

Original n. ſ., papier, français [CXXVIII.

N° 964. Grenoble, 28 décembre 1650.

Le même au même. M. de la Pierre, beau-frère de M. Hervart, eſt parti, avec les conventions faites : il ſera payé à l'épargne 300,000 livres pour 1648, autant pour 1649 & 50,000 en 1651, ſi la province eſt exemptée du quartier d'hiver. Il a reçu des ordres pour le retour des troupes ; mais pluſieurs compagnies ont leur route fixée juſqu'à Pierrelatte, Vienne, Gap, Chorges & Ventavon ſeulement, ſans indication de deſtination : c'eſt un oubli ſans doute, ſur lequel il faut ſe renſeigner.

Original n. ſ., papier, français [CXXIX.

N° 965. 5 mars 1651.

Accuſé de réception à de Cizerin d'un billet de l'épargne de 30,000 livres, ſigné par Guenegaud, le 31 décembre 1647.

Original ſigné, papier, français [CXXX.

N° 966. Grenoble, 2 avril 1651.

Le même au même. Il lui envoie copie d'un arrêt du parlement dont il demande la caſſation. Après la cour des aides & la chambre des comptes, ce corps attaque l'autorité royale en empiétant ſur la ſienne. Il craint des logements de troupes.

Original n. ſ., papier, français [CXXXI.

N° 967. Grenoble, 19 avril 1651.

Le même au même. Son ordonnance pour le règlement des étapes a beſoin d'être validée. Quelques officiers, au lieu des 18 livres & 13 ſols par jour par compagnie complète, en demandent juſqu'à 120 & 150 : il lui faut des inſtructions.

Original n. ſ., papier, français [CXXXII.

N° 968. Grenoble, 3 mai 1651.

Le même au même. Nouvelle inſtance pour la validation de ſon ordonnance ſur les étapes & pour les inſtructions ſur les exigences des officiers de M. le prince, dont le parlement va informer. Il ne ſaurait approuver ces déſordres, la haine univerſelle devant rejaillir ſur lui.

Original n. ſ., papier, français [CXXXIII.

N° 969. 31 mai 1651.

Quatre quittances de Claude de Guenegaud, tréſorier de l'épargne, à Pierre de Portes, tréſorier général de Dauphiné, chacune de 10,000 livres, employées aux réparations des rives du Drac pendant les années 1648, 49, 50 & 51.

Copies dans le reçu du 28 juin ſuivant [CXXXV].

N° 970. Vizille, 1er juin 1651.

Le même à de Cizerin. A ſon avis, les députations aux États-Généraux doivent être faites en des aſſemblées devant l'archevêque de Vienne pour les eccléſiaſtiques, dans un lieu à déſigner pour les nobles, & devant un magiſtrat pour le Tiers-État, les conſuls des villes & bourgs & les châtelains royaux appelés. Il a reçu des ordres pour le délogement des ſoldats de M. le prince, « qui ſe logent à la campaigne, dans les villaiges & metairies où ils gaſtent les bleds & font tous les déſordres imaginables ». Recommandation touchant les expéditions pour les 40,000 livres des réparations contre le Drac.

Original n. ſ., papier, français [CXXXIV.

N° 971. 28 juin 1651.

Reçu de Leſdiguières des quatre quittances du 31 mai précédent.

Original ſigné, papier, français [CXXXV.

N° 972. Grenoble, 9 juillet 1651.

Le même à de Cizerin. Les arrêts du parlement ont été caffés. De concert avec M. Hervart & les députés du parlement, de la chambre des comptes & du bureau des finances, il travaille à un accommodement. Faute de temps, les affemblées particulières des bailliages & fénéchauffées pour la députation aux Etats-Généraux ont été fixées au même jour. Il n'entendra aucune propofition de détacher quoi que ce foit de fon gouvernement & il confeille au chancelier de réclamer la démiffion de Duboys, procureur général à la cour des aides.

Original n. f., papier, français [CXXXVI.

N° 973. Grenoble, 12 juillet 1651.

Le même au même. Quel fera le rang des commis du pays dans les affemblées pour la députation des Etats-Généraux? Il travaille toujours, ainfi que M. Hervart, à un accommodement avec les compagnies fouveraines. Rabourdin, un des fiens, défire un brevet pour l'exploitation de fa glacière, par crainte de concurrence, & Mme de Virieu, plaidant contre M. de Gallien, une évocation au parlement de Paris.

Original n. f., papier, français [CXXXVII.

N° 974. Grenoble, 26 juillet 1651.

Le même au même. Rien de définitif encore avec les compagnies fouveraines; il ne fouffrira aucune diminution de fon gouvernement & va partir pour Saint-Marcellin. Ne pas négliger fes affaires de finances.

Original n. f., papier, français [CXXXVIII.

N° 975. St-Marcellin, 30 juillet 1651.

Le même au même. Il fe réjouit des changements arrivés & le prie de complimenter MM. Servien, Le Tellier & de Lionne. Rien de fait pour la nomination des députés aux Etats-Généraux.

Original n. f., papier, français [CXXXIX.

N° 976. St-Marcellin, 2 août 1651.

Le même au même. Il conſeille, tant que les négociations avec les compagnies ſouveraines ne ſeront pas plus avancées, de différer l'envoi des arrêts du conſeil caſſant ceux du parlement. Il a reçu la commiſſion du ſieur de Peyrins. Le parlement viſe à la ſuppreſſion de la cour des aides & perſuade au peuple qu'il n'aura de ſoulagement que par ſon moyen. Les difficultés ſurvenues entre les eccléſiaſtiques de l'aſſemblée perſiſtent.

Original n. f., papier, français [CXL.

N° 977. Grenoble, 6 août 1651.

Le même au même. Les conteſtations de MM. du clergé à Saint-Marcellin lui ont donné beaucoup de mal & il n'a pu les terminer. Les députations des deux autres ordres ſe ſont faites ſans obſtacle : MM. le comte de Tonnerre, de Paris, d'Arzilliers & de Champfleury repréſenteront la nobleſſe ; Ronin, conſul de Vienne, Patin, avocat, Rolland, juge de Gap, & Frenet (ou Freſſet), châtelain de Beaumont, pour le Tiers-Etat ; il reſte à dreſſer les mémoires & inſtructions. Il attend les commiſſions des ſieurs de La Croix & de Salernes pour les envoyer à ſon régiment.

Original n. f., papier, français [CXLI.

N° 978. Grenoble, 9 août 1651.

Le même au même, réitérant la demande d'un arrêt de validation de ſon ordonnance ſur les étapes. Craignant quelque conflit au ſujet du rang entre le régiment d'Hocquincourt ou de Bretagne & le ſien qui eſt de Dauphiné, il déſire le prévenir. Il trouve M. de Lionne malheureux d'avoir perdu de ſon crédit & recommande ſes affaires de finances.

Original n. f., papier, français [CXLII.

N° 979. Grenoble, 13 août 1651.

Le même au même. Avant d'établir le quartier d'hiver, il ferait bon de connaître les propoſitions des compagnies ſouveraines. Une lettre de M. de Peyrins, lieutenant-colonel de ſon régiment, lui fait craindre un conflit pour le rang avec le régiment de Bretagne. Il devra s'opposer aux prétentions de M. de Piennes fur partie de fon gouvernement, réclamer le brevet de Rabourdin, glacier, & lui envoyer des coiffes de cheveux : il lui en faut deux toutes les fix femaines.

Original n. f., papier, français [CXLIII.

N° 980. Grenoble, 16 août 1651.

Le même au même, lui rappelant fes affaires de finances, la validation de fon ordonnance fur les étapes, & les quartiers d'hiver à empêcher.

Original n. f., papier, français [CXLIV.

N° 981. Grenoble, 23 août 1651.

Le même au même. Son régiment, qui a toujours la même confidération, doit conferver fon rang. L'armée Efpagnole s'eft avancée jufqu'à Moncalier, qu'elle fortifie. Nos frontières ne font pas loin de là, nos places fortes en mauvais état & la province malheureufe.

Original n. f., papier, français [CXLV.

N° 982. Grenoble, 28 août 1651.

Le même au même, fur le rang de fon régiment, un des fix anciens petits. Quand partiront les députés des Etats-Généraux? Le Languedoc & la Provence n'ont pas encore fait leurs députations. De Moncalier les Efpagnols courent jufqu'à Turin.

Original n. f., papier, français [CXLVI.

N° 983. Grenoble, 3 feptembre 1651.

Le même au même, pour folliciter les appointements du fyndic des villages, mort depuis quelques années, pour les affecter aux places fortes.

Original n. f., papier, français [CXLVII.

N° 984. Grenoble, 6 feptembre 1651.

Le même au même. Doit-il envoyer au roi les originaux des nominations des députés aux Etats-Généraux ou des copies ſignées par ſon ſecrétaire ?

Original n. ſ., papier, français [CXLVIII.

N° 985. Lyon, 25 ſeptembre 1651.

Le même au même. Il eſt venu voir Mme la maréchale de Villeroy, ſa ſœur. M. Hervart & lui ont convenu avec les compagnies ſouveraines que la province ſera exempte du quartier d'hiver prochain & des quartiers d'aſſemblée toute l'année, & que les arrêts du parlement dont le conſeil ſe plaignait ſubſiſteront. La bleſſure de M. de Montanègues & les changements arrivés à la cour l'affectent.

Original n. ſ., papier, français [CXLIX.

N° 986. Grenoble, 1er octobre 1651.

Le même au même. Le voyage du prince Thomas à la cour lui fait appréhender le quartier d'hiver. Si la province n'en eſt pas exemptée, le roi ne retirera rien des tailles de 1650, 1651 & 1652 « par l'impuiſſance ſeule du peuple ».

Original n. ſ., papier, français [CL.

N° 987. Bourgoin, 6 octobre 1651.

Le même au même. L'ordinaire ayant été volé, il n'a pas reçu ſes dépêches, pour leſquelles il a quelque ſouci. Ecrire en chiffres les affaires importantes. Il eſt allé conférer avec l'abbé d'Ainay.

Original n. ſ., papier, français [CLI.

N° 988. Lyon, 10 octobre 1651.

Le même au même. Une dépêche du dernier ordinaire intercepté lui a été renvoyée ouverte, l'autre n'a pas eu le même ſort. Il attend du retour de M. Hervart le payement de ce qui lui eſt dû, apprend avec plaiſir le maintien de la cour des aides. Il voudrait bien obtenir auſſi la conſervation du rang de ſon régiment.

Original n. ſ., papier, français [CLII.

N° 989. Grenoble, 15 novembre 1651.

Le même au même. Les migraines de Mme de Lesdiguières l'inquiètent; les 400 livres dépensées par M. de Vaucluse pour les 60 postes de Valence à Paris le surprennent & il désire le retour de M. Hervart.

Original n. f., papier, français [CLIII.

N° 990. Grenoble, 22 novembre 1651.

Le même au même. Il est affecté de la mort de M. de la Pierre, homme d'honneur. Les députés aux États-Généraux doivent-ils partir ou rester?

Original n. f., papier, français [CLIV.

N° 991. Grenoble, 26 novembre 1651.

Le même au même. M. Hervart a écrit à la reine en sa faveur. Les quartiers d'hiver consommeront les deniers du roi. Il a instruit Mme de Lesdiguières de son sentiment sur le gouvernement de Mévouillon.

Original n. f., papier, français [CLV.

N° 992. Grenoble, 3 décembre 1651.

Le même au même. La présence de M. Hervart est nécessaire pour aviser aux moyens de réparer les ruines & les malheurs de cette ville, causés par les eaux.

Original n. f., papier, français [CLVI.

N° 993. Grenoble, 17 décembre 1651.

Le même au même. Le débordement des rivières a causé de grands maux; l'insolence des gens de guerre achève de ruiner le peuple. Il faut attendre une réponse au sujet de la fabrique de la monnaie à Grenoble.

Original n. f., papier, français [CLVII.

N° 994. Grenoble, 20 décembre 1651.

Le même au même. Malgré les inondations on envoie de nouvelles troupes dans la province; le prompt retour de M. Hervart est nécessaire. Solliciter aussi le remplacement d'Amat.

Original n. f., papier, français [CLVIII.

N° 995. Grenoble, 24 décembre 1651.

Le même au même. M. Hervart est à Dijon; dès qu'il sera ici on mettra la main aux affaires.

Original n. f., papier, français [CLIX.

N° 996. 9 mars 1652.

Etat des dépenses de M. le duc de Lesdiguières : à Remy, brodeur, 872 livres; à Ouvray, marchand « rubantier », 21 livres; &c. Total : 10,439 livres.

Original n. f., papier, français [CLX.

N° 997. (Vers 1652.)

« Etat des ordonnances faictes par M. le duc de Lesdiguières, dont il faut demander la validation au roi » : celle à de Portes, trésorier & receveur général, pour payer les garnisons en 1646 & 1649; celle à Coste, receveur des tailles de l'élection de Valence, pour payer 2,000 livres à de Chaunes, trésorier général, ou aux entrepreneurs des réparations de quelques places du Valentinois, &c.

Original n. f., papier, français [CLXI.

N° 998. Grenoble, 2 avril 1653.

Le maréchal de Créqui à de Cizerin. Il a reçu les commissions du sieur de Vercors & des lieutenances des sieurs de Pluviane & La Blachette; il attend celles du gouverneur de Vienne.

Original n. f., papier, français [CLXII.

N° 999. Grenoble, 6 avril 1653.

Le même au même, l'invitant à ſignaler à M. Le Tellier les violences de quelques capitaines du régiment de Navarre, à réclamer la commiſſion de M. de Calignon, capitaine de ſon régiment, à la place du ſieur de la Baume, & celle du gouverneur de Vienne. Un arrêt du parlement ſur le fait des tailles, portant qu'il ſera fait de très-humbles remontrances au roi, l'embarraſſe fort : ſervir S. M. & favoriſer le peuple eſt difficile en ce cas.

Original n. ſ., papier, français [CLXIII.

N° 1000. Grenoble, 9 avril 1653.

Le même au même. Il lui recommande les ordres du roi pour les troupes, la commiſſion de M. de Calignon, le payement de la garniſon de Barraux.

Original n. ſ., papier, français [CLXIV.

N° 1001. Grenoble, 13 avril 1653.

Le même au même. Il déſirerait que le gouverneur de Vienne n'eût pas le titre de lieutenant pour le roi en Viennois, que ſon régiment ſervît à la campagne & non dans les places, & que les troupes fuſſent tirées de la province.

Original n. ſ., papier, français [CLXV.

N° 1002. Grenoble, 16 avril 1653.

Le même au même, au ſujet des garniſons, des États de la province, de la conduite des officiers du régiment de Navarre, des proviſions de l'office de ſecrétaire de la chancellerie à la place de M. Baro, décédé.

Original n. ſ., papier, français [CLXVI.

N° 1003. Grenoble, 20 avril 1653.

Le même au même. Nouvelles recommandations ſur le payement des troupes, ſur ſon régiment, &c.

Original n. ſ., papier, français [CLXVII.

N° 1004. Grenoble, 23 avril 1653.

Le même au même. Il attend toujours l'ordre de départ des troupes, le payement du cinquième demi-montre, & la fortie de fon régiment de Pignerol & de Turin.

Original n. f., papier, français [CLXVIII.

N° 1005. Grenoble, 1er juin 1653.

Le même au même, pour fe plaindre de la lenteur de M. Hervart à expédier les états de la province pour 1651, 52 & 53. Si l'on continue à envoyer des troupes, le roi ne pourra tirer aucun argent de la province.

Original n. f., papier, français [CLXIX.

N° 1006. Grenoble, 8 juin 1653.

Le même au même. Il lui demande des détails fur les lettres d'anobliffement du fieur d'Hautefleur, & lui dit que ni lui ni le parlement ne fe prêteront aux prétentions du fieur de Ferron, gouverneur de Vienne, d'être lieutenant du roi en Viennois.

Original n. f., papier, français [CLXX.

N° 1007. Grenoble, 11 juin 1653.

Le même au même, le priant d'obtenir que les troupes de fon alteffe royale ne traverfent pas la province, ou tout au moins ne le faffent que par petits détachements, & que les chefs répondent de leurs défordres.

Original n. f., papier, français [CLXXI.

N° 1008. Grenoble, 18 juin 1653.

Le même au même, fur les États de la province & les étapes; il défire d'être informé de l'envoi des édits & de voir écarter les foules de la province par les quartiers d'affemblée.

Original n. f., papier, français [CLXXII.

N° 1009. Grenoble, 25 juin 1653.

Le même au même. Prière d'importuner M. Hervart pour l'expédition des états de la province, & les miniſtres pour la ſubſiſtance des étapes.

Original n. ſ., papier, français [CLXXIII.

N° 1010. Grenoble, 28 juin 1653.

Le même au même. Les régiments de ſon alteſſe royale ſont dans les étapes depuis trois ou quatre jours; pas de plaintes encore. M. Servien refuſe à tort à ſon régiment, couché ſur l'état de l'armée d'Italie, le pain qui lui eſt dû.

Original n. ſ., papier, français [CLXXIV.

N° 1011. 11 août 1655.

Teſtament de Marie Vignon, marquiſe de Treffort, veuve de François de Bonne, ſeigneur de Leſdiguières. Elle veut être inhumée à Sainte-Claire de Grenoble; fait des legs aux couvents & à l'hôpital de la ville; donne à Pierre, ſon frère, ſieur de Barnoux, tous ſes biens ſitués audit Barnoux, & à Antoine, ſon autre frère, cent livres de penſion viagère. Iſabelle de Treffort, ſa fille, femme ſéparée de biens du baron de Barry, reçoit 500 livres, outre les 1,200 de la dot de ſon premier mariage avec le ſieur de La Croix; les enfants de M. de Canillac auront chacun 500 livres & le duc de Leſdiguières, gouverneur & lieutenant général en Dauphiné, jouira de ſa maiſon neuve en Villevert, près des Auguſtins de Grenoble, à la charge de payer 75,000 livres à Catherine de Treffort, marquiſe de Canillac, fille et héritière univerſelle de la teſtatrice.

Copie n. ſ., vue par d'Hozier, papier, français [CLXXV.

N° 1012. 11 août 1655.

Dépôt chez Patras, notaire royal de Grenoble, du teſtament de Marie de Treffort, veuve du connétable de Leſdiguières, dans une carte couſue d'un petit ruban appelé eſcalette, couleur griſe de lin avec quatre impreſſes, cire d'Eſpagne rouge de chaque côté, du cachet de ſes armes.

Inſéré dans l'acte précédent [CLXXV].

N° 1013. 24 février 1745.

Teftament public de Louife-Bernardine de Durfort, ducheffe de Lefdiguières, veuve de Jean-François-Paul de Créqui, duc de Lefdiguières. Elle y défend toute autopfie de fon corps & toute pompe à fes funérailles, donne 2,000 livres aux pauvres, diverfes rentes & fommes à fes ferviteurs, fa vaiffelle d'argent à Mlle d'Epinoy, une bague avec un diamant blanc à la ducheffe d'Aumont, fa nièce, une bague avec un diamant jaune à la ducheffe de Duras, fa belle-fœur, toutes fes perles avec une bague au faphir à la comteffe d'Egmont, mère, fa nièce, une bague avec émeraude à Mme de Middelbourg, fon couvert d'or à la ducheffe de Lauragais, une bague de 6,000 livres ou cette fomme à Mlle de La Haye, avec fon portrait en miniature, une montre en or à répétition à M. du Lattier, chirurgien. L'héritier univerfel eft le maréchal de Duras, fon frère, & l'exécuteur teftamentaire le comte d'Évreux. Fait à Paris & infinué le 10 juin 1747.

Expédition notariée fignée, papier, français [CLXXVI.

N° 1014. 17 juin 1747.

Confentement donné par Jacques Villevaudé, bourgeois de Paris, curateur judiciaire à la fucceffion de Louife-Bernardine de Durfort de Duras, à l'exécution du teftament de ladite dame & notamment à la délivrance du legs fait à Boucard, fon maître d'hôtel, par fuite « des abtentions » ou renonciations de Jean de Durfort de Duras, maréchal de France, d'Henriette-Julie de Durfort de Duras, veuve de Procope-Marie-Antonin-Philippe-Charles-Nicolas-Auguftin d'Egmont-Pignatelli, duc de Gueldres & de Juliers, & de Jeanne-Marguerite-Henriette de Durfort de Duras, veuve de Louis de Lorraine, prince de Lambefc.

Expédition notariée, papier, français [CLXXVII.

N° 1015. 1760.

Généalogie de Mlle de Vignon de Vignolles. Jean, le trifaïeul, feigneur de la Rivoire, était châtelain de la baronnie de Theys & comte de Serrafca; il laiffa : 1° Marie, femme du connétable & mère de la maréchale & de la ducheffe de Créqui; 2° Virginie; 3° Marguerite; 4° Marie; 5° Jacques, baron d'Arlande; 6° Jean, abbé de Saint-Rambert; 7° Claude, prieur de la Mure; 8° Antoine, capitaine de 100 hommes d'armes, outre Renaud, l'aîné, comte de Serrafca & de Vignolio, écuyer du duc de Savoie, dont la branche fubfifte en Piémont. — Pierre, le bifaïeul, page du duc de Nemours, gouverneur de Crémieux, fut père de Charles, fieur de Vignoles, page du roi d'Angleterre, l'aïeul. Pierre, fils de Charles, a eu fept enfants, dont cinq garçons, tous dans l'armée, & deux filles.

Original, figné par Vignon de Vignoles, papier, français [CLXXVIII.

N° 1016. 1760.

Mémoire pour M. de Vignon de Barnoux : il défire faire entrer fa fille à Saint-Cyr; mais Pierre, fon auteur, n'ayant été anobli qu'en 1620, il lui manque 10 ans fur les 140 de nobleffe exigés. Lui & fes auteurs ont fervi le roi dans fes armées; il a quatre fils fous les armes & il efpère que d'Hozier pourra lui faire obtenir la grâce qu'il follicite.

Copie n. f., papier, français [CLXXIX.

N° 1017. 30 avril 1780.

Quittance de 300 livres de penfion par Gabrielle Cartier, veuve Dumoutier, légataire de Mme la ducheffe de Lefdiguières, paffée au duc de Duras.

Original, papier, français [CLXXX.

N° 1018. 30 avril 1786.

Quittance de 300 livres de pension par la même au même.

Original, papier, français [CLXXXI.

N° 1019. 10 juillet 1788.

Quittance de 300 livres de pension par la même au même.

Original, papier, français [CLXXXII.

N° 1020. 25 avril 1789.

Quittance de 300 livres de pension par la même au même.

Original, papier, français [CLXXXIII.

BOREL

N° 1021. 8 juillet 1600.

Quittance par Renée Borel de Ponfonas, fille de noble Jean, à Georges, fon frère, d'une robe de deuil, cotte, chauffes, fouliers & de fon entretien de l'année, de fa nourriture pendant deux ans, de fon habillement, de 33 écus & d'autre petite fomme indépendante des 100 écus légués par fon père.

Expédition notariée, papier, français [I.

BORIN

N° 1022. 2 mars 1625.

Nomination de Pierre Borin, fous-diacre de l'églife de Vienne, en qualité de chanoine, en remplacement de Pierre Guilliet, réfignataire, par le doyen & le chapitre de ladite églife.

Original, fcellé, parchemin, latin [I.

N° 1023. 26 août 1645.

Diplôme de docteur en l'un et l'autre droit, donné à François Borin, du diocèfe de Vienne, par Jacques-Charles de Léberon, évêque & comte de Valence & Die, chancelier de l'univerfité de Valence, fur la préfentation de Gafpar Froment & Pierre de Bubie, profeffeurs.

Original figné Breffac, fecrétaire, parchemin, latin [II.

N° 1024. 22 janvier 1691.

Contrat de mariage de noble Charles Borin, lieutenant d'une compagnie d'infanterie au régiment d'Argenfon, fils de François, confeiller en l'élection de Vienne, décédé, & de Claudine Colombet, avec Geneviève Poncet, fille de Pierre, bourgeois de Vienne, & de Barthélemie Ballet, dotée de 6,000 livres & de 3,000 d'augment. Claudine Colombet fait abandon de ses biens au futur, à la réserve de 8,000 livres léguées par Pernette Clémaron, aïeule du futur, à Marianne, Marie & Claude Borin, clerc incorporé en l'église de Saint-Maurice de Vienne.

Expédition notariée, parchemin, français [III.

N° 1025. 2 décembre 1697.

Curatelle de Claude-Eymard Borin, fils de François, âgé de 23 ans & marié avec Gabrielle Durrieu, donnée à Pierre Allard, notaire royal de Vienne, par acte reçu Claude Papet, juge royal, archiépiscopal, civil & criminel des ville & comté de Vienne.

Insérée dans la quittance suivante [IV].

N° 1026. 2 décembre 1697.

Quittance par Claude-Aymard Borin, bourgeois de Vienne, fils de François, conseiller en l'élection de Vienne, autorisé par Pierre Allard, notaire, son curateur à conseil, à Charles Borin son frère, aussi Bourgeois de Vienne, donataire bénéficiaire de Claudine Colombet, leur mère, de 400 livres, à compte de ce qui lui revient sur la succession maternelle.

Expédition notariée, parchemin, français [IV.

N° 1027. 18 décembre 1723.

Contrat de mariage de Jean-Pierre Borin, bourgeois de Vienne, fils de Charles, bourgeois de la même ville, & de Geneviève Poncet, avec Marie Servant, fille de Balthasar, marchand, bourgeois de Vienne, & de Marguerite Ballet, dotée de 14,000 livres, outre 800 livres de joyaux & habits & 7,000 livres d'augment.

Expédition notariée, parchemin, français [V.

N° 1028. 29 février 1736.

Testament de Françoise Borin de Longueville, fille de Claude Borin, bourgeois de Vienne, & de Geneviève Poncet, décédés, par lequel elle lègue à Jean-Baptifte, fon frère, lieutenant particulier au bailliage de Vienne, & à Laurence Borin, femme de M. de Gumin, confeiller du roi référendaire en la chancellerie de Dauphiné, 20 fols à chacun, à Marie Begoud de la Bâtie, un diamant valant 600 livres, à Jean-Pierre de Saint-Jullien, fon fils naturel, baptifé fous le nom de fils de noble Jean-Pierre de Saint-Jullien & d'Anne de Saint-Remy, 6,000 livres, & inftitue héritier univerfel Antoine Dufer, notaire à Grenoble, mari de Jeanne Bovier, à laquelle il devra remettre l'héritage. Fait à Grenoble par Tofcan, notaire.

Expédition notariée, parchemin, français [VI.

N° 1029. 22 mars 1750.

Diplôme de licencié en l'un & l'autre droit, délivré par Alexandre Milon, évêque & comte de Valence, prince de Soyons, chancelier de l'univerfité de Valence, à Claude-Aymar (*Adhamarus*) Borin, du diocèfe de Vienne, âgé de plus de 24 ans, fur la préfentation de Charles-François Rouveyre de Létang, professeur royal.

Original, parchemin, latin [VII.

N° 1030. 13 mai 1757.

Nomination par le vice-légat d'Avignon de Benoit Borin, diacre du diocèfe de Vienne, à l'archidiaconé de Salmorenc, uni à l'église métropolitaine de Vienne.

Original, parchemin, latin [VIII.

N° 1031. 23 avril 1760.

Exécutoire pour Claude-Aymard Borin, fieur de la Dorière, confeiller du roi, prévôt général des monnaies, gendarmerie & maréchauffée de France au département de la cour des monnaies de Lyon, contre Gafpar Philipon, fieur de Marzin, ancien prévôt général des monnaies, & de Leullion, avocat au parlement de Lyon, en payement de diverfes créances.

Original, parchemin, français [IX.

N° 1032. 8 feptembre 1765.

Obligation de 10,000 livres foufcrite par noble Jean-Pierre Borin, ancien lieutenant particulier civil & criminel au bailliage de Vienne, & par noble Claude-Aymard Borin de la Dorière, ſon fils, écuyer, prévôt général des monnaies & maréchauſſée de France au département de Lyon, demeurant à Sérezin, au profit de Jean Merle, ancien courrier penſionné des poſtes, de réſidence à Grenoble. Cette ſomme doit être employée à payer le reſtant du prix de la charge de Borin, fils.

Expédition notariée, parchemin, français [X.

N° 1033. 6 mai 1766.

Jugement rendu par Denys-Martin Canet du Gay, écuyer, conſeiller du roi, lieutenant-général civil & criminel & de police au ſiége général de la connétablie & maréchauſſée de France à la table de marbre du palais à Paris, dans la cauſe de Gaſpar Philippon de Marzin, écuyer, ancien prévôt général de la monnaie de Lyon, contre Juſt Finot, procureur au parlement, Marie-Gabrielle Blondat, ſa femme, & Catherine-Charlotte Blondat, autoriſée par Claude Finot, ſon curateur, & portant main-levée des oppoſitions formées au ſceau des proviſions de l'office de prévôt général des monnaies de Lyon, acquis dudit Philippon de Marzin par le ſieur Borin de la Dorière, ſans préjudice des droits des parties.

Expédition authentique, parchemin, français [XI.

N° 1034. 8 mai 1775.

Conſtitution d'une rente de 200 livres par noble Claude-Eymard Borin de la Dorière, écuyer, ancien prévôt général des monnaies & maréchauſſée de France au département de Lyon, demeurant à Sérezin, au profit de Virgine Maſſe de Vaudragon, femme d'Hector-Alexandre de la Tour, commandant pour le roi au Pont-de-Beauvoiſin, moyennant le capital de 4,000 livres.

Expédition notariée, parchemin, français [XII.

N° 1035. 27 mars 1782.

Conſtitution de rente par noble Claude-Eymard Borin de la Dorière, ancien prévôt général des monnaies & maréchauſſée de France au département de Lyon, demeurant à Sérezin, lequel promet payer à Denyſe Borin, veuve de Gilles Carron de Chantreine, ancien capitaine de dragons, demeurant auſſi à Sérezin, 400 livres par an, de ſix en ſix mois, moyennant le capital de 8,000 livres dû à la veuve Carron par Jean-Baptiſte de Guillon, chevalier, ſeigneur de Lachaux, fils & héritier univerſel de Jacques Pomponne de Guillon, qui le rembourſe & en reçoit quittance. L'acte explique l'origine de cette dette par la ſucceſſion de Denyſe Meudon Blanc, aïeule maternelle des ſieur & dame Borin de Montrozard & Denys Borin, échue à ces derniers.

Expédition notariée, parchemin, français [XIII.

N° 1036. 20 ſeptembre 1786.

Lettre du roi au juge de Sérezin & Château-Vilain & tous autres juges & magiſtrats en Dauphiné en reſciſion, nullité & caſſation de la promeſſe ſouſcrite à Aimé Moyroud, négociant à Lyon, par Claude-Aymard Borin de la Dorière, ancien prévôt général de la cour des monnaies de Lyon, & François-Benoit Borin, archidiacre de l'égliſe primatiale de Vienne, frères. Le 10 mai 1779, Moyroud avait induit, à l'aide d'une ſubſtitution, Claude-Aymard Borin à lui ſouſcrire une promeſſe privée de 60,000 livres, un tiers payable 18 mois après, 40,000 livres à la mort dudit Claude-Aymard, de François-Benoit, ſon frère, & d'Hippolyte Borin-Durieux, leur couſin. Moyroud ſe réfugia au Cap-Français (île de Saint-Domingue) & chargea ſa femme de pourſuivre le payement des 20,000 livres ſouſcrites : de là, demande en reſciſion de la part de Claude-Aymard & de ſon frère, ſouſcripteur ſolidaire.

Expédition, parchemin, français [XIV.

BOUSQUET-SIGONCE

N° 1037. (XVIIIe ſiècle.)

Notes généalogiques : René du Bouſquet, ſeigneur de Buiſſon (Vaucluſe), viguier de Marſeille en 1587, gentilhomme ordinaire de la chambre du roi, fut marié avec Jeanne de l'Eveſque, le 23 avril

1583, à la follicitation d'Henri III. Jacques avait époufé Catherine de Véronne, le 7 janvier 1542, dont il eut Renier & Efprit, outre une fille, Efprite, femme de Guigues la Tour-Gouvernet (7 janvier 1542), &c.

Copie n. f., papier, français [I.

BOUVARD

N° 1038. (XVIIIe fiècle.)

Tableau généalogique de la famille, commençant à noble Guillaume Bouvard, de Valréas, marié le 30 avril 1530 avec Clémence d'*Alanfon* (Alauzon), fille de Bertrand, feigneur de Rouffieu. Jean, un de leurs enfants, laiffa, de Honorade de Meilleuret, Balthafar, qui s'unit avec Anne de Taulignan, le 24 février 1610; Jean, leur fils, eut, de Marie d'Aftoaud, Léonard, auquel Madeleine de Johannis donna Léonard-Gafpar, le 7 février 1675; celui-ci époufa, le 30 juillet 1703, Catherine de la Tour des Taillades & fut père de plufieurs enfants: Jofeph-Gafpar, René-Alexandre, Gafpar-Augufte, &c.

Copie n. f., papier, français [I.

BOUVIER

N° 1039. 31 mai 1446.

Vente par noble Guillaume Bovier, de la paroiffe de Fontaines fur Saffenage, à Hugues & Pierre Giraud, frères, apothicaires de Grenoble, de 5 quartaux de blé de cenfe & de 3 deniers fur une terre de 7 féterées à Chalvetières fur Fontaines, pour 33 florins 1/2; fuivie de la reconnaiffance des deux mêmes cenfes aux frères Giraud par ledit Guillaume. Fait à Grenoble, dans l'auberge dite la Coupe de noble Pierre Rolland, devant noble Jean Faure, châtelain delphinal de Saffenage.

Original, parchemin, latin [I.

BOUVIER-MONTMEYRAN

Nº 1040. (XVIIIe ſiècle.)

Tableau généalogique de la famille, commençant avec Jean, père d'Arthaud. Arthaud laiſſa Ponſon & celui-ci André, qui vivait en 1491. André eut pour fils Hugues, & Hugues Pierre, marié avec Jeanne de Montmeyran, le 22 janvier 1544; d'eux naquit Pierre II, qui épouſa Claudine de Brunier, le 19 juin 1588; Jean-Pierre, leur fils, & Catherine Teſte (1627) tranſmirent leurs biens à Jean-Pierre II, mari de Marguerite Roux de Jarjayes (1681), leur aîné; celui-ci épouſa Françoiſe Aimard (1709), & François-Alexis de Bouvier-Cachard, né de cette union, obtint, en 1765, la main de Jeanne de Trémolet de la Cheiſſerie.

Copie n. ſ., papier, français [I.

Nº 1041. 15 janvier 1778.

Extrait délivré par Cherin, généalogiſte des ordres du roi, des regiſtres de la recherche de la nobleſſe en Dauphiné, faite par Dugué, intendant, à la date du 7 juillet 1667, mentionnant: le teſtament de Jean-Pierre Bouvier, du 11 novembre 1652, en faveur de Jean; celui de Pierre, du 31 mai 1590, où Clauda de Brunier eſt inſtituée héritière; celui de Clauda Brunier, du 23 janvier 1629, pour Jean-Pierre, &c.

Copie n. ſ., papier, français [II.

BOUVIER DE PORTES

Nº 1042. 10 novembre 1767.

Procès-verbal des preuves de la nobleſſe de Balthaſar-Victor Bouvier de Saint-Julien, pour être pourvu de l'office de chevalier d'honneur en la chambre des comptes de Dauphiné. Sont rappelés:

le baptiſtaire dudit Balthaſar-Victor, fils de François-Claude ; le mariage de François-Claude, fils de Joſeph & de Marguerite-Suzanne Cognoz de Clèmes, avec Louiſe-Marie Pavée, du 30 août 1745 ; celui de Joſeph, fils de Claude, avec Marguerite-Suzanne de Cognoz, du 12 ſeptembre 1723 ; celui de Claude, fils de Jean-Barthélemy, avec Marie Emé de Saint-Julien, du 18 janvier 1693 ; celui de Jean-Barthélemy, fils d'Odile, avec Marguerite de Montchenu-Beauſemblant, du 22 décembre 1625 ; celui d'Odile avec Margon Maiſtre, du 26 janvier 1577, &c.

Copie n. ſ., papier, français [I.

BRIANÇON

N° 1043. 21 ſeptembre 1493.

Contrat de mariage de noble & puiſſant écuyer François, fils de défunt Antoine de Brehenſon, ſeigneur de Varces (*Vercie*), avec noble Géorgie, fille de feu Angellon de Chiſſier (Chiffé), ſeigneur de Sermin, mandement de Sallanches, dotée de tous ſes biens préſents & futurs, indivis avec Guillerme & Jeanne, ſes ſœurs ; l'augment eſt de 500 florins d'or, de 2 gros l'un, outre les habits & joyaux juſqu'à 200 florins. Fait au château de Saint-Quentin en Dauphiné, devant Antoine Marcel, chapelain d'Embrun, &c. Hugues Alemand, protonotaire apoſtolique, nobles Jean de Menthon & Jacques de Beaumont, parents & amis de la future, conſentent au mariage.

Expédition notariée du temps, parchemin, latin [I.

N° 1044. 24 février 1541 (v. ſ.).

Quittance par noble Ennemond Chaboud, de la Côte-Saint-André, & Anne de Brianſſon, ſa femme, à noble Guyot de Brianſſon, ſeigneur du Mollard près Grenoble, de 800 livres tournois argent, ſur les 2,000 de la dot promiſe à Anne, & de 200 pour les habits nuptiaux. Sur les 2,000 livres dotales, Féliſe Rabot, mère de Guyot, en avait donné 200 à la future & 200 étaient affectées aux vêtements de noces.

Expédition notariée du temps, parchemin, français [II.

N° 1045. 19 mai 1578.

Quittance finale par Anne de Brianfon & Pierre Chaboud, fon fils, héritier d'Ennemond, de la dot de ladite Anne. Sur 2,000 livres, il en avait été payé 1,000 le 24 février 1541, 578 & 16 fols le 8 novembre 1571, 200 par Laurent, fils & héritier de Guyot de Brianfon, à Pierre Chaboud, « lorfqu'il feuft prifonnier des rebelles de Lyvron, » & enfin 221 livres 4 fols avaient été acquittées pour Chaboud à Etienne Honoré, de Grenoble.

Expédition notariée du temps, papier, français [III.

N° 1046. 12 juillet 1593.

Bail à mi-fruits par noble Jofeph de Brianfon, feigneur de Varces, à Jean Clos-Balme & Louis Garnier, fon gendre, de Saint-Paul-de-Varces, de toute fa chevance de Gormorenc pour deux ans. Le preneur devra donner 6 banaftes de pommes, 6 de noix, 6 quartaux de châtaignes & 6 chapons. « Selon les bonnes coutumes du pays, » le feigneur de Varces leur remet « en commande » 4 vaches eftimées 40 écus d'or, & il recevra par vache 8 livres de fromage & 4 de beurre.

Minute de notaire fignée, papier, français [IV.

N° 1047. 6 août 1593.

Vente par Benoît & Jean Cotins, frères, à Madeleine de Brianfon, veuve de noble Claude Ricoz, co-feigneur de Touchant, « d'un chazal de maifon avec fes plaffes & plaffages affizes à la fime du Breul de Vif, & une eymerée de jardin à la fime dudit Breul », pour 4 écus fol. — En note : « Revendue par noble Ginez de Révilhafc, feigneur de Chabeftan, » auxdits Cotins.

A la fuite de l'acte du 12 juillet 1593 [IV].

N° 1048. 10 feptembre 1625.

Quittance de 500 livres par Louis de Briançon, fieur de la Saludie, capitaine d'une compagnie de 200 hommes de pied & meftre-de-camp commandant aux dix dernières compagnies dudit régiment en

Valteline, pour ſes états de meſtre-de-camp durant 5 mois, à Claude Chomel, tréſorier général des lignes de Suiſſe & Griſons.

Original, parchemin, français [V.

N° 1049. 29 ſeptembre 1633.

Quittance du même à Gaſpar Fieubet, tréſorier de l'épargne, de 3,000 livres « pour les frais & deſpans du voiage qu'il va preſentement (faire) en Italie par commandement & pour affaires dont S. M. ne veult eſtre fait mention ».

Original, parchemin, français [VI.

N° 1050. 22 juin 1697.

Extrait du procès-verbal des preuves de la nobleſſe paternelle & maternelle de Joſeph-Melchior de Valain, pourvu d'un canonicat à Saint-Pierre de Mâcon, mentionnant le contrat de mariage de noble Joſeph de Briançon avec Françoiſe Armuet de Bonrepos, du 18 octobre 1587, & le teſtament de la même dame, du 12 avril 1633, où elle nomme Louis de Briançon & Alix, ſa ſœur.

Copie n. ſ., papier, français [VII.

BRIORD

N° 1051. 24 août 1316.

Quittance par Humbert de Briord, damoiſeau, à Amédée de Rouſſillon, chevalier, de 20 ſols bons viennois, ſur la dot d'Alayſie, ſa femme, fille de Jean Pellerin, dont il était garant ; Humbert déclare qu'il lui reſte dû 20 autres ſols.

Original, parchemin, latin [I.

N° 1052. 2 ſeptembre 1464.

Procuration de vénérable Humbert de Briord, de race noble, chanoine de Vienne, attaché à Guillaume (d'Eſtouteville), évêque d'Oſtie, dit le cardinal de Rouen, à vénérables Pierre Champaneys, licencié ès-décrets, chevalier de l'Égliſe de Lyon, Pierre Fornier, prieur de Luys, au diocèſe de Lyon, Lancelot Glatard, chanoine de Vienne, Antoine Perret, clerc, Hugues de Bellegarde, clerc de Vienne, & André Peyrolier, pour le repréſenter en tout ce qui concerne ſon canonicat de Vienne.

Expédition notariée du temps, parchemin, latin [II.

BROTIN

N° 1053. 15 décembre 1477.

Contrat de mariage de noble & puiſſant Jean Brotin (*Brutini*), ſeigneur de Petit-Paris (*Pariſius*), avec Françoiſe d'Hoſtun, fille de François, ſeigneur de la Baume-d'Hoſtun, dotée de 1,100 écus d'or neufs au coin du roi de France, plus 300 florins d'augment; en cas de prédécès, le douaire comprend ſa maiſon de Saint-Nazaire au Déſert ou celle de *Parves in Vinicio*. Le futur époux eſt autoriſé par noble François de Lodun (*Loduni*), ſon oncle. Fait à Romans, dans la maiſon de Mme de Florenzac, devant Meraud de Grolée, prieur de Pommiers, Jean d'Hoſtun, commandeur de Grenoble, Claude de Clermont, ſeigneur de Montoiſon, Jacques d'Hoſtun, chevalier, ſeigneur d'Hoſtun & de Claveyſon, Gaſpar de Montauban, ſeigneur d'Aix & Montmaur, Jean Arthaud, ſeigneur de la Roche, Mermet Claret, ſeigneur de Treſchenu, François de Breſſieu, ſeigneur de Beaucroiſſant, &c.

Expédition notariée, parchemin, latin [I.

N° 1054. 16 avril 1527.

Tranſaction entre noble & puiſſant Charles Brotin (*Brutini*), ſeigneur de Petit-Paris (*Pariſius*) & de Janſac (*Genſaco*), & les ſyndics & habitants de Barnave, réglant qu'à l'avenir le moulin de Janſac s'affermera aux enchères & que 3/5 du revenu appartiendront audit ſeigneur & 2/5 aux habitants de Barnave; que tous les habitants de Barnave y feront moudre leurs grains & que les frais d'entretien du moulin feront fupportés dans les proportions du revenu; que le feigneur approuve leurs droits de pacage & de bûcherage; qu'il pourra affermer aux muletiers du Trièves « le pafturgage accouftumé de la Drome »; qu'ailleurs les habitants pourront faifir le bétail en délit.

Expédition notariée, latin & français [II.

N° 1055. 17 avril 1527.

Ratification de la tranfaction précédente par Aribert, co-fyndic de Barnave, & par les habitants.

Inférée dans l'acte du 16 précédent [II].

N° 1056. 20 juillet 1606.

Permiffion à Roman, notaire, de délivrer expédition de la tranfaction ci-deffus, donnée par Etienne Gilbert, juge mage de la cour temporelle de Die.

Inférée dans l'acte du 16 avril 1527 [II].

BRUNEL

N° 1057. (XVIe fiècle.)

Tableau généalogique de la famille Brunel, commençant à Guillaume, de Lalley fur Saint-Maurice en Trièves, en 1288, continuée par Martin, en 1352; Guigues, en 1400; Pons, vers 1450, rétabli dans fa nobleffe en 1455, après dérogeance; Claude, vers 1490, reconnu noble par les confuls de Saint-Maurice; Jacques I, noble; Jacques II, cotifé aux tailles vers 1530; Claude, auffi cotifé; Jean, également cotifé. — Une autre branche iffue de Vincent, fils de Claude, était repréfentée: 1° par Claude, fils de Vincent, père d'autre Claude, dit de Saint-Maurice, & par Vincent, dit de Rodet; 2° par Guillaume, père de Jean, dit de Lalley; 3° par Jean, père de Salomon, qui plaida avec les confuls de Mens pour fa nobleffe.

Copie de 1591 n. f., papier, français [I.

N° 1058. (xvie ſiècle.)

Mémoire ſur la nobleſſe des Brunel. Guillaume vivait en 1288, Martin en 1352, Guigues en 1410, Pons en 1436, Claude en 1459 ; de ce Claude deſcendent : 1° Jean, tige de M. du Thau ; 2° Vincent, tige de M. de Saint-Maurice; & 3° Jacques, ancêtre de Jean. Le premier ſe fixe à Mens, où ſa nobleſſe lui eſt conteſtée & où il la prouve; le deuxième s'établit à Saint-Maurice & fournit auſſi ſes preuves; quant au troiſième, domicilié à Saint-Baudile, il a une poſtérité ſoumiſe aux tailles pendant quelque temps.

Copie n. ſ. du temps, papier, français [II

BRUNEL-LA-CHAPELLE

N° 1059. 26 juin 1733.

Procès-verbal des preuves de la nobleſſe de Marie-Charlotte de Brunel, admiſe à Saint-Cyr, mentionnant : ſon baptiſtaire, du 3 avril 1733, où elle eſt dite fille de Jean & de Marguerite-Fleurie Bert du Chaffat ; le mariage de ſes père & mère, du 3 avril 1712 ; l'acte de baptême de Jean, fils de Michel & de Benoîte Gueta, du 3 février 1658 ; le mariage de Michel, du 31 mai 1654; celui de Pierre, père de Michel & fils de Guillaume, avec Jeanne Tollin, du 27 novembre 1623 ; celui de Guillaume, fils d'Antoine, avec Jeanne Bourrier, du 27 janvier 1593 ; celui d'Antoine, fils de Jean, avec Jeanne Conſtant, de 1538; &c.

Copie n. ſ., papier, français [I.

BRUNIER

N° 1060. 23 août 1457.

Compromis entre vénérable Guy Boyzard, prieur d'Anneyron (*Aneyronis*), & noble Didier Brunier, feigneur de Larnage, nommant arbitres de leur différend noble & religieux Gabriel *de Buciaco*, prieur de Menthe (fur Moras), & noble Aimar de Quincieu ; fuivi de leur fentence arbitrale, annulant toutes procédures antérieures pour injures, ainfi qu'une donation faite ; abandonnant au feigneur de Larnage toutes les cenfes & dîmes à lui réclamées, au moyen d'une donation à noble Ifabelle, fa femme, & laiffant à la décifion de noble Richan, bâtard, & de Martonne, fa femme, la queftion de propriété d'autres cenfes. Fait à Menthe, dans la grande cour du prieuré, devant nobles Jean Polycard, Claude de Rives, &c.

Expédition notariée du temps, parchemin, latin [I.

N° 1061. 30 août 1477.

Ceffion d'un droit de rachat par André Salier, boucher (*macellarius*) d'Anneyron, à noble Didier Brunier, feigneur de Larnage, au prix de dix florins. Salier, pour s'exonérer d'une penfion annuelle de 3 florins, au capital de 60 florins, avait abandonné aux prieur & religieux du couvent de Notre-Dame du Colombier tous fes droits fur une fétérée de pré aux Pies, acquis de Laurent de Boyffon & de Jeanne, fa femme, près du chemin de la Maladière ; plus tard, les religieux lui avaient accordé la faculté de rachat, en payant les 60 florins. Fait à Anneyron, devant Berthet Vial, curé du lieu, &c.

Expédition notariée du temps, parchemin, latin [II.

N° 1062. 28 avril 1686.

Vente par noble Benoît de Brunier, fieur de Larnage & Fondeville, à Antoine Gallerand, laboureur aux Côtes-d'Arey, d'une maifon & de divers fonds, pour 450 livres.

Expédition notariée, parchemin, français [III.

BUDOS

N° 1063. 20 feptembre 1489.

Teftament de noble Pierre Bedos (*Bedoffii*), co-feigneur de Portes, diocèfe de Saint-Paul-trois-Châteaux, & de Salles, en faveur de Guillaume, fon fils aîné, avec des legs de 300 florins à Étienne & à Garin, de 400 florins à Alynote & à Béatrix, fes autres enfants, & de l'ufufruit de fes biens, pendant fon veuvage, à noble Anne de Borne, fa femme. Il veut être enfeveli dans l'églife paroiffiale de Saint-Pierre d'Alanfon (*Alonfoni*). Fait à Portes, devant François Monier, prieur du lieu.

Expédition notariée, parchemin, latin [I.

C

CASSARD

N° 1064. Novembre 1727.

NOTES sur la famille Caffard, mentionnant : — 1° un teftament d'Ifabeau Caffard, veuve de Jofeph-Félicien Boffin, feigneur d'Uriage, du 10 août 1690, où font léguées 8,000 livres à Françoife & Louife Caffard, fes fœurs, 6,000 à Louife Caffard, 2,000 à noble Jofeph-Félicien du Fayet de Palafort, fon coufin, &c.; l'héritière univerfelle défignée eft Claudine Maniquet, fa mère. Fait à Grenoble, dans l'hôtel de noble François de Pina, confeiller au parlement; — 2° une obligation, du 11 avril 1669, au profit de noble Ifaïe Caffard, feigneur de Bellechambre, héritier univerfel d'Étienne Caffard, feigneur de Sainte-Marie, par noble Profper de Maniquet, feigneur du Fayet, fon beau-frère.

Copie n. f., papier, français [I.

CHABOUD

N° 1065. 4 feptembre 1530.

Contrat de mariage de noble Nicolas Chabod (*Chabodi*), de la Côte-Saint-André, châtelain d'Ornacieu, pour le feigneur du Bouchage, & du mandement *Coftanarum*, avec Eynarde de Claveyfon, fille de François, feigneur de Semons, dotée de 600 écus d'or fol par fon frère, avec un augment de 300 écus par le futur, de 100 écus pour vêtements nuptiaux & de pareille fomme pour joyaux & bagues. Fait à Semons, devant nobles Pierre de Salignon, feigneur de la Boiffonnière, Philibert Tabernier, feigneur de la Pointière fur Gillonnay, François de Laigne, Pierre de Céfarge, oncle de la future, &c.

Expédition notariée, parchemin, latin [I.

N° 1066. 30 janvier 1581.

Arrêt du parlement de Grenoble, maintenant l'appointement, fauf à pourvoir au regard du commiffaire, dans l'inftance de Pierre Chaboud, écuyer, contre les confuls de la Côte-Saint-André & Nantuy, au fujet de la vérification de fes lettres de nobleffe.

Original, parchemin, français [II.

CHANDIEU

N° 1067. 25 juin 1685.

Confultation de Sevin fur les corvées dues par Jean Monchanin, de la paroiffe de Quincieu, à Antoinette Arnoud de Saint-Simon, veuve de Jacques « de Champdieu », baron de Champdieu, Poule, Propières, &c., & tutrice de Charles, fon fils, en fa qualité d'homme levant & couchant, corvéable à bonne volonté. Le confeil eftime que les claufes générales des terriers ne fuffifent pas pour établir la corvée.

Original figné, papier, français [I.

CHATEAUNEUF

N° 1068. 15 octobre 1379.

Reconnaiffances de cenfes faites à Aynard de Châteauneuf, feigneur de Muriel (*Muriellii*), acquéreur de magnifique & puiffant Bertrand de Châteauneuf, feigneur de Châteauneuf & de Saint-Quentin, pour 20 fétiers de blé fur les château & mandement de Nerpol (*Nerpodi*), où Jeanne de Miribel, dame d'Ornacieu, avait des droits. Jean Merlin, à la demande de Jacques de Vayffière, dit Chaneft, châtelain de Nerpol, reconnaît une maifon & une terre près du chemin de Serres à Vinay, fous la cenfe de 1 fétier de blé & 2 poules, avec le plaid accoutumé (droits de mutation); Jean Fontanel reconnaît une terre en Salantine & une cenfe de 1/2 quartal de blé; Jean Ferrier reconnaît une terre à Chapays, près du chemin de *Lineriis verfus Talbinam*, &c. On y trouve encore mentionnés les chemins de *Loyref* (Loirieu) à Charpeney & à Saint-Marcellin; de *Talbina* à Charuey, &c.

Original, parchemin, latin [I.

CHATELARD

N° 1069. 1120.

Donation par Amédée d'Hauterive à l'églife de Bonnevaux de tout l'argent qu'il avait avant fa converfion & de fes vignes d'Hauterive & de Lens.

Copie extraite « d'un ancien Cartulaire manufcript, couvert en bois, que l'on croit du commencement de l'an 1300 ou fur la fin du precedent fiecle par la forme des caracteres & efcriture », fignée par Rolichon, prieur de Bonnevaux, en 1754, papier, latin (imprimée dans D'HOZIER) [I.

N° 1070. (Avant 1159.)

Donation ou reftitution par Siboud de Clermont aux frères de Bonnevaux de la vigne de Terfanne (*apud Tercinam*) & du bois nécef-faire à fon entretien, à la prière d'Amédée, évêque de Laufanne, & en préfence d'Adon, Falcon & Pierre, moines, d'Amblard, prieur de Saint-Vallier, de Willelme Giroud, des fils d'Ainard de Mont-chenu & de Gautier Permene de Revel; Willelme, fils de Siboud, approuve l'acte.

A la fuite de l'acte de 1120 (imprimée dans D'HOZIER) [I].

N° 1071. (Vers 1185.)

Vie d'Amédée d'Hauterive, compofée par ordre de Burnon de Voiron. — De la famille de l'empereur Conrad & neveu du comte d'Albon, Amédée poffédait Planèfe, Charmes, Lens, Clermont, Saint-Geoirs & Hauterive. La penfée de la mort le conduit à Bonne-vaux, où il reçoit l'habit religieux avec feize chevaliers, entre autres Berlion de Moirans, Armand de Rives, &c.; leurs femmes, de leur côté, entrent au monaftère de Laval. Afin de compléter l'éducation de fon jeune fils, Amédée, le feigneur d'Hauterive quitte un inftant Bonnevaux pour Cluny & pour la cour de l'empereur Conrad. Re-venu auprès de fes anciens compagnons d'armes, devenus religieux à Bonnevaux, il fonde Mazan en Vivarais, Montperoux en Auvergne, Léoncel & Tamiers, & meurt avec la réputation d'un faint.

Copie d'un manufcrit du XIIIe fiècle de l'abbaye de Bonnevaux, collationnée par d'Hozier de Sérigny en 1755, papier, latin, 27 feuillets in-folio (imprimée dans D'HOZIER) [II.

N° 1072. 1185.

Déclaration faite par Pierre Dudin, fur le point d'aller en Terre-Sainte, à la prière de Burnon de Voiron, prieur de Bonnevaux, que les feigneurs d'Ornacieu n'avaient aucun droit d'ufage fur le terri-toire de Bocey (*de Boceyo*), fi ce n'eft du confentement de Falques de Châtillon & de Guillaume, fon père, defquels les religieux avaient acquis cette terre. Fait devant Chabert de Châtillon, Berlion de Montfalcon, Guillaume d'Ervis, Pierre de la Porte, Guillaume Gale, de Viriville, chevaliers, Richard de Bocfozel.

Copie fignée par Rolichon en 1754, papier, latin [III.

N° 1073. 28 juin 1303.

Donation entre vifs par Pierre, Guillaume & Jacques, feigneurs de Châtelard (*de Chaftellario*), frères, à Perronet Beliard, de Sales, leur frère naturel, d'un pré fitué à *Craias*, pour agrandir celui qu'il y a déjà, moyennant une redevance de 6 deniers & de 12 de plaid. Fait au Châtelard (*apud Caftellarium*), devant Thomaffet Gros, noble du Châtelard, Morard de Morges, &c.

Original, parchemin, latin [IV.

N° 1074. 5 juillet 1604.

Tranfaction entre Claude de Châtelard, pour lui & Jeanne de Mufy, fa femme, d'une part, & Simon de Mufy, maître auditeur en la chambre des comptes de Grenoble, d'autre part, attribuant à ladite Jeanne 3,000 livres pour tous fes droits paternels & maternels. Fait à Grenoble.

Expédition notariée, papier, français [V.

N° 1075. 10 décembre 1668.

Quittance par Henri de Chaftelard de Salières, colonel du régiment de Salières, à Nicolas Leclerc, tréforier général de l'extraordinaire des guerres, de 300 livres pour « la paye de lieutenant colonel dudit régiment pendant les dix premiers mois de l'année 1668. »

Original, papier, français [VI.

N° 1076. 1734.

Note tirée du *Mercure*, annonçant que M. de Châtelard de Salières, ci-devant capitaine de la compagnie colonelle du régiment du Perche, colonel d'infanterie en 1718 & aide-major des armées du roi, a été fait brigadier d'infanterie, le 20 février 1734.

Papier n. f., français [VII.

N° 1077. 1738.

Extrait du *Mercure*, annonçant la nomination comme maréchal de camp, le 24 février 1738, de N. de Châtelard de Salières, infpecteur général d'infanterie depuis 1735.

Papier n. f., français [VIII.

N° 1078. 1738.

Extrait du *Mercure*, portant que le prieuré commendataire conventuel & électif de Saint-Michel, ordre de Grandmont, a été donné au ſieur de Chaſtelard en ſeptembre 1738.

Papier n. f., français [IX.

N° 1079. 18 novembre 1753.

Inventaire des titres de la maiſon de Châtelard, remis au marquis de Salières, gouverneur de l'École royale militaire, par d'Hozier de Sérigny, mentionnant: la vie d'Amédée d'Hauterive, écrite en 1185 & tirée d'un ancien manuſcrit de l'abbaye de Bonnevaux [n° 1071]; une obligation de l'année 1262 en faveur de Berlion d'Hauterive; une quittance de l'année 1279 au profit du même, appelé Berlion de Châtelard; les contrats de mariage de Nicolas d'Hauterive avec Guillemette de Givors, en 1292, & avec Catherine de Claveyſon, en 1295; &c.

Autographe n. f., papier, français [X.

N° 1080. 18 novembre 1753.

Autre inventaire pour la branche du marquis de Salières, où ſont rappelés: les lettres de gentilhomme ordinaire de la chambre du roi pour Henri de Châtelard de Salières, du 19 juin 1664; le brevet de commandant de Salins donné en 1710 à François de Châtelard de Salières; &c.

Autographe n. f., papier, français [XI.

N° 1081. (XVIIIe ſiècle.)

Note relative au mariage de Marie-Thérèſe de Lamorte-Laval, dame de la Motte-Chalancon, fille de Jean-René & de Marie-Louiſe de Manent de Montaut, avec François de Châtelard, brigadier des armées du roi, colonel d'infanterie & lieutenant-colonel du régiment des gardes de Lorraine, fils de Chriſtophe, comte de Châtelard, & de Marguerite de Roux-Déageant de Morges. Le contrat eſt du 6 décembre 1755 & la célébration du mariage, à Grenoble, du 18 ſuivant.

Papier n. f., français [XII.

N° 1082. (XVIIIe siècle.)

Généalogie de la famille Châtelard, par d'Hozier, où il est dit qu'elle porta d'abord indifféremment les noms d'Hauterive & de Châtelard, mais qu'à la fin du XIVe siècle elle quitta celui d'Hauterive; que les mêmes noms & l'habitation aux mêmes lieux rattachent Amédée, religieux à Bonnevaux & parent de l'empereur Conrad, aux Châtelard; mais qu'une inondation & un incendie des titres de la chambre des comptes ne permettent pas de prouver leur filiation au-delà de Berlion I, père de Nicolas, &c.

Copie n. f., papier, français [XIII.

N° 1083. (XVIIIe siècle.)

Note de d'Hozier établissant que le titre relatif à Nicolas d'Hauterive n'est pas de 1098, mais de 1298, & que les Châtelard possèdent les mêmes fonds inféodés à ce Nicolas; ce qui, avec la conformité de nom, permet de les faire descendre des d'Hauterive, bien qu'ils n'aient pas de titre de 1098 à 1260. Bien peu de maisons, ajoute d'Hozier, pourraient justifier comme elle d'une filiation directe de 500 ans.

Papier n. f., français [XIV.

N° 1084. 10 mai 1756.

Généalogie de la famille Châtelard par d'Hozier, tirée de l'*Armorial général de France*.

Imprimé in-folio, 20 p. de pièces & 12 de texte, outre le tableau [XV.

N° 1085. (XVIIIe siècle.)

Autre tableau généalogique depuis Eynard, en 1543, jusqu'à Christophe, mari de Marguerite Roux-Déageant.

Papier n. f., français [XVI.

N° 1086. (XVIIIe siècle fin.)

Notes de Moulinet sur la famille Châtelard & sur celles de Lestang, de Sibeud, de Chaponay, &c. Il cite notamment une reconnaisſance de Simon de Châtelard, écuyer, recteur de la chapelle de Chavannes, dans l'égliſe de Saint-Sorlin, à Antoine de Leſtang, d'un ſetier de blé pour un pré.

Papier n. ſ., français [XVII.

N° 1087. (XVIIIe ſiècle fin.)

Projet de tableau généalogique de la famille Châtelard par Moulinet, commençant à Berlion d'Hauterive & finiſſant à François, vers 1755.

Papier n. ſ., français [XVIII.

N° 1088. (XVIIIe ſiècle fin.)

Autre généalogie par Moulinet, complétant celle de d'Hozier ſur quelques points.

Cahier in-4°, papier, français [XIX.

N° 1089. (XVIIIe ſiècle fin.)

Généalogie des derniers membres de la famille : Chriſtophe, marié, en 1716, avec Marguerite Roux-Déageant, laiſſe François ; Pierre-Jacques, dit le chevalier de Châtelard, & Antoine-Claude, chanoine de Saint-Pierre. François, né au Châtelard en juin 1717, entra au ſervice en 1730, dans le régiment du Perche, fut fait colonel d'infanterie, en 1744, pour actes de bravoure au ſiége de Fribourg, lieutenant-colonel des gardes de Lorraine, en 1747, brigadier des armées du roi, en 1748, & maréchal des camps & armées, en 1761. Mlle de Lamorte-Laval qu'il épouſa, le 6 décembre 1755, lui donna, à Paris, le 10 juin 1761, Alexandre-Chriſtophe-Marie-Pierre, dit le marquis de Châtelard, & à Grenoble, le 8 juin 1763, Alexandre-Pierre-Jacques-François-Marie, dit le chevalier de Châtelard.

Papier n. ſ., français [XX.

CHIVALLET-DE-CHAMOND

N° 1090. 21 mars 1763.

Lettre de Mme Varauchan de Chalus (à d'Hozier), annonçant l'arrivée des titres demandés pour Mlle de Chivallet de Chamond; elle le prie de préparer le certificat, M. d'Ormeſſon l'ayant avertie que la nomination se fera en avril. Elle ajoute que la maladie l'empêche d'aller à Paris.

Autographe ſigné, papier, français [I.

N° 1091. 1763.

Lettre de Mme Varauchan de Chalus (à d'Hozier), l'avertiſſant que M. d'Ormeſſon a reçu à Saint-Cyr Mlle de Chivallet de Chamond, à la recommandation de Mme la Dauphine. Elle eſt venue à Paris pour lui remettre ſes titres, mais la maladie l'oblige à repartir ſans le voir.

Autographe ſigné, papier, français [II.

N° 1092. 24 mai 1763.

Billet de M. d'Ormeſſon réclamant à d'Hozier un certificat des preuves de la nobleſſe de Mlle de Chivallet de Chamond, ſi elles ſont faites.

Autographe ſigné, papier, français [III.

N° 1093. (XVIIIe ſiècle.)

Tableau généalogique pour Mlle de Chyvallet de Chamond: Gaſpar épouſe Anne Sicard & laiſſe Chriſtophe, mari de Jeanne Laurens; de ce mariage vient Philippe, qui a d'Iſabeau de Méras Charles-Philippe; celui-ci s'unit, le 9 juillet 1682, avec Françoiſe de Baronnat & laiſſe Jean-Baptiſte, mari d'Anne-Eſpérance de Chyvallet; d'eux vient Benoît qui, le 12 juillet 1747, épouſe Suzanne Jourdan de Saint-Lager & a Françoiſe-Eſpérance, le 5 janvier 1752.

Note n. ſ., papier, français [IV.

CIZERIN

N° 1094. 26 mai 1480.

Albergement par noble Rodulphe de Cizerin, de Brié (*Brecii*), à Guillaume & Jean Corbel, d'une petite parcelle de bruyères & brouffailles (*broerie & boyssonate*) à la Condamine fur Brié, fous la redevance de 2 poulets (*pollatis*) & 1 florin d'introges.

Expédition, parchemin, latin [I.

N° 1095. 3 juin 1510.

Commiffion donnée par François Bourfier (*Bourserii*), chevalier, bailli du Graifivaudan, à de Clufel, Macon & Garcin, notaires delphinaux, pour expédier divers actes reçus par noble Jean Nizeis (*Nizesii*), notaire de Breffon, écrits dans fes protocoles.

Inférée dans l'expédition de l'acte précédent [I].

N° 1096. 30 novembre 1529.

Quittance par nobles Jean & Laurent de Cizerin, frères, autorifés par Joffred, leur curateur, à Louis Beffonan, de 34 écus pour rachat & plus-value de 8 fetérées de pré au Devès fur Meylan. Les deux frères avaient eu befoin d'argent pour payer la dot de Françoife, leur fœur, fille de noble André de Cizerin, de Grenoble, & femme de noble Claude Muriane (*Muriane*).

Expédition notariée, parchemin, latin [II.

CLARET

N° 1097. 17 août 1743.

Jugement rendu par Jean-Baptifte de Mazures, vi-bailli, lieutenant général civil & criminel au fiége royal préfidial du bailliage du Viennois, terre de La Tour, au ſiége de Vienne, condamnant par défaut Baſile-François Chavagnieux & Conſtance, ſa ſœur, femme de Jean-Baptiſte du Laquais, à payer 1983 livres à Jacques Claret de la Tourrette, ſeigneur dudit lieu, d'Eyrieux, le Colombier & autres places, pour arrérages de rentes & penſions.

Expédition, parchemin, français [I.

CLAVEYSON

Nº 1098. 18 avril 1627.

Contrat de mariage de Thomas de Claveyſon, ſeigneur de Semons, avec Marguerite de Micha, fille de noble Pierre, ſieur de Chèrenoire, auditeur en la chambre des comptes de Grenoble, dotée de 11,000 livres tournois, 1,000 livres pour habits de noces, des maiſon, grange & propriétés à Seran ſur Montmiral eſtimées 6,000 livres, 7,000 livres d'augment & 2,000 pour bagues & joyaux. Marcianne de Sallignon, veuve de noble Horace de Claveyſon & mère du futur, lui donne tous ſes biens, moyennant une penſion viagère. Fait à la Côte-Saint-André, devant fr. Jean de Micha, commandeur de Pauliac, Jean de Micha, vi-bailli du Graiſivaudan, Félicien de Micha, ſieur de Prunières, couſins germains de la future, noble Claude de Pina, ſon beau-frère, noble François de Chaboud & Jacques de Nantes, avocat, ſes couſins.

Minute originale, papier, français [I.

Nº 1099. 2 octobre 1630.

Teſtament de noble Thomas de Claveyſon, ſeigneur de Semons, « eſtant ſur le point de faire ung voyage en Itallie pour le ſervice de S. M. » Il nomme héritier univerſel ſon fils, aſſigne 3,000 livres à chacune de ses deux filles & pareille ſomme au poſthume que Marguerite de Micha pourrait lui donner, & aſſure 100 livres de penſion à Marcianne de Sallignon, ſa mère. Fait à la Côte-Saint-André, chez fr. Jean de Micha de Burcin, commandeur de Pauliac, devant Pierre, Jean & Félicien de Micha.

Minute originale, papier, français [II.

CLERMONT-MONTOISON

N° 1100. 1er mai 1489.

Mandat de 1,200 livres tournois au receveur particulier du diocèſe de Mende, ſur les 117,892 livres octroyées à S. M. par les trois ordres de Languedoc, aſſemblés à Montpellier, en faveur de Philibert de Clermont, ſeigneur de Montoiſon, pour ſa pension de l'année.

Original ſigné, parchemin, français [I.

N° 1101. 14 février 1525.

Déclarations faites par Jean Ducros, Gerenton Chays, André Prioron, Jean Barnier & Jean Morel, de Saou, de vouloir tenir leurs biens ſitués à Félines de noble & puiſſant Claude de Clermont, ſeigneur du lieu & de Rochebaudin, repréſenté par noble André Bayſſe, de Vaulnaveys, ſon procureur, moyennant le vingtain & la cenſe annuelle accoutumée.

Original, papier, latin [II.

N° 1102. 20 avril 1552.

Bail à ferme par Claude de Clermont, chevalier, ſeigneur & baron de Montoiſon, & Louis d'Urre, auſſi chevalier, ſeigneur de la Sablière & co-ſeigneur de Beaufort & Gigors, à Vion, Richard & Léozier, marchands de Creſt-Arnaud, « des fruicts, eſmolumens, droicts & prouffficts des ſeigneuries de Beaufort & Gigors, tant de cenſes, directes, lauziſmes, fours, fogaiges, molins, dixmes, eſmendes, bayn, pulverayge »,&c., pour 3 ans & 9 florins (de 12 ſols tournois l'un) par an. Fait à Beaufort, chez Jean & Charles Arbareſtier (Arbaleſtier), écuyers, frères, devant Chriſtophe de Colloneau, de Montoiſon, écuyer, &c.

Original, papier, français [III.

N° 1103. (XVIIe ſiècle.)

Tableau généalogique des Clermont-Montoiſon, commençant avec Claude, mari de Marguerite de Simiane, & finiſſant avec Catherine, fille de Philibert.

Papier n. ſ., français [IV.

CLERMONT-TONNERRE

N° 1104. 23 août 1490.

Contrat de mariage de magnifique & puiſſant Louis de Clermont, chevalier, ſeigneur de Virieu, fils d'Antoine, avec Catherine de Montauban, fille de Gaſpar, dit Artaud, ſeigneur des baronnies d'Aix & de Greſſe. Le futur eſt aſſiſté de Claudie, dame de Sizereſte, & de Marguerite, ſes ſœurs, & la future, de ſon père, de Louiſe de Saint-Prieſt, dame de Montmaur, ſa mère, & de Balthaſar Artaud, ſeigneur de Volvent, ſon oncle. La dot eſt de 10,000 écus au coin du roi-dauphin, aſſignés ſur les revenus de la baronnie de Greſſe & les herbages des montagnes de Vereyme, plus 300 écus pour habits de noces. Louiſe de Saint-Prieſt donne 1,000 écus, le futur 3,000 d'augment & 600 pour les joyaux. Fait dans le fort de Montmaur, au diocèſe de Gap, devant Gaſpar de Varey, ſeigneur de Manteyer, Jacques Vieux, co-ſeigneur de Veynes (*de Veyneto*) & de Chabeſtan, Pierre Flotte, co-ſeigneur de Jarjayes, Jean Flotte fils, ſeigneur de la Roche-des-Arnauds, Jean de Villiers, Guigues Aleman de Paſquiers, &c.

Minute de notaire, papier, latin [I.

N° 1105. (XVIIe ſiècle.)

Tableau généalogique des Clermont, ſeigneurs de Dampierre, ſortis d'Aymar, ſeigneur d'Hauterive, en 1368, & de Jeanne de Maingot, dame de Surgères.

Papier n. ſ., français [II.

CLIOU

N° 1106. 22 octobre 1304.

Compromis entre Heldon de Divajeu (*de Dei Adjutorio*), damoiſeau & Aimar de Cliou (*Clivo*), de Livron, au ſujet d'une cenſe de 6 deniers pour l'entrée (*introhitu seu hoyseve*) de la maison dudit de Cliou, nommant arbitres Guichard, médecin, & Perrot ....., de Livron.

Original, parchemin, latin [I.

N° 1107. 22 octobre 1304.

Sentence arbitrale sur le différend d'Heldon de Divajeu & Aimar de Cliou, libérant ce dernier des 6 deniers réclamés pour sa cour ou *oyseve*, & de toute investiture & confiscation, & transportant à Heldon les 4 deniers de cense dus à Aimar de Cliou par Pelagal, pour jardin dans le château-fort, au dessus du marché. Si des titres sont retrouvés, la sentence sera nulle. Fait à Livron, chez Guichard, physicien.

A la suite de l'acte précédent [1].

N° 1108. 2 juin (1307-8.)

Vente par Pierre Roux, de Livron, à Aimar de Cliou, pour 10 livres & 1 setier de blé, d'une terre *al Cluer* sur Livron, de la directe de Ponce de Cobonne, pitancier de Saint-Ruf. Suivie de l'approbation donnée par R[éginald], abbé de Saint-Ruf de Valence.

Original, parchemin, avec traces de 3 sceaux, latin [II.

N° 1109. 23 septembre 1319.

Hommage rendu à Guillaume de Roussillon, évêque & comte de Valence et Die, par Hugonon de Cliou, fils d'Aimar, de Livron, marié depuis peu avec Alazie d'Allex (*de Alesio*), fille de Jean, de Roynac, dotée de plusieurs censes, revenus & terres à Livron & Loriol, de la directe du prélat. Fait à Livron, dans le fort, devant Jean Guiboud, prévôt de Crest, &c.

Expédition notariée du temps, parchemin, latin [III.

N° 1110. 20 juin 1340.

Hommage rendu à Thibaud Mayres, courrier de l'église cathédrale de Valence, au nom du chapitre seigneur d'Allex, par noble Hugues de Cliou, de Livron, mari d'Aléfie de Cliou, pour ses biens & revenus d'Allex. Fait à Allex, dans le fort, devant Guillaume Villars, chanoine de Saint-Félix, noble Guillaume de Saint-Julien & Bertrand Baile.

Original, parchemin, latin [IV.

Nº 1111. 10 décembre 1383.

Compromis entre nobles Lambert de Cliou, adminiſtrateur de Gonon, ſon fils, héritier univerſel de noble Latgier de Cornilhan, de Loriol, & Bérengère de Piégros, veuve dudit de Cornilhan, nommant arbitres de leur différend au ſujet de la ſucceſſion de celui-ci noble & puiſſant Bertrand de Montoiſon (*de Monteyzone*), chevalier, nobles Jean Falcon, Thibaud de Mirabel, Pierre de l'Ile & Hugues de Cavalaron, juriſconſulte. Fait à Loriol, devant noble Mondon Odoard.

Expédition notariée du temps, parchemin, latin [V.

Nº 1112. 10 décembre 1383.

Sentence arbitrale rendue ſur le différend de nobles Lambert de Cliou & Bérengère de Piégros, obligeant cette dernière à rendre l'héritage de Latgier Cornilhan, à l'exception des arrérages & récoltes du défunt, & Lambert à lui payer 4 florins par an, 6 ſommées de vin pur & 12 ſetiers de blé, outre le mobilier.

A la ſuite de l'acte précédent [v].

Nº 1113. 9 février 1399.

Contrat de mariage de noble Pierre de Cliou, fils de Lambert, de Livron, avec Alayſie de Colans (*de Colencio*), fille de noble Armand, chevalier, du mandement de Chalancon en Vivarais, dotée de 700 florins d'or, les trois valant un écu d'or au coin du roi de France ; le futur achètera tous les joyaux juſqu'à la valeur de 60 florins d'or. Fait à Colans, devant nobles Aimar d'Arlandes (*de Orlendio*), Guillaume de Cornillon, chevalier, Guillaume de Chabeuil, &c.

Original, parchemin, latin [VI.

Nº 1114. 15 octobre 1520.

Procuration donnée par noble & puiſſant Thomas de Cliou, dit de Livron, ſeigneur de Saint-Dizier au Diois & co-ſeigneur de Saint-Julien au diocèſe d'Uzès, fils d'Aimar, à vénérable Jean de Saint-Ferréol, protonotaire apoſtolique, de Manas, pour le repréſenter en toutes ſes affaires. Fait à Livron, devant noble Louis d'Urre, &c.

Inſérée dans l'acte du 7 novembre 1530 [VII].

N° 1115. 7 novembre 1530.

Échange entre noble Jean de Saint-Ferréol, mandataire de Thomas de Cliou, & Thomas & Jean de Piolenc (*de Podiolenco*), frères, de toute la juridiction de Saint-Julien de Peyrolâtre ou de la part lui revenant contre la juridiction de Montaigu, &c. Fait au Saint-Esprit.

Expédition notariée, parchemin, latin [VII.

COCT

N° 1116. 3 janvier 1513.

Vente par Michel Baron à noble Urbain Coct, marchand de Grenoble, d'une éminée de pré sis à Meylans, lieu dit à Pré-Cony, avec une source, pour 50 florins de 12 sols tournois l'un. Fait à Grenoble, dans la boutique de l'acheteur.

Expédition notariée du temps, parchemin, latin [I.

N° 1117. 29 avril 1513.

Ratification par Marie Grinde, dame du Molar, veuve de noble & puissant Guigues Alleman, seigneur d'Uriage, de la vente du pré ci-dessus faite à Aimar Coct, au nom d'Urbain, son fils, suivie de l'investiture après payement des lods. Fait au château du Molar.

A la suite de l'acte précédent [I].

N° 1118. 25 septembre 1516.

Vente par noble Guy Sautereau (*Sautarelli*), de Moirans, & Catherine Vieux (*de Veteribus*), sa femme, à noble Urbain Coct, de Grenoble, d'une terre appelée Champ-Gazarin, contenant 21 journaux, sise à Moirans, voisine de celle de noble Guigues Guiffrey, seigneur de Clérivaux, pour 100 écus d'or du roi sans soleil & 82 écus d'or & demi au soleil.

Insérée dans l'acte du 21 juillet 1517 [III].

N° 1119. 31 mars 1517.

Quittance par Claude Giraud, dit Tefte, de Vourey, à noble Urbain Coct, marchand de Grenoble, repréfenté par Jean de Voyfie, de Moirans, de 3 florins 9 gros pour prix fait d'un foffé (*terrallii*) & du défrichement de brouffailles (*extirpagii cujufdam dumi feu boyffonis*).

Original figné, papier, latin [II.

N° 1120. 21 juillet 1517.

Ratification par les mariés Sautereau de la vente faite à Urbain Coct, moyennant 15 écus de fupplément de prix.

Expédition délivrée par Truffel, notaire, parchemin, latin [III.

N° 1121. 16 mai 1545.

Vente par Thono Pafcal-Charan, de Meylans, mandement de Montfleury, à Aimar Coct, marchand de Grenoble, d'un verger contenant une quartelée, en Eygala fur Meylans, pour 40 florins.

Expédition notariée du temps, parchemin, français [IV.

N° 1122. 28 décembre 1552.

Extrait du teftament de noble Aimar Coct, par lequel il lègue la grange de Moirans, le Champ-Gazarin, le Petit-Coufat, une maifon à Romans, &c., à François, fon fils, & inftitue héritiers univerfels Jean, François & Ennemond, fes fils.

Inféré dans l'acte du 31 mars 1559 [VI]

N° 1123. 27 mai 1553.

Ratification par Ennemond Mulet, feigneur de Saint-Marcel, confeiller du roi en Dauphiné, de la vente d'un verger par Pafcal Charan à Aimar Coct, avec inveftiture au moyen « du bayl d'une plume », après payement des lods au 6e denier.

Inférée dans l'acte du 16 mai 1545 [IV].

N° 1124. 26 novembre 1557.

Vente par nobles François & Ennemond Coct, frères, avec l'autorisation d'Aimar, leur père, à Giraud Frère, marchand de Valence, leur cousin, d'une maison à Valence, place Saint-Jean, confinant au couchant rue du Petit-Palais, & de tous ses droits, pour 1,000 écus d'or au soleil. Fait à Grenoble, dans la maison d'habitation de François de Dorne, conseiller du roi au parlement, laquelle appartient à Aimar Coct.

Expédition par Foucheran, notaire, parchemin, français [V.

N° 1125. 31 mars 1559.

Contrat de mariage de François Coct, professeur en droit, fils d'Aimar, bourgeois de Grenoble, avec Angèle du Motet, fille de défunt noble Bernardin, lieutenant du capitaine de la porte du roi, autorisée par Marcianne de Magny, son aïeule maternelle, demeurant à Paris, & assistée de Marguerite du Motet, veuve de noble Charles Porte, sieur de Saint-Véran, sa tante, & de noble Arthus Prunier, trésorier & receveur général en Dauphiné. La dot de la future comprend tous ses biens, 100 écus pour ses robes de noces & 200 pour les joyaux. Aimar Coct donne tous ses biens au futur & confirme l'institution & les clauses de son testament de 1552 [n° 1122]. Fait à Grenoble, devant Ennemond Mulet, sieur de Saint-Marcel, François de Saint-Marcel-d'Avançon, Roland Carles, auditeur en la chambre des comptes, Claude de Chapponay de Saint-Bonnet, &c.

Expédition notariée, parchemin, français [VI.

N° 1126. 8 avril 1559.

Ordonnance d'Abel de Buffevent, vi-bailli du Graisivaudan, pour l'insinuation de la donation stipulée dans le contrat de mariage de François Coct.

Insérée dans l'acte du 31 mars 1559 [VI].

N° 1127. 13 avril 1559.

Autre ordonnance d'insinuation par Jean du Vache, juge royal de Grenoble, en faveur de François Coct & d'Angèle du Motet, mariés.

Insérée dans l'acte du 31 mars 1559 [VI].

N° 1128. 6 juillet 1559.

Autre ordonnance d'infinuation pour les mêmes par Joachim d'Arzag, vi-bailli de Saint-Marcellin.

Annexée au contrat de mariage de 1559, parchemin, français [VII.

N° 1129. 5 mai 1572.

Déclaration faite par Ennemond Coct, d'avoir promis & promettre à Catherine Gaultier, d'Herbeys, de l'époufer & « mettre en honneur, tellement que au lieu de chambriere & garce qu'on la repute » elle foit reconnue pour fa légitime époufe, & de déclarer légitimes les enfants nés depuis leur mariage fecret « devant Dieu feul ». S'il n'a pu réalifer fa promeffe, ce n'eft pas faute de bonne volonté, « mais pour la honte du monde, pour ce qu'elle n'éft pas bien de fa quallité & pour le refpect de fes parents ». Il annule l'acte du 28e décembre 1570 « au préjudice d'elle & de Pierre, fon fils », parce que cet acte lui avait été infpiré par la colère & fur de faux foupçons.

Inférée dans l'acte du 18 octobre 1581 [VIII].

N° 1130. 31 janvier 1573.

Mariage fecret ou déclaration faite par Ennemond Coct à Catherine Gaultier qu'elle eft fa vraie femme, « l'ayant efpoufe & luy ayant donné mon corps & elle a moy le fien, apres avoir beu enfemble en nom de mariage & luy ayant en ce mefme nom donné & mys au doigt une bague d'or ronde, laquelle poife deulx efcus fols deulx deniers & quelques grains, » & que leurs enfants font légitimes ; en cas de furvie il lui affigne une penfion viagère de 40 écus d'or.

Inféré dans l'acte du 18 octobre 1581 [VIII].

N° 1131. 18 octobre 1581.

Déclaration devant notaire faite par noble Ennemond Coct de vouloir époufer Catherine Gaultier devant l'églife, & de confirmer les donations faites dans les déclarations précédentes. Catherine eft dotée de tous fes biens & de 50 écus pour fes habits de noces. Fait à Eigalas fur Bouqueron.

Expédition notariée, parchemin, français [VIII.

COLLIN

N° 1132. (XVIIIe fiècle.)

Requête à la chambre des comptes par noble André-Victor Colin, fieur de la Brunerie, ancien capitaine d'infanterie, commissaire ordonnateur des guerres à Poitiers, afin de déclarer la nobleffe de Balthafar Colin, confeiller correcteur, & la fienne, comme defcendant de lui. Sa demande eft fondée fur les lettres d'honneur de S. M., du 17 novembre 1725; fur fon acte baptiftaire du 25 feptembre 1726, où il eft dit noble & fils de Jacques; fur le teftament olographe de Balthafar, maître correcteur honoraire en la chambre des comptes de Grenoble, du 3 avril 1730, où il eft appelé fon petit-fils & légataire; fur le contrat de mariage du requérant avec Marie-Anne Girard du Demaine, du 26 mars 1762; fur le teftament de Louife Gaillard, fa mère; fur l'extrait mortuaire de Jacques Colin, fon père, du 15 octobre 1768; fur le contrat de mariage dudit Jacques avec Louife Gaillard, du 16 feptembre 1720; fur les provifions de correcteur données à Balthafar, le 6 avril 1690, &c.

Autographe de Moulinet, n. f., papier, français [I.

COMMIERS

N° 1133. 11 juillet 1426.

Lettres du roi Charles VII, datées de Mehun-fur-Yèvre (*Magduni fuper Ebram*), octroyant la châtellenie de Theys, La Pierre & Domène, & celle d'Allevard à Rodulphe (Raoul) de Comiers, chevalier, lequel en jouiffait avant le tranfport de Theys, La Pierre & Domène à Jean, bâtard d'Orléans. C'eft une récompenfe des fervices de Raoul & de fes parents, dont plufieurs ont péri à Verneuil, en combattant les

Anglais, *ac eciam labores per ipſum in loco de Melleduno cum fideli noſtro cappitaneo domino de Barbaſain, dum ibi per Anglicos & alios adverſarios noſtros ſpacio ſeptem menſium & ultra fuerunt obſeſſi, ſubſtentos ultra periculum mortis, in quo fuit evidenter conſtitutus dum per Anglicos ad civitatem noſtram Pariſius cum dicto de Barbaſain extitit tranſductus.....*: toutes choſes dont il n'a pas été récompenſé ou l'a été fort peu.

Inſérées dans l'acte du 30 ſuivant [I].

N° 1134. 15 juillet 1426.

Lettres de Berault, dauphin d'Auvergne, comte de Clermont & de Sancerre, gouverneur de Dauphiné, à tous officiers de juſtice de la province, relatives à l'octroi par S. M. de l'office de châtelain de Theys, La Pierre & Domène à Raoul de Comiers. Données au Chaſtelet.

Inſérées dans l'acte du 30 ſuivant [I].

N° 1135. 30 juillet 1426.

Arrêt du conſeil delphinal de Grenoble pour l'exécution de lettres du roi Charles VII. Pierre de Tholon était préſident de ce conſeil; François de Comiers, doyen de Grenoble, Guy Valier, Étienne Durand, &c., en faiſaient partie.

Original, parchemin, latin [I.

N° 1136. 6 juin 1430.

Hommage lige à Hugonin de Virieu, prieur de Saint-Jean de Vif, rendu par noble Euſtache (*Euſtagius*) de Comiers.

Original, parchemin, latin [II.

N° 1137. 1466.

Procédures pour noble & puiſſant François d'Urre, chevalier, contre les héritiers & poſſeſſeurs des biens de feu noble Raoul de Commiers. Le 5 décembre 1413, noble Antoine de Commiers, ſeigneur du Mas en Graiſivaudan, épouſait Guillemette d'Urre, fille de Guillaume, ſeigneur d'Urre, dotée de 100 florins d'or, plus 200 florins, en cas de ſurvie & pendant ſon veuvage, du château du Mas

& de 100 florins pour joyaux & 50 florins de penfion. Antoine mourut fans enfants & Guillemette, reftant veuve jufqu'à fa mort, dut jouir du Mas & des autres avantages affurés au furvivant. Guillaume de Commiers, frère d'Antoine, fuccéda à celui-ci & n'eut pas d'enfants. Sa fucceffion paffa à Raoul, père d'autre Raoul, chevalier. Tous ces Commiers ont poffédé Le Mas, & à la mort d'Antoine ce château valait 50 florins de revenu par an. Guillemette d'Urre ayant donné fes biens à Jordanon d'Urre, fon neveu, François, héritier de Jordanon, réclame les droits à lui advenus fur le château du Mas.

Original figné par Guy Pape, papier, latin [III.

Nº 1138. 7 août 1466.

Arrêt du parlement de Grenoble publié par Jean Daillon de Lude, gouverneur, ajournant les héritiers de Raoul de Commiers devant la cour.

Original, papier, latin [IV.

Nº 1139. 1466.

Chefs de l'interrogatoire de noble & puiffant Jacques de Saffenage, pour lui & fes enfants, & de Philippe de Commiers, frère de Raoul, demandé par Guy Pape, au nom de François d'Urre : L'un d'eux eft-il héritier de Raoul en tout ou en partie ? Sont-ils héritiers tous les deux ? L'un d'eux poffède-t-il les biens de Raoul & le château du Mas, ou en jouiffent-ils tous les deux ?

Original, papier, latin [V.

Nº 1140. 7 juin 1479.

Mémoire pour nobles Claude & Guigonne de Commiers, enfants & héritiers de feu Jean, de Sainte-Agnès, contre les feigneurs de Vors & de Saffenage ou leurs héritiers. Feu Raoul de Commiers, chevalier, poffédait, à fa mort, le château de la Bâtie-Champrond & fes dépendances, des vignes à la Tronche, une tour à Grenoble, &c., & des cenfes perçues depuis par Louis de Saffenage, feigneur de Saffenage. Aimar de Brochenu & Marguerite Alleman, mariés, jouiffent du château de la Bâtie-Champrond & des biens de la Tronche & Grenoble; Philibert de Saffenage, fils de Louis, ou les mariés de Brochenu occupent la tour de Grenoble & reçoivent une part des langues de bœufs matés dans la ville; Thomas Mitalier a les cenfes & revenus de Montfleury, Bouquéron, &c.; nobles Jean & Gafpar Fléhard font établis dans les maifons dudit Raoul à Grenoble; François de Saffenage, feigneur de Pont-en-Royans, s'eft adjugé le château du Mas près Domène & Theys, & a vendu la Bâtie de Seyffins fur Parizet, &c. Jacques de Saffenage, mari de Jeanne de Commiers, étant mort, ainfi que Philippe de Commiers, Louis & François de Saffenage, fils de Jacques, leur ont fuccédé, & à Louis de Saffenage, Philibert, fon fils. Hugues de Commiers, fils de Raoul, de Vors, a laiffé, en mourant, fes biens à fes frères Michel, Philippe & Antoine. Antoine n'habite plus le pays & les deux autres ont donné leurs droits à Guigonne, leur fœur, en la mariant, en 1531, avec Claude de Galbert.

Expédition notariée, papier, latin [VI.

N° 1141. 1479.

Mémoire pour noble Antoine de Commiers, feigneur de Vors, contre vénérable Philippe de Commiers, Jacques de Saffenage & autres. Raoul de Commiers, chevalier, feigneur de la Bâtie-Champrond, Saint-Guillaume, Le Mas & co-feigneur de Seyffins, tefte, le 9 avril 1465, en faveur d'Hugues de Commiers, feigneur d'Eftapes (*de Stapiis*), & de fes fils, avec fubftitution pour Raoul, feigneur de Saint-Jean-le-Vieux, Antoine, feigneur de Vors, & Raoul de Commiers, de Vors, & de leurs enfants mâles. Hugues & Raoul de Commiers meurent fans poftérité; Antoine laiffe Chriftophe, décédé fans enfants; partant, Michel, Hugues, Philippe & Antoine, fils de Raoul de Commiers de Vors, héritent de fes droits.

Expédition notariée, papier, latin [VII.

N° 1142. 1479.

Mémoire pour nobles Guy & Aimon de Montfort, frères, intervenants dans la caufe de Claude de Chales, chevalier, contre Philippe de Commiers, chanoine, frère de Raoul, chevalier, pour la confervation de leurs droits contre le feigneur de Saffenage & fa femme. Hugues de Commiers ayant eu deux filles, Marie & Alifie, la première époufa Antoine de Montfort & fut dotée de 1100 florins d'or; cette dot fut hypothéquée fur le château du Mas, appartenant alors à Hugues; Marie laiffa pour héritier Albert de Montfort. Quant à

Alisie, elle eut aussi des droits patrimoniaux, réclamés par les de Chales ; de là le procès entre les héritiers de Guillemet de Chales & ceux d'Hugues de Commiers. Le juge de Graisivaudan a garanti le château du Mas à Albert de Montfort, au nom de sa mère, & Guy a succédé à Albert. Plus tard Le Mas est échu à Raoul de Commiers, père d'autre Raoul, chevalier, & à Antoine de Commiers, dit de Vors, héritier de Raoul, lequel a cédé ses droits à Guy de Montfort.

Original, papier, latin [VIII.

N° 1143. 1479.

Mémoire pour Philippe de Commiers, chanoine de Notre-Dame de Grenoble, contre nobles Guigues de Montfort, professeur ès-lois, maître des requêtes & conseiller du roi, & Aimon, son frère, intervenants au procès de Claude de Chales, président de la chambre des comptes de Savoie, & ses neveux contre ledit Philippe. Il y est exposé que la dot de Marie de Commiers (fille d'Hugues) a été payée ou du moins que la demande en répétition est prescrite ; qu'il existe en effet des quittances de 310 florins, en 1391, de 6 florins, en 1394, de 30 par Guillaume de Commiers, héritier d'Hugues, & que depuis 45 ans il n'y a pas eu de réclamation ; que la transaction de 1476 entre Antoine & Raoul de Commiers ne prouve rien, ceux-ci ayant alors cédé leurs droits sur le Mas ; que la sentence du juge de Graisivaudan ne le touche point ou est prescrite, reposant d'ailleurs sur un fait erroné ; que le testament de Raoul est nul, puisque ses biens étaient à cette époque confisqués ; que son château du Mas & ses biens régis par Bonne de Beauvoir, mère dudit Raoul, sous la main royale & delphinale, l'ont été plus tard par Jeanne de Commiers & le seigneur de Sassenage & enfin par ledit chanoine, défendeur, en vertu d'une transaction avec Jeanne de Commiers ; que Raoul a été tué & étranglé par des gens connus aux seigneurs de Vors, qui loin de venger sa mort se sont liés d'amitié avec les meurtriers du défunt ; qu'enfin les biens de Raoul, père du chevalier, ne lui appartenant pas, il n'a pu les léguer audit chevalier.

Original n. f., papier, latin [IX.

N° 1144. 2 mai 1581.

Renonciation par noble Laurent de Commiers, seigneur de Sainte-

Agnès & Montémont, au profit de Marguerite de Commiers, dame de Vors, de tous ſes droits, noms & actions ſur la terre de Vors. Fait à Grenoble.

Original, parchemin, français [X.

COSTAING

N° 1145. 29 décembre 1488.

Tranſcription de la vente de deux écus d'or de penſion faite par vénérable Antoine Putod, docteur ès-droit, à noble François Coſtaing.

Inféré dans l'acte du 10 avril 1517 [I].

N° 1146. 10 avril 1517.

Confirmation par vénérable Antoine Putod, fils de Pierre, de la vente conſentie par Antoine Putod, ſon oncle, conſeiller delphinal, de deux écus de penſion au profit de noble François de Coſtaing (*Conſtagni*). Fait à Vienne.

Expédition notariée, parchemin, latin [I.

COUR (LA)

N° 1147. 31 mars 1433.

Albergement par noble Jean *de Penicino*, fils de feu Pierre, dit Bachy, à Jean de la Cour (*de Curia*), dit Viboud, & à Maſſet, ſon gendre, de 2 journaux de terre à Aoſte aux Curtils, ſous la cenſe de 1 émine de blé.

Expédition notariée, parchemin, latin [I.

CROIX-CHEVRIÈRES (LA)

N° 1148. 23 février 1660.

Procuration de Jean de la Croix, chevalier, feigneur de Chevrières, Blanieu, &c., baron de Serve & Clérieu, comte de Saint-Vallier, &c., préfident au parlement de Grenoble, à Marie Sayve, fon époufe, pour exiger & recevoir fes capitaux, plaider, &c. Fait à Grenoble.

Inférée dans l'acte du 18 mars fuivant [1].

N° 1149. 18 mars 1660.

Vente par noble Antoine Brenier, tréforier général de France en Dauphiné à Marie Sayve, mandataire de Jean de la Croix, confeiller du roi en fes confeils d'État & privé, fon mari, des maifon, colombier, four, granges, jardin, terre « & rivoyre » de Brie, mandement de Vizille, contenant 12 feterées environ, avec le cheptel, le mobilier, 1 fetier de blé de penfion acquis de noble François Pafcal, fieur de Valantier, 2 pièces de terre ayant appartenu à noble Jean de Surville, feigneur d'Eybens, les biens achetés à Marguerite de Girard & à noble Guillaume Armuet, feigneur de Bonrepos, &c., pour 40,300 livres. Fait à Grenoble, devant noble Pierre de la Baume, feigneur de Châteaudouble & Peyrus, Jean Brenier, avocat, &c.

Expédition notariée, papier, français [I.

CROLLES

N° 1150. Novembre 1770.

Extrait d'un protocole d'actes reçus par Maffon, écrit & rédigé par d'Hozier, concernant le teftament de noble Jean de Crolles (*de Crollis*) du 9 février 1446. Il veut être inhumé dans le cimetière des

Hayes, dans la tombe de ses prédécesseurs, confirme à Béatrix la donation de 200 florins qu'il lui a faite en l'épousant, nomme héritier le posthume qu'il pourrait avoir & à son défaut Claude, son frère, avec substitution au profit d'Aimar de Crolles. Fait à Crolles, devant noble Pierre Motardin, &c.

Autographe signé, papier, français [I.

TABLE

DES DOSSIERS GÉNÉALOGIQUES

INVENTORIÉS DANS CE VOLUME

A

Numéros		Pages
1-408	Adhémar	1- 88
409-473	Agoult	89-104
474-488	Allard	105-108
489	Allegret	109
490-537	Alléman	109-123
538	Alléoud	124
539	Allois	124
540	Alpinac	125
541	Alrics	125
542-545	Amat	126-127
546-555	Ambel	127-130
556	Ambrois	130
557	Ancezune	131
558	Angelin	131
559	Angères	132
560	Anjou	132
561-565	Arbaleſtier	133-134
566-567	Arbon	134

Numéros		Pages
568-592	Arces	135-142
593-594	Argoud	142
595	Arlandes	143
596-621	Armand	143-150
622	Arminville	150
623-626	Armuet	151-152
627-631	Artaud	152-153
632-647	Arvillars	154-157
648	Arzac	158
649	Aſtres	158
650	Auberjon	158-159
651-659	Autane	159-162
660	Avalon	163
661	Aymar	163
662-666	Aymon	164-165

B

667	Baile	167
668-680	Balathier	167-171
681-684	Bancel-Confoulens	171-172
685-686	Barbier	172-173
687-688	Bardel	173
689-693	Bardonnenche	174-175
715	Barletier	180
694-714	Barral	175-180
716-717	Baternay	180-181
718-731	Beaumont	181-185
732-733	Beiſſière	185
734-735	Benoît	185-186
736-759	Bérenger de Morges	186-194
760-778	Bérenger de Puygiron	195-200
779-785	Bérenger de Saſſenage	200-203
786	Bernon-Montélégier	203
787-797	Berton	203-206
798-803	Bigot	206-208
804-828	Bocſozel	208-216
829-830	Boffin	216
831-834	Boiſſat	217-218

Numéros		Pages
835-1020	Bonne	218-261
1021	Borel	262
1022-1036	Borin	262-266
1037	Bouſquet-Sigonce	266-267
1038	Bouvard	267
1039	Bouvier	267
1040-1041	Bouvier-Montmeyran	268
1042	Bouvier de Portes	268-269
1043-1050	Briançon	269-271
1051-1052	Briord	271-272
1053-1056	Brotin	272-273
1057-1058	Brunel	273-274
1059	Brunel-la-Chapelle	274
1060-1062	Brunier	275
1063	Budos	276

C

1064	Caffard	277
1065-1066	Chaboud	277-278
1067	Chandieu	278
1068	Châteauneuf	279
1069-1089	Châtelard	279-284
1090-1093	Chivallet-de-Chamond	285
1094-1096	Cizerin	286
1097	Claret	286-287
1098-1099	Claveyſon	287
1100-1103	Clermont-Montoiſon	288
1104-1105	Clermont-Tonnerre	289
1106-1115	Cliou	289-292
1116-1131	Coct	292-295
1132	Collin	296
1133-1144	Commiers	296-301
1145-1146	Coſtaing	301
1147	Cour (La)	301
1148-1149	Croix-Chevrières (La)	302
1150	Crolles	302-303

ACHEVÉ D'IMPRIMER

LE XXI DÉCEMBRE MDCCCLXXVIII

PAR ALF. LOUIS PERRIN ET MARINET

A LYON

www.ingramcontent.com/pod-product-compliance
Lightning Source LLC
Chambersburg PA
CBHW050457270326
41927CB00009B/1796